3.11 東日本大震災と「災害弱者」

避難とケアの経験を共有するために

藤野好美・細田重憲◉編

生活書院

はじめに

3・11から五年が経過した。当時岩手県立大学社会福祉学部に勤務していた我々は、まさに目の前で起きた未曾有と呼ばれる大災害に驚き、呆然として、しばらくは金縛りに遭ったように身動きできないままでいた。親きょうだいを失い、家を流された学生たちと向き合うという重い仕事もあった。その後、落ち着きが戻るなかで、被災地にいて社会福祉を研究する我々が何を伝え残していくことができるかを考え、取り組んだのが本書の第3部、第4部のベースになっている調査研究であった。これらは「災害時要援護者」と呼ばれる人たちの避難とそのケアにあたった施設、従事者の状況などについて、サービス提供側を主にした実態調査をもとに検証、検討したものである。本書は、これら調査研究をもとに新たに書き下した原稿と、実際に避難を経験した当事者、家族、支援者からの報告、聞き取りをもとに構成している。

本書の目的は第一に災害時の避難とケアに関する経験、教訓の共有である。震災後の五年の間、土砂災害や水害など規模の大きい災害が毎年のよう発生し、そのたびに避難を必要とする者が多数生まれている。それらは、この地域には大きな災害は起きない、と信じられていたような地域でも発生している。加えて、南海トラフなど、近い将来高い確率で大地震・大津波が発生することも予測されている。災害への備えは地域を問わない。災害が発生し避難者がでれば、その中にいる「災害時要援護者」のケアと生活を主に担うのは社会福祉施設であろう。我々が調査研究で得た知見はその備えとして有益であると考えたところである。本書編集中に熊本地震が発生した。報道を通じて避難の状況を見聞きしただけの範囲でも、備えの不足が感じられ、3・11の経験はまだしっかり引き継がれていないとの思いを強くもった。

第二は、「災害時要援護者」といわれる人たちの避難に関わる問題の検討である（第1部、第2部1章、2章）。これは、震災後五年を経過した現在でもなおこれらの人たちの避難の道筋（仕組み）が確立されていないという問題意識から取り上げたものである。ここでは避難先での生活のありようとともに、避難至るまでに必要な支援についても避難以前の問題として考えてみたい。蛇足になるが、三陸沿岸には「津波てんでんこ」という言い伝えがある。本来の意味は「津波が来たらてんで（めいめい）に一分、一秒でも早く逃げろ。（津波はそれだけ速く、恐ろしい）」ということだが、この言葉を広めた山下文男（一九二四〜二〇一一）注は、この言い伝えには他の人たちの手助けがなければ避難できない「災害弱者」への視点が欠落している、哀しい言い伝えだと述べ、それは地域社会全体の問題として解決することだとして具体的な提案もしている。震災後五年目の今、「てんでんこ」は「自分の命を守ることは大事な他人の命も守ること」という共生原理的な意味合いが与えられ、また注目されている。避難に関する制度も変わった。しかし、それを乗り越えるように毎年災害が続き、人命が失われている。「地域社会全体の問題」という認識は深まっただろうか。もし山下が生きていたら、現状をどう評価するのだろうか。

本書は、岩手県立大学教員だけでなく、寄稿、調査への協力など多くの方々の参画によって刊行することができた。感謝申し上げる。

なお、本書のタイトルには「災害弱者」という語を用いた。本書で取り上げた災害時の避難行動に支援を要する人々を意味する言葉として広く定着しているものと考えたことによる。また、用語や語法についてはそれぞれの著者の考えを尊重し、整理統一はしていない。岩手県では「障がい」という表記を推奨し用いているが、それについても同様である。

細田重憲

［注］

山下文夫は岩手県綾里村（現大船渡市）出身の地震・津波研究家。津波てんでんこに関する記述は彼の著書『津波の恐怖——三陸津波伝承録』（東北大学出版会、二〇〇五年）及び『津波てんでんこ——近代日本の津波史』（新日本出版社、二〇〇八年）による。

3・11東日本大震災と「災害弱者」——避難とケアの経験を共有するために

目次

第2章　障害のある人と家族の避難の課題（避難以前の問題も併せて）
――重症心身障害児（者）を守る会会員の体験から

細田重憲

第3章　自閉症スペクトラムの人たちの避難とケア

小川博敬

第4章　みちのくＴＲＹ　川畑昌子

第2部　施設・事業所からみた避難とケア

第1章　認知症高齢者の避難生活と地域社会
――私たちの二つの使命

内出幸美

第3部　岩手県における社会福祉施設調査から――社会福祉施設・事業所にとっての避難とケア

第1章　東日本大震災による岩手県の社会福祉施設の被害状況
――調査概要

岩渕由美

第2章　震災時の福祉施設・事業所・職員の状況とケア

鈴木聖子

第3章 震災時の福祉施設・事業所の職員が置かれた状況と葛藤について

藤野好美

第4部　東日本大震災で明らかになった福祉避難所の課題と岩手県の取り組み

第2章　岩手県における震災五年後の福祉避難所

細田重憲

第1部　その時、それから

――当事者・利用者にとっての避難とケア

第1章

身体障がいがある人たちの避難とケア

藤野好美

本章では、二〇一一年三月一一日に起きた東日本大震災にて、身体障がいがある人たちがどう避難したのか、またその後の避難生活や、物資が不足する生活の中で、困ったことや課題を感じていること等について、当事者による体験記をもとにまとめていくこととする。

本章でとりあげるのは、岩手県視覚障害者福祉協会の中村亮さんと全国脊髄損傷者連合会岩手県支部の高橋智さんの体験である。高橋さんとは直接お会いし、全国脊髄損傷者連合会岩手県支部の日當万一さんとのお二人からお話をうかがうこともできたので、そのお話ももとに、身体障がいがある人の災害時の避難とケアについて述べていく。

1　視覚障がいがある人の避難とケア

（1）視覚障がいがある人の、震災体験記

まずは、中村亮さんの体験ルポを紹介する。

●体験ルポ『震災体験記』

（福）岩手県視覚障害者福祉協会　釜石支部長　中村　亮

私は釜石市で鍼灸治療院を営んでいる全盲の視覚障害者である。家族はやはり視覚に障害のある妹と二人きりである。

三月一一日午後二時四六分、私は一人の患者の治療を終え、三時に予約してある患者の来院を待っていた。その間を利用してカルテに目を通し、メールチェックをしていた。突然腹の底に響くような地鳴りを感じた。瞬間「地震」と察した。二日前にM7・3の強い地震があったばかり。「またか」と思う間もなく本震がやってきた。揺れは非常に大きく、一昨日のものとは規模が全く違うことが直感的にわかった。火災を避けるため待合室の反射式ストーブの火を消し、沸いていたヤカンを手に揺れがおさまるのを待った。これまでに経験したこともないほどの、強くて、長い揺れだった。パソコンを置いてある机や、流し台、本棚などからガタンガタンと物が倒れる音がする。揺れが少し小さくなったところで、事務室、治療室の状況を確認しようとした。事務室は手洗い用の洗面台から水があふれて床は水浸し。治療室は二つの戸棚の蓋が閊

いて、中の治療道具類が床に散乱。カウンターや本棚のCDやカセットテープや本やカルテのほとんども同様。足の踏み場もない。重い本棚やカウンターが壁から五センチ以上も離れている。ふと電気のことが頭をよぎった。常に流れているはずの音楽が聞こえない。「停電だ……」。それに気づいた瞬間、不吉な予感を覚えた。「とんでもないことになる」。

このとき妹は買い物に出ていた。一〇分ほど離れたスーパーの中で地震に襲われた。私は「もしかして、俺たちはこれで終わりかな……」と思った。「大津波」の文字が無意識に頭を覆っていたからだろう。そして「逃げることができるだろうか」という耐え難い不安。何から行動すべきかも思い浮かばずに、半ば呆然としているところに隣の写真館の奥さんが飛び込んで来てくれた。「割れた物で怪我しないように靴履いてて」と告げて出ていった。「はたしてどの程度の津波が来るのだろうか」と思いながら一階に下りると妹とお向いのおばさんの話し声が聞こえた。何はともあれ無事に帰ってきてくれ。いつも持ち歩いているかばんにその辺のものを詰め込んで外に出た。そのとき「一緒に逃げるよ」と言う女性の声。斜め向かいの家に住む女性だった。「その恰好じゃ寒いから、何か着なさい」と言われて気づいた。私は白衣姿だった。あわててジャンパーを取りに中に戻り、ついでに携帯ラジオを探した。すぐに見つけて聴いてみた。丁度、釜石からの中継らしく「津波が釜石港の堤防を越えて、走行中のトラックを呑み込みました」というアナウンサーの声に、肝をつぶした。海岸からは五〇〇メートルほどしかない。もはや一秒の猶予も許されない。遅すぎたかもしれないという不安が胸中に去来する。「あっ、表通りの側溝から水があふれている」と彼女が叫んだ。避難場所はかつての中学校のグランド。直線距離で二〇〇~三〇〇メートル。自宅付近よりは少しは高い場所だ。女性の腕に私が手を添え、私のかばんに妹がつながり、妹の横に隣のおばさんが着くという四人編成。なだらかに続く坂道を黙々と避難場所に急いだ。前方の高いところからは「走れ、急げ」「早くしろ」などと絶叫している声が降ってくる。津波が迫っていることがわかる。避難場所近くまで来て後ろを振り向くと、五〇～六〇メートルほど後方の交差点角の米屋さんに水が入ったことがわかった。車が流されて行った。一次指定避難場所の旧第一中学校のグランドまではもう一息。ほどなくグランドにたどり着くことができた。グランド内は避難者のざわめきがただよい、既に多数の人がいることが想像できた。津波は旧第一中学校の校舎のすぐ下で止まったらしい。避難場所では何度も大きな余震が感じられ、その度に怯えとも悲鳴ともつかないどよめきが方々から聞こえてくる。

かなり寒くなってきたので、二次避難場所である近くのお寺に移動することになった。近いといっても、いつもの道は津波と瓦榛に覆われて通行不能。遠回りだが、いったん裏山を上ってお寺に降りるしか道はないという。地元の人の先導で、私たち四人を含む数十人の人たちの列がお寺を目指した。足腰の弱いお年寄りの中には「もう歩けない」としゃがみこむ人もいる。山道を歩くこと約三〇分。お寺に着いたときは夕暮れだったようだ。お寺の前庭には、焚き火で暖をとっている人、町を見下ろしている人、寺に出入りする人たちなど大勢の人がいるにもかかわらず、案外ひっそりとしており、焚き火のパチパチという音が妙に印象的だった。早速私たちも自分の家の方向に目を向けた。瞬間、一緒に逃げてきた女性がつぶやいた。「アア、だめだ、すっかりつぶれている……」。しばらくは言葉もなく呆然と見つめているだけだった。一緒に逃げてきたもう一人のおばさんが「中村さんちは建っているよ。うちも建っている。屋根にバケツみたいなものが上がってる。ほとんどがつぶれたり流れたりしている。まっすぐ建ってる家なんてないよ」と見たままを伝えてくれた。しばらくの間、何をどのように判断すればよいのかもわからないままに、眼下に広がる破壊された町を見つめるだけだった。

「とにかく中に入ろうか」と促され、お寺の中に避難場所を移すことにした。お寺の中は避難者で立錐の余地もないほどだった。後で聞いた話では、五〇〇人以上の人がいたそうだ。私たち四人は、広い本堂は避けて二〇畳ほどの部屋が三つ並んでいるうちの端の和室に入らせてもらった。既に三〇人ほどの人がいたようだ。

皆渡された毛布一枚のほかは着の身着のまま。敷かれた布団に寝ている人もいる。津波に流されてお寺の下で救出された女性。近くの病院に通院中に津波に巻き込まれた人。幼い子を連れた女性……。

部屋の片隅に腰を下ろした私たちは、さっき見た町の様子を二人に何度も話してもらった。ラジオでは津波の被害状況をひっきりなしに流している。その中で今でも耳に残っているのは「被害甚大」とか「壊滅状態」というフレーズだ。

お寺から町を見るまでは、津波といってもどの程度のものかもわからない。心の中では「被害が出るのは海岸近くだけだろう」とか、「二、三時間もすれば、津波もおさまるだろうから、家に戻れるさ」などと考えたりしていた。しかし淡い期待は跡形もなくつぶれた。同時にこれからの避難生活への不安が心を支配するようになった。「こんな大勢の中で、目の見えない二人が生活していけるだろうか」という漠然とした不安感。集団生活となると、一定の規律や制限が課せられるのは当然だろう。ましてや緊急時だ。視覚障害を理由に特別扱いしてもらいたいなどとは思わないが、できないことは理解してもらえるようにする必要がある。中には知った顔もちらほら見かける。といっても親しいというほどではない。ほとんどの人が視覚障害についての知識がないと言っていいだろう。視覚障害についての理解を得るには、少し時間がかかるかもしれない。そのことを心において当面はこの部屋で生活していくことにした。避難所に入って一番気になったのが、トイレだ。位置がどこなのか。一人で行ける距離か。他の事はさておき、トイレぐらいは一人ですませるようにしたかった。夜になり、尿意を催してきたが、とにかく足の踏み場もないほどのすし詰めだ。足を踏んだり、ぶつかってはいけないと少し我慢した。でも一時間が限界。岩手県の女性職員に小用を告げ、トイレに連れて行ってもらった。トイレの位置は部屋を出て左に一〇メートルほど。意外に近い。これなら慣れれば一人で来れると一安心。トイレはもちろん断水だ。大便は沢水をためてあるタンクから、バケツで汲んで流さなければならない。小便はともかく、大便の処理は気を遣いそうだ。

その晩は足を縮めて寝た。寝返りも打てないほどの狭さだ。眠れない。結局夜通しラジオを聞いているうちに朝になった。朝食はない。午前中、市の職員が現状と今後のことについて説明に立った。被災地に自衛隊が入っていること。市内（浸水地域）への車両の出入りは関係車両以外禁じられたこと。などであったが、最後の一言が記憶から離れない。「皆さんに知っておいてほしいことは、駅を境にして、西側と津波に襲われた東側は天国と地獄ほど違います」。

お寺での避難生活は、最初の四、五日は食料も物資も極端に少なく、飴玉や煎餅、乾パンにカップメンといった具合。自衛隊による炊き出しが始まり、温かいご飯やスープ、簡単なおかずも出るようになり、おやつに菓子パンが出るようになっていった。困ったのは、食事は玄関で配布するので、必ず一人一食分だけ自分で受け取ることという制限だった。玄関までの廊下は薄暗く、一、二度曲がらなければならなかった。初めての場所で食材を持って歩くのは、私にとってかなり困難だ。妹も「あの廊下は暗くて歩けない」と言う。乾パンやカップメンは部屋に直接配布されたのでよかったが、炊き出しが始まって、一、二食は食べ損なってしまった。しかし、三〜四日もすると、次第にお互いの顔と声を覚えられるようになり、私たちの分まで持ってきてもらえるようになっていった。避難所共同生活連絡協議会なる自治会も発足。五班に分けられて各班長が自治会長らと協議して共同生活の円滑化を図った。

日を経るごとに避難所生活にもなじんでいったが、私にとっての肝心なトイレの環境は悪化するばかりだった。いったん水洗が回復して喜んだのもつかの間、市内の下水処理場につなぐポンプの故障で水洗は使用不能に逆戻り。しかも今度は大便を処理した紙を便器に入れないで、ビニールの袋に入れることになった。大便の付いた紙を、片手でビニール袋の口を探って広げ、その真ん中に落とすのは至難の業といっても過言ではなかろう。ストーブを囲んで他の人たちと雑談したり、希望者にはマッサージや鍼をするほど懇意になっていったが、トイレ環境のストレスと避難生活の疲れが出始めたのか、便秘になり、発熱、食欲がなくなり、嘔吐してしまった。熱は三八・六度。やむなく赤十字の救急医療反まで搬送されて点滴を受けた。避難生活十日目だった。

被災から十日以上経過し、幹線道路の瓦礫撤去も進み、避難所にも電気が通り、携帯電話も使えるようになってきた。それまでは、外部との連絡手段は、旧第一中学校近くに設置されたNTTの無料電話サービスを利用するしかなかった。そこに行くには二つのコースがある。避難所となっているお寺の下の道に出るコース。もう一つはお寺の横の崖にかけられた縄梯子を使うコース。前者はまだ瓦礫が部分的に残っている。後者はとても私たちが使えるものではない。結局、私達を探しに来てくれたボランティアさんや、隣の避難所から私たちの様子を見に来てくれた近所の人に連絡先を伝えて電話してもらうしかなかった。

被災後十日過ぎた頃から、携帯電話が使えるようになり、外部とも直接連絡がとれるようになった。視覚障害者協会の会員から身体障害者福祉センター（身障センター）の情報を聞くと、センターは開いており、避難者もいるとのこと。そこで身障センターに直接問い合わせた。受け入れ可能との返事が返ってきた。

翌日お世話になった同室の皆さんに再会を約束して、センターの車でお寺を後にした。身障センターでは六人が機能訓練室、一人が会議室で生活していた。私たち兄妹は、訓練室に敷かれた畳に腰を下ろした。センターは視覚障害者福祉協会の活動で借りることも多く、中の様子は熟知している。

センター内での行動に人の手を借りることはない。ライフラインも正常だ。トイレも心配無用。同じ畳に生活している家族は、三〇年ほど前に私の治療室を訪れた人だった。家も同じ方向だ。新しい環境にもすぐになじめそうだと思いつつ、センターでの避難所生活が始まった。ところが一つ問題が浮上。センターに入って一週間後の四月一日。センターの通常業務である機能訓練を再開することになったとのこと。私たち避難者は会議室と図書室に移ることになった。会議室は一二畳ほどの畳の部屋で、私たち兄妹と五人家族の七人が入り、図書室には車椅子の方が一名入った。それまではセンターの職員が隣の小学校の避難所から炊き出しをもらってきていたそうだが、これからは避難者自身が食材を準備して、センター内で調理することになったという。避難所なのに、どういうことなのか理解できないままに、食べ物がなけりゃ困るとばかり、友人やボランティア関係に食材の提供を求めた。「そうか、ここは指定避難所ではないのだな」と気づいたとき愕然とした。

訪ねてくる人々に事情を説明しているうちに、四月下旬に地域福祉課長が突然センターに現れ、「今日からセンターは福祉避難所にします」と告げられた。事情を知った知人が福祉課に是正を求める電話を入れてくれたらしい。

食材調達の心配は消えたが、調理の負担は同居する健常者の負担として続くことになった。壊れた自宅の片付けで疲れている避難者にとって、三家族八人分の調理は負担が大きい。見かねた私はボランティアの手を借りることを思いつき、視覚障害者協会でお世話になっているボランティアさんに事情を話し協力を仰いだ。快く受けていただき、三人の方が毎日交代で夕食と翌朝の食事の仕込みをしてくれることになった。

　福祉避難所の指定を受けたため予算面で余裕が出たのか、五月二〇日ごろから夕食は仕出し弁当に変わり、朝食だけは避難者が準備することになった。

　日常生活において欠かすことのできないものに、入浴がある。被災十日目頃から自衛隊が、対策本部のあるシープラザ近くにお風呂を設置。私たちもお寺にいる間に一度入浴のチャンスがあった。避難所の皆さんと一緒に入りに行ったが、私は前述のようにダウンした直後でその時は断念した。妹に様子を聞くと、脱衣場も風呂場も大きなテント作りという。全体的に薄暗く、脱衣場と風呂場が少し離れているので、弱視者は少し危ないし、誘導者が必要だとのこと。センターに移動してからは、やはり避難者一同で自衛隊の風呂に行った。しかし一回きりで、二回目には私と妹がセンターの男性職員と入浴に行った。妹には自衛隊の女子隊員がサポートしてくれたそうだ。その後同居している健常者の方々と行動をともにすることはなかった。理由はわからない……。健常者はマイペースの生活を維持したかったのだろうかと、余計な邪推が働いてしまう。結局私たちは、センター長の自宅のお風呂をお借りすることになり、さらに福祉相談員の計らいで、福祉施設のお風呂を拝借することになる。

　被災からおよそ一ヶ月経過した四月上旬になると、自宅周辺道路の瓦礫処理が進み、やっと自宅前に立つことができた。車を降りて数メートル歩くうちに心に浮かんだのは「廃墟」の二文字だった。人気は全くなく、汚泥と塩分がからみついた異臭が鼻を突く。流れて土台だけになっているところ、一階がつぶれて二階部分に折れた電柱が突き刺さっている家。電線は切れて垂れ下がり、アスファルトの路面もところどころで土がむき出しになり、側溝の蓋は全て外れていた。私の家は一見しっかり建っているようだった。しかし窓という窓は全て壊れている。通りに面した大きな窓から中を覗くが、目茶目茶で何がなんだかわからないそうだ。同行してくれた親戚の人に中に入ってもらったが、足の踏み場もなく、私が入るのは危険だという。事務室、治療室も覗いてもらったが、全ての備品が瓦礫と化し、使えそうなものはあまりなさそうだという。

二階の住居に上がって見ると、玄関の下駄箱が横倒し。それを乗り越えて中に入ってみると、棚や冷蔵庫、仏壇など細長いものは全て倒れているようだ。水は膝の上まで入ったらしい。通りに面した大きな窓のサッシの下半分に大きな穴が開いている。畳は浮いて重なりあい、家具は大きく移動している。片付けるにはかなりの日数と、人手がいることを感じたとき、気が遠くなりそうな気がした。

四月中ごろ、市の対策本部の職員が身障センターを訪れ「貴重品探しのお手伝いをします」と誘ってくれた。貴重品探しには盛岡の鉄道弘済会の人がボランティアで手伝ってくれた。治療室に飾ってあったパッチワークなど数点の宝物を手にすることができたとき、今自分が生きていることの実感と、悲嘆の中にあっても人の心の優しさに触れることができたことに、安らぎと満足を感じた。

四月末には社会福祉協議会による被災地ボランティアさんたちによって、治療院（一階）と住宅（二階）の瓦礫を処理してもらった。このときも使えそうなものを丹念に選り分けたが、手にするもの全てが泥まみれ、治療器具はもちろん、本もカルテも修復不可能と判断。全ては一から出直しと腹を括った。

六月一〇日ごろ、都市計画課より仮設入居通知の連絡が入った。六月一二日に説明会があり、被災地障害者ボランティアさんと出席し、鍵を受け取った。新住居の名称は天神町仮設団地一－一。二三棟一三〇世帯が入る大きな団地だ。同じ外観の建物だけに他の家と間違いやすいこと、視覚に障害があると迷いやすいことなどを考慮し、昨年まで福祉課に在籍し懇意にしている市の職員に頼んで、わかりやすい場所に入居させていただくようお願いしていた。それで「一－一」なのである。

早速その足で仮設団地に向かい、新住居を体感してみた。四畳半の部屋が二つ、台所、浴室、トイレで、七坪ほどのスペースだ。既にテレビやエアコン、冷蔵庫、洗濯機など電化製品六点セットは設置されている。布団や、トイレットペーパーなどの日用品も一通り揃えてあった。仮住まいとしては、充分な設備だと感じた。ただし狭い空間であり、うっかり我が家同様の動きをすると痛い思いを味わうことになりそうだ。

中を検分した後、団地内を歩いてみた。一号棟の一つ一つの棟の長さ、棟と棟の間隔、地面の状態、ゴミステーションの位置、団地入り口から我が家までの距離など確認した。そこで、問題点が二、三出てきた。一号棟一番は、希望どおり団地入り口の近くであり、棟の端でわかりやすく最高の場所だ。問題は入り口近くであるがために、車の出入りが頻繁なこと。駐車スペースが決められていなく自由に駐車しているため、歩行者、特に視覚障害者の単独歩行には危険が伴う恐れがある。二つ目には、団地入り口付近に歩道と車道の目印になるものがないため、知らずに車道に出てしまう恐れがあること。団地の横を走るのは国道四五号線であり、交通量が多い。三つ目は、一号棟前は広くなっているため格好の駐車スペースである。そのため窓のそばまでぎっしり車が停まる。ドアの開閉、話し声などの騒音が意外に気になることがわかった。これらについては後に福祉相談員と話し合って、改善案を対策本部に提出し、白線を引くなどしてもらった。

六月一九日に身障センターから仮設住宅に引っ越した。仮設住宅に移ってからの生活の主軸は、一つは再建に向けての行動。二つに居住環境の整理。三つに、生活リズムの確立とした。

これまでと同じ場所での再建を決意したのは、五月。建築士会に依頼していた建物診断の結果、土台や柱、外壁など、構造的には問題がないことがわかった。市の復興計画も決まっていない段階だから、あまり急いで再建に着手することもないと思ったが、残った建物まで強制的に撤去されることはないようなので、まずは現在地で再建を図る方向で進むことにした。

九月から仮設の一部屋を使って治療所を開設した。一〇月には電話とネットもつながり、一応3・11以前の生活形態に近づくことができた。

被災から現在（一二月）に至るまで、絶望感に打ちひしがれながらも、節目節目に多くの人との出会いがあり、お金や物はもとより、公的にも私的にも関係する方面からたくさんの励ましと協力をいただいた。

生活再建も町の復興も緒についたばかりであるが、多くの人々との「絆」を大切にし、一歩ずつ進んでいきたい。

（2）中村さんの体験から考える、視覚障がいがある人の避難とケアの課題

視覚障がいがある中村さんの体験記からは、まず避難についての課題が浮かび上がる。中村さんは避難の際に、「一緒に逃げるよ」と斜め向かいの家にすむ女性に声をかけられ、妹さんと隣のおばさんと四人で手をつないで避難された。もし隣の家の奥さんや斜め向かいの家に住む女性がいなかったら、家の中で割れたもの

で怪我をしていたかもしれないし、避難場所までスムーズに避難できたかどうかわからない。ということから、視覚障がいがある人の避難には、声をかけ、一緒に避難してくれる人の存在が欠かせないと言える。

次に、避難先の課題がある。中村さんが避難所で一番気になったのがトイレであり、「位置はどこなのか、ひとりで行ける距離か。他の事はさておき、トイレぐらいは一人ですませるようにしたかった」と記されている。こうしたトイレの位置把握だけでなく、その後のトイレ環境の悪化にともない、大便をビニール袋に入れる作業が行われることになり、その作業は中村さんにとって至難の業だったことが記されている。こういった感覚は、視覚障がいがないとわからない感覚であり、視覚障がいがある人への配慮として積極的に考えていく必要がある。

トイレのことに加えて、移動のことも課題となる。視覚障がいがある人は、どこに何があるかを把握して、移動が可能になるが、避難先では足の踏み場もないようなところで、移動にも気を遣ったことがうかがえる。慣れていない場所での移動について、視覚障がいがある人にとって困難なこととなる。また、食事の受け取りについて、「初めての場所で食材を持って歩くのは、私にとってはかなり困難だ」と記されてあり、炊き出しが始まってから、中村さんは一、二食食べ損なうことになってしまった。こういった点についても視覚障がいがない人が気づきにくい点であり、配慮が必要だろう。

入浴についても、自衛隊のテントでの入浴は薄暗く、誘導者が必要であったということ。初めての場所や慣れない場所で、視覚障がいがある人が怖さを感じるのは当たり前のことである。そうしたことに視覚障がいがある人と接した経験がない人は気づきにくいことが、中村さんの体験記からは読み取れる。また、震災という非常時に、視覚障がいがある人の困り事に気づきにくい人に対して「こういう配慮をして欲しい」というのはなかなか言いづらいことでもある。これは視覚障がいに限らず、障がいがある人全般に言えることと考えるべきで、ただでさえ平常心や余裕を失っている人たちに対して、障がいがある人は「こういう配慮をして欲しい」というのは言いづらく、往々にして我慢して済ませることもあるということを記憶しておきたい。

中村さんは、お寺の次に身体障害者福祉センターに移り、その後センターの中での部屋移動があった。その中で食材の確保の問題が起き、そのことがきっかけとなり福祉避難所として指定されることとなった。しかし食材確保の問題が解決しても、調理の問題が発生し、仕出し弁当やボランティアが活用されることとなった。その後、中村さんは仮設住宅に入居となり、仮設住宅の一部屋を使って診療所を開設し、比較的順調に避難生活から日常生活を取り戻しているように見える。しかし、障がいがある人にとって、生活環境の変化はストレスにもなり、慣れるまでには緊張感も高まる生活が続くことになる。これは、障がいがある人全てにあてはまることである。障がいがある人が災害後の生活に慣れ、自分の生活のペースを取り戻していく過程を支えていくことが欠かせず、災害時の障がいがある人の避難とケアを考える際に第一に考えていくべきこととなる。

2　身体障がいがある人たちの避難とケア

次に、身体障がいがある人たちの避難とケアについて述べていく。ここでは、全国脊髄損傷者連合会岩手県支部支部長の高橋智さんの体験記、そして高橋さんと全国脊髄損傷者連合会岩手県支部事務局長の日當万一さんからの聞き取りをもとに、身体障がいがある人の避難とケアについて考えていきたい。

（1）高橋智さんの体験記

●『東日本大震災体験談』

高橋　智

平成二三年三月一一日。この日は頭から忘れる事が出来ないことだろう。

午後二時四六分、私は宮古市金浜の身体障害者福祉センターにいました。

緊急地震速報が鳴ると同時に地震が来ました。最初はどうせそんなに強くないだろうと思っていました。二日前にもそうだったからです。だけど今回は全く違いました。揺れが強く長く、これはまずいと外に出ました。センター利用者も立っていられないほどで、連絡通路の屋根が今にも落ちるんじゃないかと思うくらいすごく揺れて不安でした。センター職員が停電のため車のラジオで聞いた「大津波警報発令だって！」の声を聞いて、警報が出ると国道四五号は通行止めになるので、家に帰れなくなると思い、逃げました。でもまさかこんなにものすごくなるとは思ってもいなく、最初は山の道路に向かったのですが、対向車が来たので、Uターンして国道を走りました。隣の高浜小学校と堤防の水門の所に消防車が一台ずついました。左手に、丸光のスタンド、ゴルフ練習場。右手に藤の川海水浴場を見ながら、車を走らせ、信号も停電のため点いてなかったのですんなり通過して、小山田トンネルに行ったら、そこで渋滞に捕まりました。中は電気が点かないため真っ暗でラジオも聞こえず、とても不安でした。トンネルを抜けたら、ラジオで「宮古に津波が来ました、危険です。直ちに高台へ逃げてください」と言うのを聞いてすごくびっくりしました。え～マジ？　と焦りながら、前方の小山田橋が通行止めによる渋滞と分かり、すぐのわき道を通り、閉伊川と平行して走る道路に抜けました。そうしたら、法面工事の工事用車両を道路下の仮設置き場から、あわてて上げていたんです。よく見たら川を逆流してきた津波でした。間一髪でその工事用車両は助かったのです。もうビックリでした。まもなくして渋滞に捕まり、トイレに行きたくなり、叔父の家に、近くだったので行きました。叔父は車でテレビの映像を見ていました。宮古の映像でした。車・家がオモチャのように流され、宮古だけ？　と思っていたら、釜石・大船渡も。岩手だけかと思っていたら宮城県もと、次々と東北各地の映像が飛び込んできました。それを見ながら、妻とメールで無事を確認しあい、家と親が気になり、叔父の所から車を走らせ、自宅に帰りました。親も家も無事でした。家の中も、小物が少しだけ落ちていた程度だったので助かりました。ただ、妻と娘は仕事場で帰れず、その夜は私一人で過ごしました。

翌朝、娘は帰ってきたのですが、夜にもう一度職場に行くのに車のガソリンが無いので、私が送っていきました。宮古市内の道路は通行止めだったのですが、警察から許可をもらい、娘を降ろした帰りに、ちょうど私が利用しているガソリンスタンドの所まで電気が復旧して、ガソリンを二〇リッター詰める事が出来て良かったです。

三日後に私の家も電気が復旧して、道路も通行止め解除されたので、金浜の身体障害者福祉センターに向かいました。トンネルを抜けてまもなく、目を疑いました。さまざまな瓦礫が道路脇にあり、家も壊れていたり、海に近づくにつれ、ここにあったはずの建物がなく、俺ここを通って逃げたんだ！　と思うと言葉が出ませんでした。海は以前と変わらぬ、穏やかな海でしたが、堤防と道路を挟んだ反対側の高浜地区は、壊滅状態でした。

センターに着いたら、電話連絡が出来なかったのですごく心配したと聞かされ、涙でした。

センターは高台にあるため隣の老人福祉センターと避難所となり、多くの避難者がいました。田老の車椅子の先輩・ゲートボールの先輩でもあるKさんが心配で、田老に向かいました。宮古市役所の所では、大型船が道路脇に無残な姿で横たわっていました。信号も点いてなく、北海道警の応援が来て交通整理をしていました。

自衛隊もかなりの人数で捜索や撤去活動をしていて、なんとか田老までは着けましたが、もう田老の街はありませんでした。道路も通行止めで、先には進めず、Kさんの安否確認は出来ませんでした。仕方なく、家に戻りました。途中で、救急車と何台もすれ違いました。秋田ナンバーや大阪ナンバー。沖縄ナンバーもありました。

翌日に、山田のSさんから、大丈夫との連絡あって、他の会員さんの安否確認が出来て助かりました。阿部支部長・日富副支部長と連絡を取り合いながら、Kさんの事が心配で、心配でたまりませんでした。そんな中、Hさんから連絡が……田老摂持地区は津波の影響無くKさんも大丈夫！　もう両手を挙げて喜びました。

津波では、命てんでんこ！　と聞きましたが、私達車椅子は一人ではどうしようもありません。いつでも持ち出せる所に、最低限のものは準備して、すぐに逃げることが出来るようにしておいてください。どこに逃げるか、予め避難場所も確認しておいた方が良いと思います。

この震災で被災されました皆様に心よりお見舞い申し上げます。

（２）移動に車いすを必要とする人の避難とケアの課題

高橋さんはご自宅が流されなかったので、避難することなく過ごされた。この体験記からは、身体障がいがある人の避難とケアにかかわる直接的な課題は浮かび上がってはこない。高橋さんは全国脊髄損傷者連合会岩手県支部支部長を務められているが、岩手県支部事務局長の日當万一さんともお会いする機会を得、お二人に直接お話をうかがうことができた。そこでうかがった話もふまえて、身体障がいがある人、特に移動に車いすを必要とする人のケアと避難について述べていく。

高橋さんとは違う方で、車いすで生活しているAさんは、学校に避難し三階まで先生と生徒四人で上げてもらい、なんとか津波から逃げられたという経験をされたという。避難した学校から別の学校に移らなければならなかったが、脊髄損傷者をどう動かせばよいか分からず、家族が車に乗せるしかなかったということである。移った先の学校では体育館に入ることになったが、脊髄損傷者には大変で、ベッドはなく、清浄綿や薄い手袋もない中、ダンボール等で囲いを作って摘便しなければならない状態だったらしい。そこから親戚の家に移ったが、親戚の方が脊髄損傷のことがわからないため、結局、老人介護施設に移られたという。そこでは、一フロアに六、七人の避難者で過ごさなければならず、スタッフは避難者の介護は出来ないということで、家族が全て介護を行ったということであった。

このAさんの経験のような、避難先をたらい回しになるケースは、度々耳にすることがあった。Aさんの経験でもっとも心が痛むのは、体育館でダンボール等で囲いを作って摘便をしなければならなかったことではないだろうか。災害からの避難先で非常事態だったとはいえ、衆目がある中での排泄行為は、尊厳にかかわることである。

Ａさんの経験もふまえると、車いすの方にとっては、どこに避難しても良いということにはならず、やはり身障者用トイレがあるところが良いと高橋さんと日當さんはお話しくださった。さらに、「被災時の脊髄損傷者への対応」として、次の通りまとめて下さった。

1　初期段階での避難所の完備

二四時間以内にベッド、トイレの利用可能な避難所へ誘導（褥瘡予防と感染症予防対策）

2　近隣市町村の福祉避難所等への誘導（災害派遣福祉チーム等へ）

初期段階で介助者が必要のない施設への誘導

3　仮設住宅のバリアフリー化（県と市町村の体制が整っていない）

各仮設住宅の二〇％程度、障がい者が利用可能な仮設住宅を設置（高齢者、障がい者用）

※現状の仮設住宅は後付けのスロープ、手摺等の設置となっている

4　災害時要援護者名簿登録

高齢者、各障がい者等への登録指導

市区町村窓口で、新規要高齢者及び障がい者等に手帳等交付時に情報提供

※災害時要援護者への名簿登録への周知を行うこと

身体障がいがある人が大きな災害に遭遇したとして、第一次避難先としてとりあえずの避難先を確保するが、そこが身障者用のトイレがあるところやバリアフリー環境のところがどうかはわからない。だから、第二次避

難先として、福祉施設など、ベッド、トイレの利用可能な避難所へ誘導することが重要となる。第三次避難先としては復興に向けての住宅となり、仮設住宅のバリアフリー化が求められる。高橋さんたちは、こうしたバリアフリー環境の整った施設や病院を避難所指定し、障がいがある人が優先的に避難できる体制を整えて欲しいということや、仮設住宅のバリアフリー化等にかんする要望書を自治体に提出したということである。

災害はいつ発生するかわからない。東日本大震災は日中に発生したため、自宅ではなく、通所の事業所にいたり、外出していた人も多く、そのことで助かった人もいた。夜に発生したいたらどうなっていただろうか。高橋さん、日當さんは、日中で外出していたから、避難行動に移れたとおっしゃっていた。自宅でくつろいでいたり、ベッドで寝ていたら、準備に時間がかかり、すぐに避難はできない。深夜であれば、自宅にいるしかないという選択になるかもしれない。それくらい、避難することになる時間帯は重要ということである。

また、排泄をはじめとするケアに必要な備品や大事なものは、車に置いておいたり、身近なところに置いておき、いざという時にすぐ使えるようにしておくことが重要ともうかがった。

バリアフリー環境を整えるといったことは国や市町村に要望していくことではあるが、身体障がいがある人自身においても、「しておくべきこと」があると考えられる。そのひとつに、先述した「被災時の脊髄損傷者への対応」でも挙げられている、災害時要援護者名簿登録がある。これは各自治体で取り組まれていることであり、災害時に支援が必要な「災害時要援護者名簿」に登録しておくことである。ただ、この名簿の登録には、支援を求める人の同意が前提となっている。客観的に見て災害時に支援が必要という状態であっても、本人が名簿登録を希望しなければ登録されない。この点について、高橋さんと日當さんは、登録を希望しない人はそういう人でリストを作り、災害時に声かけをすることが必要ではないかという意見だった。全国脊髄損傷者連合会岩手県支部でも、広報などで事あるごとに災害時要援護者名簿への登録にかんする情報提供を行っているが、実際にどの程度会員が登録しているかどうかは把握していないとのことだった。沿岸地域に在住し、実際に被災した人と、内陸部にいて直接的に被害を受けなかった人とでは、避難に対する考え方に温度差があり、準備をしている人ばかりではないという。岩手県支部では、引き続き広報に努め、災害時要援護者名簿への登録、日頃から何かあったときの準備をしておくといったことを伝えていきたいと高橋さん、日當さんはお話ししてくださった。

3　身体障がいがある人の避難とケアの課題

ここでは、視覚障がいと脊髄損傷の人の震災時の経験から、避難とケアの課題をまとめてきた。障がいがある人が避難所に身を寄せても、なじめないため別の避難所に移ったり、避難所を転々としたり、車で生活することもあったことを度々耳にしたが、ただでさえケアを必要とする状態の人が、避難所をたらい回しにされることがあったということを、私たちは「仕方がない」で済ませてはならない。障がいがある人は、ケアを必要とする場合など、なじんだ生活環境でないと、ストレスや不安、緊張が高まった状態が続くことになる。ご近所の人や知り合いといったなじみのある関係の中で、自分らしい生活を送れる避難所に落ち着けることは、誰にとっても重要なことであり、障がいがある人にとっても同様である。これまで見てきた中村さんのように、障がいがある人にとっては、慣れない場所での生活には配慮が必要となることが多く、そのことが避難所での生活を難しくしている場合もある。たらい回しにするのではなく、自分らしい生活を送れるまでを支えていくことが、障がいがある人の避難後のケアと支援の柱になる。障がいがある人が環境に合わせるのではなく、障がいがある人が普通に生活を送れるよう、生活条件をノーマルにしていくというのが「ノーマライゼーション」の概念だが、災害が起きた場合の避難先では、まさにこの「ノーマライゼーション」に根ざした環境や配慮が当たり前のものとなることが望まれる。

それぞれの経験から、「排泄」の問題が大きくクローズアップされた。視覚障がいの中村さんは排泄にあたり、直接的に介助を必要とする状態ではなかったが、大便をビニール袋に入れる行為が難しかった。また。脊髄損傷の人にとっては、身障者トイレがあるかどうかは排泄の自立に関わる重要なことである。あらためて、障がいがある人の自立を考えるにあたり、排泄行為をひとりでスムーズに行えることは、人権と尊厳に関わることが明確になったと言えよう。

「身体障がい」といってもさまざまな障がいがあり、また同じ障がいでも人それぞれ違っている。障がいのあり方は多様であるということを、普段の生活でわかっているつもりでも、災害という非常事態の中、平常心や余裕を失った状態では、「ノーマライゼーション」に根ざした環境や配慮を求めても、細やかな配慮は難しいのが現実であろう。しかし、だからといって、脊髄損傷者のAさんが経験したような衆目がある中での排泄行為を「仕方がない」で済ませてはならず、そうした事態を招かないために、どういう準備をしておくべきかを、障がいがある人、家族、そして福祉避難所や小中高校など、それぞれの立場でできること、やっておくべきことを考えておく必要がある。

中村さん、高橋さんの体験記は、ラジオや広報紙に掲載するために用意されたものだが、転載の許可を快くいただいた。お二人の体験記は、障がいがある人の災害時の困難や必要な配慮を伝えてくれるものであると同時に、災害に遭遇した時の心の動きや避難所の様子をリアルに伝えてくれるものである。お二人の体験が、災害に遭遇したときに自分はどう行動するかということを考えるきっかけとなれば幸いである。

第2章

障害のある人と家族の避難の課題（避難以前の問題も併せて）

――重症心身障害児（者）を守る会会員の体験から

細田重憲

1　はじめに

第1章では、身体に障害のある人の避難の問題を考えてきた。この第2章では、岩手県重症心身障害児（者）を守る会釜石支部の会員からの聞き取りにもとづいて、心身に重い障害のある人とその家族にとっての避難の課題、さらに、避難行動以前の日常的な備えなどについて考えてみたい。聞き取りは以下により行った。

①日時　二〇一六年三月四日（金）午後

②場所　岩手県釜石市「シープラザ」二階ホール

③出席者（年齢は聞き取り日時点のもの、被災時とは異なる）

岩手県重症心身障害児（者）を守る会　釜石支部

Sさん（母）：地元の支援学校に通う一五歳男児の母

Kさん（父母ともに出席）：在宅で二二歳の娘とともに暮らす。

Nさん（母）：三三歳の娘（在宅、通所）とともに暮らす。

Oさん（母）：息子が知的障害者支援施設入所中（注：書面参加）

編者

④聞き取り予定項目（実際にはこの通りには進まなかった）

（ア）震災時の避難の状況について　・情報の獲得　・避難場所の指定と実際　・移動報道と苦労　・実際の避難場所、避難期間、そこでの課題　・その他苦労したこと

（イ）これからの避難行動について（「避難行動要支援者名簿」との関わり）　・名簿作成の進捗状況、登録の有無　・避難経路、避難場所などの指定と確認の状況　・避難時における人的など支援の確保状況　・避難場所は適切か、そこでの生活で想定される課題、避難訓練等への参加

（ウ）避難行動、避難先、避難場所での生活についての希望や意見

なお、聞き取りは二時間に及んだことから、紙幅の関係上本稿では全文を掲載することはせず、筆者（細田）が適宜要約して出席者の意見等を示すことにする。課題ごとに整理したため、同一出席者の複数回の発言を筆者がまとめている場合がある。また、匿名扱いとしている。

2　3・11以降の対応

まず三家族の避難等の経過の概略を示しておく。

(1) Sさん親子の場合

・釜石市の北部、鵜住居町に居住。息子は当時県立支援学校小学部四年で通学していた。三月一一日は金曜日で、学校終了後、予定外ではあったが、市の中心部にある釜石のぞみ病院リハビリ室に立ち寄っていた。そこで地震と津波に遭う。病院は地下の電源設備が浸水により使えなくなり停電状態であった。

・鵜住居地区は津波により甚大な被害を受け、自宅も流された（すぐには分からなかったが）ことから病院に止まることになった。

・病院には、主治医ではないが医師がおりカルテがあったので投薬を受けることができた。また息子のことを理解してくれているＰＴ（理学療法士）もおり、病室を一室使わせてもらうことができた。オムツは大人用しかなく、パットで対応した。

・病院では三泊した。避難患者が増えてきて相部屋にはなったが、ベッドを使わせてもらうことができ、ＰＴに子どもを見てもらいながらトイレに行ったりもできた。

・病院周辺は津波被害により瓦礫が道路をふさいでいた。

・自分たちが病院にいることの発信はできなかったが、通院患者を通じて支援学校に情報が伝わり、四日目に教員が迎えに来てくれた。子どもを背負って病院を出て、学校に連れて行ってくれた（筆者注：県立支援学校は市街地からは西に位置する山間にあり、重症児病棟がある国立病院機構釜石病院に隣接している。津波は及んでいなかった）。

・支援学校には水、電気があった。主治医もいて投薬を受けることができた。

・鵜住居小学校に通っていた娘は、学校全体が旧釜石一中に避難し、それから甲子小に移っていた。自分たちは、息子はてんかんがあり大きな声を出すこともあるので、移ってからの生活に不安があるから動けなかった。

・支援学校には一泊して自分の実家に戻った。実家は停電していたが食料などはあったので結局仮設住宅に移るまでの約二ヶ月をそこで過ごした。

・被災した親戚（土木建築業）が実家に車を預けに来て、発電機も置いていった。これを使って貯蔵していた米を精米した。近隣にも使わせた。発電機により風呂も三、四日に一度は沸かすことができた。

・一一日にそのまま鵜住居の家に帰っていれば津波にのまれていたかもしれない。自分ひとりの力では子どもを避難させることはできない。リハビリ室に立ち寄ったことで助かった。子どもには感謝している。また、避難先でも人との関わりによって助けられたことがある。普段からのつながりが大事だと改めて感じた。

・実家から仮設住宅に移り、現在は災害公営住宅に入居している。

（2）Kさん親子の場合

・釜石市街地から西、甲子地区の仙人峠道路入り口近くに住む。津波被害は及んでいない。避難の必要はなかった。ただ、地震により電気が止まった。
・地震と津波で連絡網が遮断され、役所も被災して機能しなかったから、情報が全くなかった。ラジオだけが頼りだった。大松学園（注・知的障害者支援施設）に勤務している守る会の支援員の藤原さんが家に来て市内の状況を話してくれた。津波被災地域から遠く、そもそも津波で町がつぶれてしまうという経験がなかったから、話されても実感が湧かなかった。
・電気は六日目に回復し、電話は七日目に繋がるようになった。水は出たが、地域にある貯水タンクが底をつく寸前に電気が通り、給水されるようになった。
・娘は重度の障害があり経管栄養、常時痰の吸引が必要である。停電のため電源がなくなったので、初めは車から取って使った。しかし車のガソリンがなくなってきた。ガソリンが必要でも子どもから離れるわけにいかず、給油所の列には並べない。給油所でエンジンをかけて並んでいればガソリンが底をつくかもしれないという心配もあった。内陸部の親せきが少量ずつ運んできてくれて助かった。後に、守る会からガソリンの優先供給について要望している。
・そのようなことで発電機が必要だと思っていたが、岩手日報（二〇一一年四月一三日付）、朝日新聞（二〇一一年四月一七日付）が取り上げてくれて、守る会を通して支援団体から発電機をいただくことができた。
・三月一四日、娘に投薬を受けようと県立病院に行くが、二階以上五階までの入院患者は（耐震上の問題からのようだったが）廊下に寝ているなど野戦病院状態だった。薬局は（処方や薬手帳をもたないで）投薬を受けようとする患者・被災者が殺到してパニック状態だった。これも想像の外で、薬の名前も持たずに行ったが、主治医が直接対応してくれて薬に繋がった。

・食料は心配がなく、反射式ストーブもあったから何とか生活できた。夏場なら暑さと食料の保存の問題などがあるからもたなかったかもしれない。
・上記のように、県立病院も機能していなかったが、子どもの体調がなんとかもったので状況に対応できた。電気がないためだろうか、子どもは明るくなれば起きて暗くなれば寝るという規則正しい生活になっていた。

（3） Nさん親子の場合

・市内箱崎町（釜石市中心部の北、釜石湾と大槌湾を分ける半島の付け根にある）に居住。
・三月一一日朝、母は夜行バスで東京に到着、息子の大学関係の用事だった。そのため娘は吉浜荘（大船渡市吉浜にある身体障害者療護施設、普段は通所していた）のショートステイを利用していた。
・母は実家のある東京にいてテレビで被災状況を見ており、災害ダイヤルを使って自宅に連絡しようとしたが通じなかった。自宅は流失していた。また、箱崎にいた夫の両親は津波に襲われていた（地震があればいつも避難していたが、この日は、地震でつぶれた店を片付けようとしていて避難が遅れた。数日前の地震では弱い津波だったことが油断を招いたのか）。
・夫は釜石駅前の公共施設で働いており無事だった。
・吉浜荘とも連絡がつかなかったが、一緒に通所している者の親と連絡が取れて、本人は無事であること、山の上なので津波の被害はないが地震で建物の被害があって、居所が移っていること、その親が子どもを連れに行ったとき寒がっていたので、衣類を置いてきたことなどを知らされた。

・その後、いつかは覚えていないが、施設から連絡がきた。
・自宅が流されたので、子どもと一緒に東京の実家で、父親とは二年半離れて暮らした。市の災害公営住宅ができた時に抽選に当たり釜石に戻って入居して現在もそこにいる。

(4) Oさん親子の場合(いただいた原稿から抜粋)

・入所していた障害者支援施設(山田町)が津波に襲われ流失する。入所者は全員無事だったが、津波を避けて「施設裏の体育館」→「高台のケビンハウス」→「県立陸中海岸青少年の家」と避難を続けた。
・父親は、施設とともに息子の薬も流出したことから、山田町から釜石市の国立病院まで(筆者注:約三〇キロ)無街灯、瓦礫の中を車で走り、投薬を受けた。
・母親は、四日目に大槌の職場から青少年の家に息子を迎えに行く。一般の避難者とは別の場所に入所者は避難していた。
・自宅は高台で無事だったが、息子は食欲不振、高熱、膀胱炎を起こし体調不良となったので、再び瓦礫の中を国立病院まで連れて行って診察を受ける。そのまま入院となる。暖かな場所で体調が落ち着いてきたころ入浴を促されたときに、身体を震わせお風呂に入らない行動で精神的不安が出てきた。本人は訴えることができないが津波を真に受けた水の不安かなと思われた。入院してしばらく精神不安だった。
・夏ごろまで入院して退院し、落ち着いたと思った一週間後重責発作で再度入院、発作が落ち着かず危篤状態になったが、徐々に回復し、現在は国立病院で療養介護入院である。

3　もし家にいて津波が来たらどうする？

三家族の避難の状況は以上のとおりである。三家族とも親子が津波の被害を直接に受けることはなかった。避難行動がなくても命を守ることができた。鵜住居町や箱崎町が壊滅的な被害を受け、多くの死者が出たことを考えれば、集まった皆さんが異口同音に「運が良かった」と言っていることは素直に受け止めることができる。それならば、もし家にいたときに今回のような大きな津波に襲われたならばどう対処することができるのだろう、それを聞いてみた。

Sさん

・（普段でも）移動に移るまでの準備に時間がかかっているので、支度ができるかどうか自信がない。
・車いすを押してどこに行くことができるか。階段のある道など、通ることができるか。誰か支える人がいないとできない。
・どこに避難するのが最善なのかは、分かってはいない。

Kさん（父母お二人の発言をまとめている、以下Kさんの場合同じ）

・避難場所の指定はあっても（数百メートル先）そこまでどのようにして行くのか。近隣は高齢者が多くて自分たちは若いほうだ。助けてもらうことは難しい。

・そこで何があっても家から出ないことにしている。外に行って不自由な思いをして苦しむようならここにいる。家にしっかり備えをして、避難勧告が出ても家から出ないことにしている。
・福祉避難所というがどの程度のレベルの人から使えるのか。障害の程度が軽くて動ける人が先に入り、自分たちのような一番弱い者の行く先がない。
・一週間から一〇日は自分の命は自分で守るしかないと考えている。
・避難先をしっかり決めておく必要はあると思う。それはエゴと言われるかもしれないが。

Sさん

・我が家は子どもの声の問題があるから、車で過ごさざるを得ないと思う。ただ軽自動車だから（実際にできるか）。皆がいる場所に入って気を遣うことになるよりはそのほうが楽だ。今回は病院で部屋も確保してもらったのでよかった。
・大勢の中ではいられない。声を出してしまうから申し訳なさがある。食事をとりに行くにも子どもを見ている人がいないと並べない。持ってきてくれないと無理だ。周りは自分のことだけで精一杯の時期がある。避難所といっても無理だ。

ここでは、

①「どこへ逃げるか」以前に「どのようにして逃げる（移動する）か」の問題があること、父母だけでは困難な場合が多く、他からの支援が必要と考えられていること、しかし地域が高齢化しているなど、期待できな

いと考えられていること。
②避難場所がはっきりと確認されていないこと
③福祉避難所があったとしても、自分たちの避難場所になりうるかどうかについては懐疑的・否定的であること。

を確認しておきたい。ここでは津波を想定しているが、土石流や水害など避難に分秒を争う災害の場合にも同じ意見になるであろう。

4　それではどこに駆け込むのか？

現実的な可能性や移動の問題はあるにしても、重い障害のある人の家族はどこに避難することが最も安心だと考えているのだろうか。

Sさん

・子どもの状態が分かっているかかりつけの医療機関。医療機関でも子どもの様子が分からないところでは説明と理解に時間がかかる。

Kさん

・重度障害のある子どもだから、福祉避難所といっても安心できるのは病院。

・県立病院などかかりつけであっても、すぐに子供のことを分かってもらえるような受け入れの態勢をとってほしい（筆者注：情報が共有されていて、長く待たされたり、回されたりすることのないようにとの意見）。

常に医療的ケアが必要な重い障害者の場合、災害時であっても投薬や医学的管理は欠かせない。そのためかかりつけ医療機関にまず駆け込みたいと考えるのは当然であろう。Sさんの場合、医療機関としては主たるかかりつけではなかったが、リハビリを継続して受けており子どもの状態を理解してもらっているという意味ではそれに近い医療機関で被災後最初の三日間を過ごすことができた。

釜石市には重症児（者）病棟を持つ国立病院機構の病院があり（岩手県内では三ヶ所、県内には他に社会福祉法人立の重症心身障害児施設が一ヶ所ある）、他に県立病院などの総合病院があるので、県内的には、重い障害者（児）の医療へのアクセスは比較的容易な地域ということができる。

しかし、Oさんのように無信号、無街灯、瓦礫の中二度も国立病院に走った例はあるにしても、大きな災害の場合は情報が途絶え、移動も困難になることから、アクセスできる地域が非常に狭くなるということも聞き取りのなかでは話されている。

5　避難場所として考えられるのは？

医療機関は避難の場所にはなり難い。避難の場として考えられるのはどのようなところだろうか。

Kさん

・老健施設を使えるようであればいい。民間法人立が多いから難しいと思うのだが、医師と看護師がいるから医学的管理や投薬などが可能になる。子どもの状態を分かってもらわなければならないが、それには普段からディサービスなどを利用させてもらっていていざというときには避難させてもらえるようにすればいいのではないか。相手が高齢者だけだといって受け入れてくれないかもしれないが。

Sさん

・内部障害のように目には見えない障害や、知的障害など、自分の意見を他に伝えられない人は（福祉避難所のようなところでも）大変だ。

Kさん

・支援学校に在学中は学校の支援が得られるが、卒業すれば難しくなる。

Sさん

・今回は学校から病院に迎えに来てくれて一泊した。在学中は守られ感があるが卒業したらどうすればいいか。

・支援学校を福祉避難所にすることはあり得ると思うが、一時的な避難先と長期的なものとは別だろう。長期的な避難所ということになると支援学校はむずかしいのではないか。卒業後、時間が経過すれば、学校との繋がりはどうなるか。

Kさん

・釜石の支援学校の場合は特別な対応をしてくれたのではないか。

ここでは二つのことを確認しておきたい。

①重い障害児（者）の場合、避難先には医療機能を求めているということである。本人の状態を理解している医療機関ではなくても、医師、看護師がいることにより迅速な医学的な対応が期待できるからである。

しかし、出席者も認めているように、そのような場として身近にある老人保健施設での受け入れは直ちにはできないことだろう。高齢者と障害者の制度の違いがそもそもある。それをどのようにして越えていくか。災害時要援護者支援の課題として、当事者だけでなく、行政も加わり地域全体で考えていくべきであろう。

②重い障害者にとって、災害時には特別支援学校が避難先になることに期待感があるということである。釜石には重症心身障害児（者）棟をもつ国立病院があり、特別支援学校が隣接して設置されていて、この地域の多くの重い障害者は卒業生だという事情があるのだが、子どものことを理解してもらった（理解してもらえる）という安心感は大きいのだろう。

Sさんが話しているように、在校生であれば学校は安否を確認し、病院まで迎えに来てくれて泊まることもできた。そのような「見守られ感」は卒業すればなくなってしまうのか。避難場所にはなれないのか。学校においても教員は異動するから、卒業生の情報は紙の上だけのものになることは否めないのだが。

第4部でも述べるが、筆者は、特別支援学校が地域の福祉避難所として有力な社会資源だと考え、それができないかどうか、学校関係者と意見交換をしたことがある。結果は否であった。在校生の支援で精一杯であり、授業などにも支障が出る、という理由であった。障害児教育に関する蓄積を地域に生かすことは、地域の協力体制づくりと併せてもっと議論されていいと筆者は考えている。

6　避難行動要支援者名簿の作成について

災害時、自力で避難場所まで移動することは難しいという認識は出席者に共通していた。避難行動要援護者名簿はそのような人（家族）を地域で支援する基礎となるデータづくりである。その認知の状況などを聞いた。

Kさん

・市社協が家庭訪問に来てくれて名簿を作った。

Sさん

・名簿に載っているものと思い市に聞いたところ、載っておらず、それから調査に来た。皆分かってくれていると思っていたのだが。

Nさん

・それはどこで作っているか、自分から申し込むことは知らなかった。

Kさん

・個人情報の扱いが面倒になっているが、自分達（筆者注　守る会を指す）にも情報を開示してもらえれば、ここにはこんな人がいる、などの確認ができる。会のなかでも連絡を取り合う仕組みが必要だ。

・（名簿に基づいて個々の要支援者に誰が張り付いて支援するかまで決まることが理想だが）、一〇〇までいかなくてもその半分でもいいから実施してほしい。

避難行動要支援者名簿の作成に関しては、個別的支援を具体化するという目的などを含め、まだ十分に理解されていないという印象であった。釜石市では名簿作成を終えてその更新、地域への提供を行う段階に入っており、福祉避難所の指定も進めている。しかし、この聞き取りで示されたように、当事者には自分達との関わりが十分理解されてはいない。出席者が求めているところは名簿作成が目指すものと違いがない。これから地域での支援体制づくりを進めていくのだから、周知、啓発について、行政として一層の努力が求められると思う。

7　重い障害のある人とその家族の避難について——まとめに代えて

重い障害がある人とその家族が3・11地震・津波災害時にどのように行動したか、限られた時間での聞き取りであったがその一端を知ることができた。また、その行動を通じて認識された課題なども提示していただいた。これまでの記述ではそれらを整理して述べるとともに、筆者なりの分析も付け加えてみた。

以下では、全体のまとめとして、（1）避難以前の問題、具体的には日常的な地域との関わり方をどうつくっていくか、（2）避難における問題、具体的には避難場所の設定や必要な支援の確保などについて考えてみたい。

（1）避難以前の問題

①地域における避難を支える仕組みづくり

津波に限らず、避難が必要な災害が起きた場合、出席者は皆、家族だけでの避難（移動）は困難だと話している。そうであれば地域の中に自分を支える仕組みをつくって必要がある。

行政や地域の自主防災組織などは地域毎に災害時に支援を要する者を明らかにして、支援方策を個別具体に確定していかなければならない。避難行動要支援者名簿の作成はその第一歩である。

一方で障害当事者と家族は、地域の中にこのような生活をしている家族がいて、災害時にはこのような支援が必要になるということを、自ら地域に向かって発信していくべきである。自分たちのことを知ってもらい理解してもらうことである。ここでいう地域とは、近隣だけではない。避難先となりうる社会福祉施設や医療機関その他障害当事者の生活に関わる機関、組織を含むものである。

第1部第1章で紹介した中村亮の報告には、近隣の人たちが自発的に状況を伝え、避難を先導したことが述べられている。本稿ではSさんが、主治医ではないがリハビリに通う医療機関が避難場所となったが、子どものことをよく知っているので安心できたことを、Oさんが、被災直後の危険な状況の中で主治医のいる国立病院まで出かけ、投薬や診察を受け、直ちに入院できたことで命に関わる危機を脱したことを、それぞれ述べている。前後するが、Sさんの居場所情報、Nさんの子どもの状況情報が伝わったのはそれぞれ保護者繋がりによるものであった。

②避難訓練等、地域活動への参加

①の延長で、障害者がいる生活と避難について地域の理解を深めるために、地域の避難訓練等の活動へは積極的に参加することが必要である。

③情報を得る努力、非常時への備え

災害はいつ、どのようなときに起きるかが分からない。例えば通院・通学途上で親子が孤立してしまう危険もある。置かれた状況でどのように行動すればいいのか適切な判断をくだすためには、その状況を正しく理解する必要がある。情報機器の活用などにより、自らの力で情報を得ることができるよう努力することは大切である。また、必要に応じ発電機の確保やおむつ、本人の嗜好等にあわせた食料・飲料の用意など、非常時に向けた普段からの対応が大事である。

(2) 避難におけるいくつかの課題

①避難先の指定

避難行動要支援者名簿に基づき作成される個別支援計画では、個々人の避難先を指定することになっている。第4部第2章でも触れるが、釜石市を含め岩手県ではまだそこまでは至っていない。

聞き取りでは避難先は医療機関、次善の策として医師・看護師がいる老人保健施設が希望された。既に述べたがそうするのはかなり難しい。重症心身障害児（者）病棟をもつ医療機関はそもそも数が少なく（釜石にはその数少ない国立病院があった）、老人系の施設は制度が異なるから対象とはなり得ないだろう。

社会福祉施設が福祉避難所となる場合でも、高齢者や様々な障害のある人との共同生活では気遣いするから行かないだろうという発言があった。障害者本人が環境に適応できない場合も想定できる。しかし多くの市町村では社会福祉施設を避難先として指定せざるをえないだろう。障害関係施設自体の数が少なく、重い障害のある人への対応は高齢者施設の活用なども考えなければならないかもしれない。従って、ゼロか百かではなくて、看護師や経験のある生活支援員の配置、医療機関との連携（重い心身障害児・者の治療を専門にしている医師、小児科医の派遣。巡回の可能性の検討など）など、現実をベースにして可能性のあることを当事者とともに考えていくべきだろう。

また、障害者本人と家族は、指定された福祉避難所との交流（ディサービスやショートステイの利用などを含め）を重ねることで受け入れ先との関係をつくり、そこでの対応力、適応力を高めていくことも大事な取り組みになるだろう。

②避難先までの移送

避難が必要になっても、重い障害のある人とその家族は自力での避難が困難だと考えていることは既に述べた。避難行動要支援者名簿を基にした個別支援計画において、誰が、どこに、どのようにして移送するかということを決めておきたい。そのためには地域の協力が不可欠だから、地域での話し合いの場で議論してもらうことを求めておきたい。津波のように分・秒を争う避難時に他者の避難にまでつきあえるのかという声が出てくるかもしれない。しかし、先に上げた中村亮の近隣の協力による避難のような例がある。要支援者を中心にした避難訓練を行う地域（筆者が報道により知ったのは大槌町安渡《あんど》地区）も出始めている。このような取り組みに学びたい。

なお、念のためにいえば、移送は避難先の指定と関わっている。理想的には福祉避難所までの移送が望ましいが、とりあえず地域の協力により身近な一次避難所に避難し、その先は行政、社協あるいは福祉避難所となる福祉施設等により二次避難所に移送するという方法もありうると思う。ただし、一次避難所での生活は最小限度にとどめることが必要なことは本稿における出席者の発言から理解いただけると思う。

③福祉避難所（避難先施設）の運営

障害のある人一人ひとりにしっかり配慮された福祉避難所というのはおそらくできないだろう。しかし重い障害のある人たちにとって以下のような配慮は不可欠だと思う。第一に医療・投薬の確保である。SさんやOさんの例が示すように、地震や津波の恐怖、生活環境の変化は心身に影響し、体調の悪化をもたらす危険性が大きい。看護師による日常的見守りや医師による定期的診察（先に述べたように小児科医など専門性のある医師の巡回診察なども含め）が必要になる。投薬の指示も医師の役割である。これらは福祉避難所単独では対応できないから、行政と地域の医療機関が連携したバックアップ体制を考えておく必要がある。

避難者は「お薬手帳」や障害者の生活・受療状況がわかる資料を用意するなど、速やかに円滑な支援が受けられるための対応を心がけておきたい。

第二に障害に応じた可能な限りきめ細かな対応である。個室や少人数の相部屋の用意、静かな環境の確保、食事への配慮、付き添っている家族の休息、健康への配慮などである。

第三に相談支援や適切な情報提供である。被災状況、家族の安否など避難者は一人ひとり異なる状況におかれている。その不安に向き合って話し合い、励まし、必要な情報の提供に努めるなどの対応が求められる。

8　おわりに

重い障害のある人とその家族の避難については、ここには書き切れなかった、あるいは我々が気付いていない課題がまだあるだろうと思うが、それは今後改めて検討していきたい。聞き取りに協力いただいた岩手県重症心身障害児（者）を守る会事務局、貴重なお話を聞かせていただいた同釜石支部の皆さん、聞き書きの整理に協力いただいた金浜弥生さん（現岩手県福祉総合相談センター勤務）に感謝申し上げ結びとする。

第3章

自閉症スペクトラムの人たちの避難とケア

小川博敬

1　はじめに

筆者はこの報告を岩手県自閉症協会の副会長として作成しているが、東日本大震災が発生した二〇一一年三月は、岩手県自閉症協会事務局という立場であった。当時の岩手県自閉症協会は、事務局業務を金ヶ崎町にある「虹の家」という自閉症の人のみが利用する障害者施設に委託していた。その時、筆者が虹の家のサービス管理責任者を務めていたこともあり、発災直後は、岩手県自閉症協会事務局として会員の安否確認を行うこと、と、虹の家利用者の安全と健康を守ることが課題であったように記憶している。自閉症協会としての協会員安否確認については、熊本葉一会長らと二〇一一年三月二二日に大船渡市・陸前高田市、二四日に釜石市・大槌町・山田町・宮古市・田老町で行っているが、津波災害による道路状況の悪化と避難場所を把握することの難しさから、安否確認は著しく困難であった（写真1）。

この章では、東日本大震災における岩手県内の自閉症スペクトラムの方の状況と課題点を報告することをねらいに、最初に岩手県自閉症協会が二〇一一年四月に実施した郵送調査と、発災後に避難生活をした自閉症スペクトラム児・者の家族を対象とした調査について報告する。

2　東日本大震災を体験した岩手県自閉症協会員が感じた不安と要望

（1）調査の目的と方法

岩手県自閉症協会では、協会員の被災状況を確認することをねらいに、全協会員に対して郵送調査を実施している。この調査については熊本（2012）が自閉症の人とその家族にどのような備えが必要かという点について報告しているものの、震災後の生活についてどのような不安や要望があったかについては、まだ十分に明らかにされていない。そこで、この報告では岩手県自閉症協会が実施した調査票を再検討し、協会員が東日本大震災を体験して感じた不安と要望について明らかにすることを目的とした。

岩手県自閉症協会が二〇一一年四月に全協会員二三四名に対して実施した郵送調査（回答数一二四名、回収率五二・九％）のうち、「これからの生活で不安なこと、要望や支援してほしいことをお書きください」という設問に記載された内容を分析した。分析方法としては、記載された内容に対してコードを付け、内容が類似するコードをサブカテゴリー、カテゴリー化した。

（2）調査から見えてきたこと

分析の結果、岩手県自閉症協会員が東日本大震災を体験して感じた不安と要望は【避難所】【福祉サービス】【ライフライン】【行動の変化と支援】【協会活動】の五つのカテゴリーで構成された。以下、カテゴリーを【　】、サブカテゴリーを『　』、回答例を〈　〉で示した。

（3）【避難所】について

このカテゴリーは『避難所生活への不安』『障害がある人のための避難所設置』から構成された（表1）。『避難所生活への不安』については〈今回のような災害がまた発生して避難所生活になったら一般の方と生活するのは難しいと思う〉ことや〈こだわりがあるので避難所に入るのは難しい〉ことが主な内容であった。『障害がある人のための避難所設置』については〈自閉症の人たちが利用できる避難所の確保が必要〉なことや〈地震などで家屋が住めなくなった時に周りの人に気を遣わずに避難できる場所があるとよい〉ことが主な内容であった。

写真1
釜石市箱崎町桑の浜地区の道路状況
（2011年3月24日）

（4）【福祉サービス】について

このカテゴリーは『福祉サービスを利用できない』『災害時に利用できる福祉サービスの必要性』から構成された（表2）。『福祉サービスを利用できない』については〈親は仕事に行かなければならなかったが子どもを預ける施設がなく仕事を休んだ〉ことや〈二つの事業所と契約していたものの今回のように必要な時に限って利用できなかった〉ことが主な内容であった。『災害時に利用できる福祉サービスの必要性』については〈災害時に施設利用ができないことに不安を感じる〉ことや〈いざという時に対応してもらえる施設がもっと多く欲しい〉ことが主な内容であった。

(5)【ライフライン】について

このカテゴリーは『ガソリンの不足や確保』『ライフラインへの対応と不安』から構成された（表3）。『ガソリンの不足や確保』については〈ガソリンがなく病院に薬をもらいに行けなかった〉ことや〈移動手段となるガソリンの確保が大変だったので給油優先順位を緊急車両に準じるよう行政にお願いしてほしい〉ことが主な内容であった。『ライフラインへの対応と不安』については〈ライフラインがストップした時の対処がとても大変だった〉ことや〈ライフラインが断たれた場合に子どもと行動を共にしているとは限らずその際の子どもの行動・命が心配〉なことが主な内容であった。

(6)【環境の変化から生じた不安・こだわり・興奮】について

このカテゴリーは『地震に対する不安』『こだわり』『停電による興奮や不安』から構成された（表4）。『地震に対する不安』については〈少しの揺れでも不安定になり「地震来た」と言って戸を開けて外に出ていく〉ことや〈地震があると耳をふさいでしゃがみ込んで動こうとしないため余震があっても避難できないでいる〉ことが主な内容であった。『こだわり』については〈震災以後は学校行事が変更続きで予定確認のこだわりが強くなっている〉ことや〈不安から強いこだわりが続いており戸惑っている〉ことが主な内容であった。

表1　避難所

サブカテゴリー	回答例
避難所生活への不安	今回のような災害がまた発生して避難所生活になったら一般の方と生活するのは難しいと思う
	小さい子どもの声が苦手なので災害があっても避難所に入れず車で生活するしかない
	食物アレルギーやアトピー性皮膚炎があるので避難所での生活は難しい
	今回のようにガソリン不足になると自閉症の人が入れる避難所を遠方に設けられても移動できない
	どうしたら避難所で生活できるかイメージできない
	こだわりがあるので避難所に入るのは難しい
	今後避難所へ行くような地震が起こったら車中泊することになると心配している
障害がある人のための避難所設置	自閉症の人たちが利用できる避難所の確保が必要
	地震などで家屋が住めなくなった時に周りの人に気を遣わずに避難できる場所があるとよい
	新聞で避難所に入れず車中泊をした自閉症家族の記事を見たが自閉症協会でも周りを気にせず休める場所を検討してほしい
	各市町村で障害のある人のみの避難所を作ってほしい
	避難所では個室か障害者同士の部屋であると気を遣わなくてよい
	混乱を少なくし親の負担も軽くするために支援学校を在校生と卒業生のための避難所として開放してほしい

表2　福祉サービス

サブカテゴリー	回答例
福祉サービスを利用できない	親は仕事に行かなければならなかったが子どもを預ける施設がなく仕事を休んだ
	日中一時支援サービスを利用しようとしたが事業所が1週間休みとなりその間子どもと二人で過ごすのは大変だった
	二つの事業所と契約していたものの今回のように必要な時に限って利用できなかった
災害時に利用できる福祉サービスの必要性	災害時に施設利用ができないことに不安を感じる
	本人が引きこもり気味で外に出れないので家族が不在の時に本人と一緒に過ごしてくれるサービスがあれば知りたい
	いざという時に対応してもらえる施設がもっと多く欲しい

『停電による興奮や不安』については〈停電で入浴できずパニックになった〉ことや〈停電でテレビ、DVDプレイヤー、パソコン、音楽を聴く端末が使えずパニックになった〉ことが主な内容であった。

(7)【自閉症協会活動】について

このカテゴリーは『情報発信』『情報共有』『災害支援』から構成された(表5)。『情報発信』については〈色々なメディアを活用して自閉症に関する情報発信をもっと行ってほしい〉ことや〈自閉症という障害への理解を普段から広く啓発しておく必要がある〉ことが主な内容であった。『情報共有』については〈個人情報よりも助けの方が重要なので協会員名簿の開示について可能な人の分は開示してほしい〉ことや〈知的障がいの重い自閉症の親の集まりを設定してほしい〉ことが主な内容であった。『災害支援』については〈専門家を招いての相談会を行ってほしい〉ということや〈震災後の精神的ケアなど色々支援してほしい〉ことが主な内容であった。

(8) 考察――茶話会の開催・相談支援専門員とのつながり、発達障がい沿岸センターへの期待

この調査では、岩手県自閉症協会員が東日本大震災を体験して感じた不安と要望を明らかにすることを目的とした。その結果、【避難所】【福祉サービス】【ライフライン】【行動の変化と支援】【協会活動】という五つのカテゴリーが明らかになった。【協会活動】に対しては、〈知的障がいの重い自閉症の親の集まりを設定してほしい〉〈震災後の精神的ケアなど色々支援してほしい〉との要望が出されていたが、このような要望に応える形で岩手県自閉症協会が取り組んできた取り組みについて紹介したい。岩手県自閉症協会では、津波災害の大きかった沿岸地区を対象とする茶話会を二〇一二年度から開催してきた(表6)。この茶話会は被災地区の協会

表３　ライフライン

サブカテゴリー	回答例
ガソリンの不足や確保	ガソリンがなく病院に薬をもらいに行けなかった
	移動手段となるガソリンの確保が大変だったので給油優先順位を緊急車両に準じるよう行政にお願いしてほしい
	子どもと一緒ではガソリンスタンドに並ぶことができなかった
ライフラインへの不安	ライフラインがストップした時の対処がとても大変だった
	ライフラインが断たれた場合に子どもと行動を共にしているとは限らずその際の子どもの行動・命が心配

表４　環境の変化から生じた不安・こだわり・興奮

サブカテゴリー	回答例
地震に対する不安	地震のたびに不安そうな顔をしている
	少しの揺れでも不安定になり「地震来た」と言って戸を開けて外に出ていく
	余震のたびに強く抱きついてくる
	緊急地震速報の音を聞くと極端におびえる様子がある
	夜間いまだに１人でトイレに行けずに必ず親を起こしている
	家で一人で過ごすことに不安を感じている
	地震があると耳をふさいでしゃがみ込んで動こうとしないため余震があっても避難できないでいる
こだわり	震災後からこだわりが強くなっているが何が原因かわかりかねている
	震災以後は学校行事が変更続きで予定確認のこだわりが強くなっている
	不安から強いこだわりが続いており戸惑っている
停電による興奮や不安	停電で入浴できずパニックになった
	停電や水道が止まっていることで興奮状態になり、どのように対応してよいか見当もつかず大変であった
	停電でテレビ、DVD プレイヤー、パソコン、音楽を聴く端末が使えずパニックになった
	数日間停電になり普段の行動ができなかったことから停電に恐怖心を抱いている
	昼は落ち着いているものの停電している夜はパニック状態となり大変だった

表５　自閉症協会活動

サブカテゴリー	回答例
情報共有	個人情報よりも助けの方が重要なので協会員名簿の開示について可能な人の分は開示してほしい
	知的障がいの重い自閉症の親の集まりを設定してほしい
	情報共有のために岩手県自閉症協会のホームページを開設してほしい
災害支援	震災時に協会としての活動は行わないのか
	専門家を招いての相談会を行ってほしい
	どういう形であれ被災した協会員の支援を行いたい
	震災後の精神的ケアなど色々支援してほしい

員から話を伺う中で、会員の抱えている不安や悩みを緩和していくことをねらいとしたものである。参加者としては被災地区協会員の他に、岩手県発達障がい者支援センターや発達障がい沿岸センターの相談支援員、各沿岸圏域の相談支援専門員、ＪＤＤネットいわてのスタッフにも参加協力を依頼し、発達障がいの専門家の立場からの情報提供や助言をお願いしてきた。茶話会に参加した沿岸地区の協会員からは「震災後、協会員の集まりを持つことができずにいたが、久しぶりにみんなの顔を見て安心した」「色々な人の話を聞くことができたり、自分の話も聞いてもらえてよかった」「地区の状況を知るよい機会となった」「家族が話せる場があるのはとても大切なので、今後も定期的に継続してほしい」等の意見が茶話会終了後に実施したアンケートに記載されており、沿岸地区で四年にわたり開催した茶話会は、協会員の不安や悩みを緩和する上で一定の効果があったのではないかと思われる。

今回の茶話会を開催する上では、沿岸地区の相談支援専門員の参加協力が重要であった。釜石地区での茶話会においては地元の相談支援専門員が毎回参加し、釜石圏域で生じている状況について丁寧に説明していただいた。宮古地区においても同様であった。両圏域の相談支援専門員においては茶話会開催時の協力のみならず、二〇一一年三月二二日、二四日の協会員の安否確認の際にも、避難所情報や道路状況など、地元の人でしか知りえない情報や、岩手県自閉症

表6　岩手県自閉症協会主催沿岸地区茶話会開催状況

年度	開催日	開催場所	参加者数
2012	6月16日	大船渡市（県立福祉の里センター）	16
	7月14日	久慈市（総合福祉センター）	15
	10月27日	宮古市（宮古地区合同庁舎）	15
	12月1日	釜石市（釜石地区合同庁舎）	15
2013	6月15日	陸前高田市（公民館）	20
	8月24日	久慈市（総合福祉センター）	10
	10月19日	宮古市（中央公民館）	8
	11月16日	釜石市（釜石地区合同庁舎）	10
	2月1日	陸前高田市（キャピタルホテル）	15
2014	6月28日	大船渡市（県立福祉の里センター）	11
	8月23日	久慈市（総合福祉センター）	10
	11月29日	釜石市（釜石地区合同庁舎）	7
2015	6月27日	大船渡市（県立福祉の里センター）	9
	8月8日	宮古市（グリンビア三陸みやこ）	18
計	14回		179

協会が担うべき役割等、多様な観点から貴重な助言を受けることができた。このような経過を振り返ると、常日頃から障がいのある当事者家族が生活圏域の相談支援専門員と顔の見える関係を築いておくことは、災害時の支援関係にもつながる重要なポイントであるようにも思われる。

また、今回の茶話会には釜石市にある「発達障がい沿岸センター」の相談支援員にも適宜参加していただいた。このセンターは震災後にスタートした事業であるが、岩手県内陸部に比較して発達障がい支援がやや手薄であった沿岸市町村において、潜在的にあったニーズを丁寧に掘り起こしている印象がある。この事業が復興支援関連予算であることから、事業の継続については不確定な要素があるのかもしれないが、復興支援と発達障がい支援は別の次元で発生しているニーズでもあるため、沿岸地区で生活する発達障がい児者に欠かせないサービスとして、今後も継続的・安定的な事業の展開を期待したいところである。

最後に、課題点について述べておきたい。『障害がある人のための避難所設置』については、〈新聞で避難所に入れず車中泊をした自閉症家族の記事を見たが自閉症協会でも周りを気にせず休める場所を検討してほしい〉という意見もあるなど、発災後においては特に重要な課題であった。しかし、時間の経過とともに生活の場が避難所から仮設住宅に移行していく中で、協会としても視点が他の問題に推移していった印象がある。「もうこのような大きな災害は起こらないのでは」との思いがあったのかもしれない。そこには平和な日常を取り戻すことに対する希望も含まれていたのだろうが、日本は津波災害のみならず地震も含めた自然災害が頻発している国である。災害が発生すると、その地域の障害者団体は多様な業務を担うことになるのだが、今回の避難所問題の経過をふまえると、それでも課題が生じて社会や関係機関の関心が高まっている時期にこそ、議論を尽くしておく必要があるように思われる。

3　津波災害が自閉症スペクトラム児者の生活に及ぼす影響

（1）調査の目的と方法

東日本大震災の後、災害が障がい者の生活にどのような影響を与えたかを明らかにするための報告はあるが、災害が自閉症スペクトラムの人に与えた影響に関する報告はそれほど多くはない。特に津波からどのように避難したかについては十分に明らかにされていない。この研究は、東日本大震災の津波災害が自閉症スペクトラム児者の生活にどのような影響を与えたのかを明らかにすることを目的とした。

調査対象者は、東日本大震災で被災した自閉症スペクトラム児・者の家族七名（父親一名、母親六名）を対象とし、被災の定義を「住居損壊により自宅以外で一日以上の避難生活をした人」とした。対象者の子どもは全

表７　聞きとり内容

1	地震の後に避難所にたどり着く間お子さんの様子はどうでしたか
2	避難先でお子さんの様子はどうでしたか
3	地震発生から３日間でお子さんに必要としたものは何ですか
4	避難場所は移動しましたか
5	お子さんに必要なものはどのように変化していきましたか
6	災害に備えてどのようなものを準備しておけばよいと感じましたか
7	今後のお子さんの生活に何が必要だと感じましたか

員自閉症スペクトラムで知的障がいがあった。子どもの性別は全員男性で、年齢は二名が九歳、一〇歳・一一歳・一九歳・二一歳の子どもが各一名であった。調査は二〇一二年五月から八月に実施し、データ収集においてはインタビューガイドを用いた半構造化面接を実施した（表7）。面接場所と時間は対象者の意向を尊重して設定し、一回六〇分を目安とした。対象者には、個人が特定できないよう配慮すること、録音した内容は調査終了後に消去することを説明し、承諾を得た。分析方法は、テープに録音された七名分のインタビュー内容から逐語語録を作成し、コードを付けた。コードの内容が似ているものをまとめ、サブカテゴリー、サブカテゴリー化した。

（２）調査から見えてきたこと

分析の結果、津波災害が自閉症スペクトラム児者の生活に与える影響は【震災発生直後の避難行動】【避難生活】【仮設住宅】【不適応行動】【支援物資】【食事】【医療】の七つのカテゴリーで構成された。以下、カテゴリーを【　】、サブカテゴリーを『　』、回答例を〈　〉に表し、家族が語った代表的なデータを「　」で示した。

（３）【震災発生直後の避難行動】について

このカテゴリーは『車で避難した』『避難行動をした』『避難しなかった』『情報入手の大切さ』から構成された（表8）。『車で避難した』ことについては、家族が

表８　震災発生直後の避難行動

サブカテゴリー	回答例	代表的なデータ
車で避難した	相談支援専門員の車で避難した	サービス利用していたが津波で危ない状況になり、たまたまそこにいた相談支援専門員と高台の小学校に避難したと後で聞いた
	津波から車で避難した	津波が来ると思って体を無理やり引っ張って車に乗せて避難した
避難行動をした	近所の人を見て避難行動をした	近所の人たちが「津波だ、逃げろ」と言いながら山のほうに登って行ったのを見て一緒についていったようだ
	自ら避難行動をした	裸足で外に出て避難訓練で集まる場所に走っていき、頭を覆ってしゃがんでいた
	声掛けで避難した	全然パニックにもならず「逃げるよ」と言ったら普通に移動した
避難しなかった	ビルから飛び出した	地震の時に裸足でビルの外に逃げ出したようだ
情報入手の大切さ	ラジオで情報を知った	ラジオで大津波警報が出たことを知った
	ラジオが重要だった	車中のガソリンは残り少なかったがそれでも車のエンジンは止めずにラジオからの情報を優先した

一緒にいない状況でも「たまたまそこにいた相談支援専門員と高台の小学校に避難した」ことや、家族が「体を無理やり引っ張って車に乗せて避難した」ことが語られていた。

避難行動については〈近所の人を見て避難行動をした〉り、「避難訓練で集まる場所に走って行き」〈自ら避難行動をした〉ことが語られていたが、「裸足でビルの外に逃げ出し」避難しなかったことも述べられていた。

（４）【避難生活】について

このカテゴリーは『車中泊』『小学校で避難生活をした』『中学校で避難生活をした』『特別支援学校で避難生活をした』『公民館で避難生活をした』『避難所での保温手段の確保』から構成された（表９）。「小さい部屋を利用させてもらったことで騒いだりもせず夜も寝た」ことや避難した特別支援学校では〈落ち着いて生活していた〉ことが語られる反面、〈体育館での避難生活は大変だった〉など、避難する学校によって避難生活の困難さに差があったことが語られていた。また〈震災当日に車中泊をした〉ことも述べられていた。

表９　避難生活

サブカテゴリー	回答例	代表的なデータ
車中泊	震災当日に車中泊をした	津波の光景を見て車中泊になる覚悟をし、高台の公園に車を停めて一日半過ごしたが、防寒着を着ておらず眠ることができなかった
小学校で避難生活をした	震災当日に子どもが小学校で一泊避難した	子どもとは別々に避難したが、小さい部屋を利用させてもらったことで騒いだりもせず夜も寝たようだ
中学校で避難生活をした	中学校で避難生活をした	3月12日の夕方、車中泊している息子に中学校に行くか聞くと「行く」と返事をしたので移動した
	体育館での避難生活は大変だった	狭い車内から解放されたのと体育館を遊ぶところと認識したのか、寝る準備をしていたら「走らせるな」と注意され、それからは散歩とトイレ以外は毛布をかぶせ、横に寝せておくしか対応できなかった
特別支援学校で避難生活をした	落ち着いて生活していた	支援学校に3～4日避難したがプラレールなどのおもちゃで満足して遊んでおり落ちいていた
	安心感があった	3月12日から21日まで避難生活したが、知っている先生方がいたことで宿泊学習のような感じで安心感があった
公民館で避難生活をした	公民館で炊き出しがあった	高台にあった公民館では近所の人が炊き出しをしてくれて暖かいおにぎりを食べられた
避難所での保温手段の確保	避難所では毛布をもらえなかった	毛布があるかもしれないと避難所に向かったが順番待ちですぐになくなり息子の障害を説明したがもらえなかった
	避難所で毛布をもらった	近所の人が毛布を持ってきてくれてその人には泣きながら感謝した

（５）【仮設住宅】について

このカテゴリーは『防音に対する配慮』『近隣との関わり』『テレビの音量を上げる』『母子寮で生活した』から構成された（表10）。〈防音に心配がある〉ことや〈テレビの音量を上げるこだわりがある〉ことなど、仮設住宅での『防音に対する配慮』や〈テレビの音量調整に対する支援を知りたい〉ことが語られていた。

（６）【不適応行動】について

このカテゴリーは『所在不明になった』『固執行動があった』から構成された（表11）。〈避難先で迷子になった〉ことや〈避難先で同じコースを一日に何十往復もした〉など、避難先での新たな生活に馴染むまでに苦労したことが語られていた。

表10　仮設住宅

サブカテゴリー	回答例	代表的なデータ
防音に対する配慮	隣の部屋からの音は響かない	仮設住宅の防音構造が関係しているかもしれないが隣に人が住んでいないのではと思うくらい音が響かない
	防音に心配がある	テレビの音を大きくすることがあるために隣の仮設に響いているのではないかという心配がある
近隣との関わり	苦情はなかった	両隣に住んでいる人が理解のある人で苦情はなかった
	隣の住民は顔見知り	右隣に住んでいる人が以前から知っている人で安心した
テレビの音量を上げる	テレビの音量を上げるこだわりがある	もともとテレビの音量を最大にするこだわりがあったが、仮設住宅に入りテレビがある環境になったら音量を最大にして見ている
	テレビの音量調整に対する支援を知りたい	注意してもテレビの音量を下げず、リモコンで操作してすぐ音を大きくするので適量に調整する方法を知りたい
母子寮で生活した	仮設住宅扱いとなった母子寮に障害者優先という枠で利用した	前の避難所より劣悪な環境だったが仮設申し込みの際に当選者は別の仮設に申し込みができないという条件があり断ることができず、部屋に水道がない母子寮に住んだ

(7)【支援物資】について

このカテゴリーは『支援物資配給方法の検討』『防災用品の準備』から構成された（表12）。〈避難時に必要な支援物資について聞かれ困った〉ことから〈支援物資提供リストが必要〉なことなど『支援物資配給方法の検討』の必要性が語られていた。

(8)【食事】について

このカテゴリーは『ふり掛けの必要性』『震災後の食欲の増加』から構成された（表13）。〈ふり掛けが必要〉なことや〈ふり掛けがないことの大変さ〉など、偏食がある自閉症スペクトラムの人にとっての『ふり掛けの必要性』が語られていた。

(9)【医療】について

このカテゴリーは『薬を津波で流された』『処方箋なしで薬を処方された』『病院の不足』から構成された（表14）。〈薬を津波で流された〉り、〈医療情報を津波で流されて分からなくなった〉りしたものの、〈保険証の番号を記憶していたため薬が処方された〉ことや〈津波で流された薬を他の病院で処方してもらった〉

表11　不適応行動

サブカテゴリー	回答例	代表的なデータ
所在不明になった	避難先でいなくなった	避難先からいなくなり警察に依頼して探すと避難所の横を流れている沢の流れを上流に登った場所で発見された
	避難先で迷子になった	避難所になっている学校で迷子になったことがあった
	迷子になった息子が身柄を警察に確保された	避難先からいなくなった息子を探すと他人の家に入っており警察が駆けつけていたので、自閉症で知的障がいがあることを説明して謝罪した
固執行動があった	避難先で同じコースを一日に何十往復もした	避難先に生活が変わったことが理解できなかったのか姉の家と実家の間を一日に何十往復もし、避難先には入らずに入口の外で寝ていた

表12　支援物資

サブカテゴリー	回答例	代表的なデータ
支援物資配給方法の検討	避難時に必要な支援物資について聞かれ困った	支援する人たちから「何が必要か」とよく聞かれるが、そもそも紙も鉛筆もないので「これが足りない」「あれが足りない」というものを書き留めておくことすらできない、例えば5分前に子どもが何か食べたいといって泣いていたら思い出せるかもしれないが
	支援物資提供リストが必要	必要なのは「支援リスト」、支援団体からこんなものは準備できますという支援リストが提示されて「これが必要だった」と気付くことがある
	必要な支援物資の整理	時間の経過とともに必要なものは変化していくが、地道に一年間の支援記録を拾って整理していく必要がある
防災用品の準備	衛生用品の準備をしておけばよかった	トイレのことを考えるとウエットティッシュなどを用意しておけばよかった
	震災に備えた準備をしていた	震災に備えて防災グッツを予め用意していたことで助かった

表13　食事

サブカテゴリー	回答例	代表的なデータ
ふり掛けの必要性	ふり掛けが必要	子どもに必要なものが変化していく中で、偏食なのでごはんへのふり掛けはずっと必要だったし今も必要だ
	ふり掛けがないことの大変さ	食事の時に白いご飯だけだと食べられないが、震災から3日間はふり掛けがないことが大変だった
震災後の食欲の増加	食欲が増えた	震災後、物欲はそうでもないが食欲がすごく増えた
	肉類を食べたがった	「今日は鶏肉ないね」と繰り返して言って、とにかく肉を食べたがった

表14　医療

サブカテゴリー	回答例	代表的なデータ
薬を津波で流された	薬名は記憶していた	薬は津波で流されたが息子が飲んでいる薬の名前を全部覚えていた
	薬を津波で流された	服薬していた薬は家に置いてきてしまい津波で流された
	医療情報を津波で流された	お薬手帳も保険証も津波で流されてしまった
処方箋なしで薬を処方された	保険証の番号を記憶していた	保険証の重度の番号を覚えていたので、県立病院に行ったらすぐ処方してもらえた
	津波で流された薬を他の病院で処方してもらった	処方箋はなかったがパニックを防ぐために個人病院に行って飲んでいた水薬を伝え、少しだけ出してもらっても日数が足りないので、5倍の量を言ってそれを薄めてもらった
	津波で流された薬を他の病院から処方してもらう時に処方内容の確認を受けた	県立病院の精神科で流された薬と同じ薬の処方医師にお願いしたら「全く同じ薬はない」と言われ、「5種類のうち4種類は出せるが、もう1つは同じような薬でよいか」と確認を受けて了解した

ことなど『処方箋なしで薬を処方された』ことが語られていた。

(10) 考察——安全が保障される場所での福祉サービス提供を

この研究は、東日本大震災の津波災害が自閉症スペクトラム児者の生活にどのような影響を与えたのかを明らかにすることを目的とした。その結果、【震災発生直後の避難行動】【避難生活】【仮設住宅】【不適応行動】【支援物資】【食事】【医療】という七つのカテゴリーが明らかになった。

【震災発生直後の避難行動】では「たまたまそこにいた相談支援専門員と高台の小学校に避難した」ことが語られているが、津波浸水区域で相談支援専門員と居合わせたのは稀なケースと思われる。避難行動に関わり〈近所の人を見て避難行動をした〉ことや「避難訓練で集まる場所に走っていき」〈自ら避難行動をした〉との語りもある一方、〈ビルから飛び出した〉ことで『避難しなかった』ことも語られている。自閉症スペクトラムの人たちの特性を考えると、特定場面で繰り返された避難訓練については習慣化していくであろうが、想定外の地点で避難場所を見定めて避難行動を取ることは容易ではないと推測される。特にも津波警報が発令された後に津波浸水区域内で、自閉症スペクトラムの人に臨機応変な避難行動を求めるのは現実的ではない。よって、福祉サービスや療育支援活動を展開する場としては、安全が保障される場所を確保することが大前提となる。

4 おわりに——次の災害に備えて準備・検討すべきこと

ここでは、災害に備えて自閉症スペクトラムの当事者家族及び関係者が検討しておいたほうがよいと思われる二点について述べたい。

(1) 避難所としての特別支援学校の活用

今回の調査において、特別支援学校で避難生活したことが自閉症協会員家族から語られていた。特別支援学校は設備環境の点から考えると、障がいのある子どもたちにとって望ましい避難生活場所の一つであることは間違いないと実感している。検討事項としては、「避難所としての運営方法・方針」や、利用できる人を特別支援学校の在籍児童のみとするのかあるいは卒業生・近隣の障がい児者も含むのかといった「利用対象者」のことがあるだろうが、十分な設備とスペースを兼ね備えているだけに、災害時の活用方法について教育・福祉、市町村・都道府県という管轄の垣根を越えた協議が望まれるところである。

(2) 障がい福祉サービスの利用

調査結果の中で、福祉サービスを利用したかったができなかったことが複数の家族から語られていた。当時のことを思い返してみると、筆者が勤務していた「虹の家」でも、断続的に続く大きな地震への対応に苦慮し、生活介護事業所を数日間閉鎖していた。理由としては、利用者を送迎するためのガソリンを確保できていなかったことや、経験したことのない激しい揺れが繰り返される中で、小さな作業棟内に自閉症の方たちがいることが安全なのか危険なのか、判断できなかったということもある。ちなみに三月一一日当日夜の入所者のみなさんは、入浴が中止となり、夕食のメニューもおにぎりに変更になったにも関わらず、頻回する余震の中、比較的に落ち着いて過ごしていた。停電の中で、職員が懐中電灯を片手に、個別にスケジュール変更を書いたり写真カードで伝える様子があちこちで見られていたが、普段であれば好きな番組が見られないとイライラする方たちも、この日は本当に落ち着いていた。停電や激しい余震の連続に「普段とは違う何か」を感じ取っていたのだろうか。

福祉サービス利用の問題に話を戻すが、災害が発生してから新たに福祉サービス利用を行おうとしても、利用までの諸手続きに時間がかかることや、福祉サービス事業所側としても災害時に新規のサービス利用契約を行っている余裕がないであろうことを考えると、利用する可能性のある近隣の福祉サービス事業所とあらかじめ利用契約しておくことは、災害への「予防的対応」にもつながると思われる。それでも家族からは「普段から短期入所サービスが満床で利用できない」という現実をふまえた意見が出されるであろうが、この点については地域課題として、福祉サービス事業所も構成員になっているであろう地域自立支援協議会で取りあげ、課題解決に向けて検討していくことが必要と思われる。

【文献】

熊本葉一 2012「自閉症とその家族にとってどんな備えが必要なのか」『臨床発達心理実践研究』7: 37-41

第4章

みちのくTRY

川畑昌子

1　TRYをやろう

東日本大震災で、障害をもつ仲間達が被災地の過酷な状況の中で生きているのを知り、また実際にその現状を目の当たりにした。震災後、被災地支援に取り組んで来た皆の活動の集大成として、TRYをやろうと決意したのは、二〇一二年三月末だった。

「TRY」とは、一九八六年の夏、西宮の障害当事者が鉄道のバリアフリー化を求めて始めた車イスでの徒歩と野宿の旅で、その後、大阪－東京、旭川－札幌、仙台－盛岡、高松－松山、鹿児島－福岡、福岡－東京間など全国を車イスで歩いた歴史がある。やがてアジア諸国でも行われるようになったイベントである。TRYの目的は障害を持つ者が自ら、行動を起こすこと（歩くこと）で、社会に障がい者の現状を訴え、仲間と一緒に旅をし、社会を変えていこうとすることである。

障害を持つ人が、自由にバスや、鉄道に乗れないコトを広く社会にアピールするため、徒歩と野宿の旅をする。誰もが自由に安全に乗れるバスや、鉄道を目指して。

障がい者が中心となり、岩手の被災地である沿岸沿道を歩き、市民と交流しながら岩手の障がい者問題を一緒に考えて歩いていく。岩手県内や全国から、歩けない人や、息ができない人や、目の見えない人や、耳の聞こえないひとや、言葉が話せない人など、様々な障害を持つ人が参加する。

テーマは、「復興にむけて　障害者が住めるまちづくり。ここに障害者がいますよ、復興では障害者も住める町を創っていこう」に決まった。

震災後、ゆめ風基金や全国自立生活センター協議会に事務局を置く東日本大震災救援本部からのバックアップを受けて、被災地障がい者センターいわて、被災地障がい者センターみやこ、被災地障がい者センターかまいしが設立され、被災障がい者への支援活動が展開されていた。その支援センターが中心となり、二〇一二年五月七日、みちのくTRY実行委員会が結成された。

CILもりおかは内陸事務局。被災地障がい者センターみやこが沿岸事務局。関係団体個人や地域のみなさんの協力のもと、一丸となって準備に取り組んだ。

この「みちのくTRY」では、八月一九日から三一日までの期間、震災の被害が大きかった宮古市田老から陸前高田市までのおよそ一五〇キロの道のりを、障害のある人もない人も、汗をかき、寝食を共にしながら歩いた。震災で亡くなられた方々を追悼するとともに、被災地域で暮らす方々と交流し、岩手の障がい者問題を一緒に考えながら、復興に向けて、障がい者も住める街づくりの実現を求めて歩いていく。街づくりは、必ず、障害のあるなしに関わらず暮らしやすい街づくりにつながると信じ、岩手の地で一人でも多くの障がい者が自立して暮らしていけるようになることを願いとし、「災害から復興する街が障がい者の住みやすい街となってほしい」、「あらためて被災沿岸部を見ることで全国からの息の長い支援を呼びかけたい」、参加者それぞれの色々な想いを、沿岸部を歩くことで全国に発信することとした。

2　みちのくTRYの目的と旅程

「みちのくTRY～復興に向けて障がい者も住める街づくり企画書」では、障害を持つ者が東日本大震災で被災した沿岸部において、障がい者自ら行動を起こすこと（歩くこと）で、東日本大震災で犠牲になられた方々への追悼をするとともに、今後の復興に向けた街づくりに対し、障がい者の住みよい街づくりをアピールすること、またこの活動を通じて当事者や支援者を集め、東北の障がい当事者活動の活性化につなげていくことと、目的を掲げている。

活動内容としては、障がい者が中心となって、岩手の被災地である沿岸部、宮古市田老から陸前高田市までおよそ一五〇キロの道のりを、寝食を共にしながら歩き、次のことを行う。

①東日本大震災犠牲者への追悼

震災で亡くなられた方々への追悼。

今回の災害では多くの人の命が犠牲になりました。失われたひとたちの命に対する追悼と残された人たちの未来を切り開くために、私たちは歩きます。

②バリアフリーチェック

沿岸部の道路や建物等について、バリアフリーチェック。

現在の建物のバリアフリーチェックをして改善を求めるとともに、新たな街づくりに対して、誰もが安心して暮らせるバリアフリーな街を求めて私たちは歩きます。

③市民を巻き込んだイベント

沿道の各市町村で市民に向けた啓発イベントを行う。

④行政への要望活動（防災・街づくり）

沿道の市町村を訪問し、防災計画を見直し今後の災害における障がい者支援方法の改　善を図ること、また復興におけるまちづくり等への要望を行う。

今回の災害による障がい者の死亡率は健常者の二倍ということです。障がい者は災害にあうと逃げ遅れることも多く、また被災後も避難所や仮設住宅も利用できないことが多いのです。新たな防災計画を求めて私たちは歩きます。

⑤アクセスへの要望活動

公共交通関係機関にバリアフリー化について要望を行う。

駅舎の改善や低床バスの導入など、障がい者や高齢者が自由に移動できる公共交通を求めて私たちは歩きます。

⑥障がい当事者が今後の東北の福祉を担うためのエンパワメント

この事業への障がい当事者の参加を募り、今後の福祉の街づくりについて学ぶ。

沿岸部ではヘルパー利用をし自立生活をする障がい者がほとんどいません。福祉の受け手としての障がい者でなく、障がい者自身が力をつけて福祉を作り出すため、私たちは歩きます。

⑦その他目的を達成するために必要な活動

事業に必要な寄付金等を募る。

参加者、介助者募集にあたっては、イベント実施期間中に沿岸部をいっしょに歩いてくれる障がい者、介助者を募集しているというちらしを作り、県内外の関係機関に配布した。また、震災直後から障害者派遣プロジェクト（障害当事者主体で行う障がい者の支援活動）で来て下さった、関西からの障害者リーダーと介助者が、施設訪問、障害者団体訪問、作業所訪問、大学、専門学校回りなどをして、参加者、協力者、ボランティアを見つけて来る活動を行った。その中で見えてきたことは、

・沿岸地域では住民が障害者に慣れていない。障害者は外に出ることに慣れていない。
・当事者が家族に相談すると、ダメと言われて、参加できないという答えが来る。
・施設利用者は、外出の機会が極端に少ないため、歩くこと事態に拒否反応。日頃介助者を伴い生活することに慣れていないので介助の不安もある。というものであった。しかし、何度か足を運んでいるうちに、参加者、ボランティアが見つかってどんどん増えていった。

五月末に宮古〜釜石の現地調査を行い、六月初めに被災地センターかまいし〜高田一本松の現地調査を行い、

行程を決めていった。最終的に決まった日程は、八月一九日（日）〜八月三一日（金）。行程は、

・一八日（土）

被災地センター宮古で合流。ハックの家に、夜までに集合。前夜祭

・一九日（日）

〇九：〇〇　田老スーパー堤防まで車で移動。説明等（一五分程度　田老の和尚さん）

〇九：四〇　オープンセレモニー

一〇：〇〇　出発ー歩く

一一：三〇〜一三：〇〇　わかたけ学園休憩

一三：〇〇〜一五：〇〇　歩く。宿泊＝休暇村

・二〇日（月）

〇九：三〇　宿舎出発〜宮古駅前に移動し駅前アピール。三陸鉄道

一六：三〇　宮古市役所。宿泊＝宮古社協

・二一日（火）

宮古社協出発〜津軽石アピール。はまなす学園と交流。宿泊＝豊間根・島田鉱泉

・二二日（水）

〇九：三〇　豊間根・島田鉱泉発

一五：〇〇　山田町役場＋山田共生会と交流。宿泊＝山田町コミュニティーセンター

・二三日（木）
宿泊＝大槌浪板促進センター
・二四日（金）
〇九：〇〇　出発
午前　大槌町役場。釜石支援学校と交流
夕方　ＪＲ釜石駅。釜石市役所。マスト・きらり復興食堂
宿泊＝釜石地域活動支援センター
・二五日（土）
〇九：三〇　釜石スタート
イベント（平田仮設住宅）＝アンダーパスライブ。羅生トンネル、三陸トンネル歩く
宿泊＝吉浜拠点センター
・二六日（日）
センター大船渡。センターかまいし。大船渡市
宿泊＝南区公民館
・二七日（月）
さんりくコスモス。福祉の里センター
・二八日（火）
一一：〇〇　大船渡市役所

午後　大船渡市役所〜中間地点〜陸前高田。ふるさとセンター

・二九日（水）

〇九：三〇　陸前高田へ向けて出発

宿泊＝雷神会館

・三〇日（木）

一二：〇〇　すずらんとかたつむりと昼食

一五：〇〇　陸前高田市役所へ

一四：〇〇　追悼。高田松原の会

一五：〇〇　奇跡の一本松ゴール

車で盛岡へ戻る

・三一日（金）

盛岡駅前集合〜岩手県庁まで歩く。ＪＲ、バス協会、県庁へ要望書を提出。

と、決まった。細かな一日ごとのコースを決める作業も行った。

障がい者の人権やバリアフリーなどを訴えながら障害のある人・ない人と共に宮古市田老地区から陸前高田市の奇跡の一本松まで歩く日程となった。ただ被災地ということもあり、津波がいつまたやってくるかもわからない沿岸部で野宿もできないため、みちのくＴＲＹでは宿泊場所に避難所となっていた体育館や公民館などの公共施設を使うことにした。バリアフリーでもなんでもない建物も多かったが、障がい者と支援する健常者

がいろいろと助け合い、工夫することによって何とか切り抜けていくことを考えた。

3　旅の始まりと終わり

そして、一五〇キロの道のりを行く「みちのくＴＲＹ～復興に向けて、障がい者も住める街づくり」の旅が始まった。八月一九日に宮古市田老地区（スーパー堤防）をスタート。ターコイズブルーのおそろいのＴシャツが青空に映えた。途中沿岸部の役所に要望書を出したり、地元の人と交流会をしたり、町の人へのアピール活動など様々な活動をしながら歩いた。寝泊りは避難所となった公民館や文化ホールのロビーなどを利用させていただいた。一部は屋外で野宿をした日もあった。日に日に盛り上がるみんなの気持ち。

八月三〇日の陸前高田一本松ゴールの時のみなさんの表情は、ぐしゃぐしゃの汗と日焼けした笑顔と達成感でいっぱいだった。私は、期間中四日しか参加していないが、全国から集まって下さった参加者の皆さんと、歩きながらも休憩しながらも寝袋に入ってからも、言葉を交わせて嬉しかった。これまでの過去のＴＲＹは、野宿をしアクティブで野生的だったと聞いている。今回のＴＲＹは、数時間の参加や日帰りなど可能な範囲での参加をＯＫにした。当初そのことに反対意見もあったが、結果、より多くの方が参

加でき、予定より多く泊まったり、一回帰ってまた来たりと、相乗効果が生まれて良かったと思う。ひとことに復興に向けてと言っても、ひとりの力では何もできない。声をあげる勇気がない。一〇〇人にも届くみんなの声が集まってこそ、沿岸市町村、県、交通機関に重みのある要望書を届けることができた。この、みちのくTRYを通して得た「繋がる力」を、今後の岩手の当事者活動に少しでも活かしていければと思う。行きたくても実際に現地に行けなかった仲間もいる。でも、思いはTRYに向かっていた。

みちのくTRYの最後に八幡さんが言った。

「これがゴールではなく、皆が各地域で活動し続けるにはこれからがスタートです」

みちのくTRYは、沢山の当事者が参加することで大きな波を起こすようなイベントになれば、岩手県の障がい者運動の第一歩になればと期待されてスタートした。

沿岸部被災地は特に障がい者にとっては住みやすい環境とはいえない。店舗はまだまだ段差があって入ることができなかったり、沿岸南部に行く鉄道が震災後復旧されておらず廃止の方向であったり、もともと交通が不便で、仮設住宅も不便なところに存在している。

外に出たくても出られる環境であるとはとてもいえない状況にある。そもそも障がい者が地域で生活していることを知っている人は多くない。

ホームヘルパーやガイドヘルパーなどの利用者、サービス提供者がともに少ない。

幼いときから寮生活など、入所の福祉サービス経験が多い。障害者自身がヘルパーを活用することに消極的で家族が支えることが当たり前になっている→障害者自身のエンパワメントの必要性がある。今回のみちのくTRYを通して障がい者が地域にいるということを伝えるだけでなく、障害者が地域で当たり前に生活できてみんなが住みやすい地域になるように、という声をあげていくことが重要と言える。待っているだけでは何も変わらない。誰もが住みやすい社会を目指して当事者やそれに関わっている人たちが実際に声を上げていくことが大切。障害者主体の考え方を広げていくのも大切だと教えられた。最後になるが、このＴＲＹに直接的だけでなく間接的に関わって下さった方、多くのみなさまへの感謝の気持ちでいっぱいである。

4　提出された要望書

（1）沿岸部各市町村あて要望書

沿岸部市町村に提出した要望書には、多くの人々の願いや想いが込められている。以下、要望書である。

沿岸部市町村殿

みちのくＴＲＹ実行委員会　代表　今川幸子
岩手県盛岡市南仙北2-27-1　鈴木ビル1階2号室
ＣＩＬもりおか気付
ＴＥＬ　019-636-0134

復興に向けて障がい者も住める街づくりに関する要望書

二〇一一年三月一一日の東日本大震災では死者一万五八五四人、行方不明者三一五五人（二〇一二年三月警察発表）という前代未聞の数多くの犠牲者が出ました。かろうじて命を取り留めた人々も財産や職を奪われた人、体や心に傷を負った人などが数多くいて、未だ避難生活を余儀なくされていたり、交通機関の未回復などで不便を強いられている人がいます。

現在官民一丸となって復興へ向けた取り組みがされている真っ最中ではありますが、あえてこの時期に私たち障がい者が声を出していかなければならないと感じ、この要望書を提出することにしました。

多くの犠牲者が出ている中でも、障がい者の死亡率は二倍とも二・五倍とも報道されているところです。また障がいがあるために避難所で、仮設住宅で不自由な生活を強いられた仲間の姿をたくさん見聞きしてきました。さらに全国の支援が届く中でわかったことは、この岩手県沿岸部で親元を離れ自立して生活する障害者が非常に少ないことです。その理由として交通機関などがバリアフリーになっていない事や福祉サービス、とりわけヘルパーサービスなど在宅サービスの提供事業所が少ないなど、福祉基盤の弱さがあると思います。

今回私たちは「みちのくTRY～復興に向けて障がい者も住めるまちづくり～」というイベントを行う中で、県外の障害者の協力も得ながら岩手県の沿岸部約一五〇キロの道のりを一緒に歩きながら、改めてさまざまなバリアーを体験するとともに、今後の対策を一緒に考えていこうとしています。

阪神・淡路震災復興計画の中で「今回の地震による被害を、これまでの「利便」「効率」「成長」を重視する都市文明への大きな警告と受け止め、被災地の責任として、「安全」「安心」「ゆとり」をキーワードとする都市を復興しなければならない」と書かれています。復興が単なる復旧ではなく、新たな考え方に基づいたこれまでよりもすばらしい街づくりをしていくことだということは、誰もが認めるところです。ただその過程でやはり健常者の視点だけで創られる街に私たちは大いに不安を感じます。

壊れたところを素晴らしいものにするだけでなく、今ある物も含めてバリアーを無くしていくこと。また復興が新規の建物ラッシュになるのではなくて、地域の支え合いや福祉サービスの充実も含め、ソフト面での支えがしっかりしていることが望まれることだと思います。

私たちの体を張った行動の中で感じた思いをこの要望書に詰め込み提出しますので、どうかこの要望に全力を持って対応していただきますよう切にお願い致します。

1　犠牲になった仲間に思いを馳せて

①今回の災害での障がい者の被害状況を分析するとともに、本地域における「災害時要援護者の支援ガイドライン」を障害者の意見を取り入れながら作成すること。

2　避難生活の困難の中で

①避難所に障がい者が安心して向かうことができるよう、避難所のバリアフリー化を進めるとともに、各避難所に障がい者が避難してきたときの対応ができるよう避難所運営マニュアルを整備すること。

②福祉避難所の協定の締結など福祉避難所設置にあたっては、希望する障がい者の避難場所確保として周知するとともに、地域の福祉避難所への非難を希望する障がい者に対して、指定避難所から締め出されないよう配慮すること。

③仮設住宅の仕様として障がい者が安心して住める福祉仮設住宅の基準を明確にするとともに、車いす

使用者が福祉仮設住宅の抽選から漏れることのないよう十分な戸数を確保すること。また現在も仮設住宅の改修を希望する障がい者がいることを考慮し、十分に調査を行い早急に改修すること。

④仮設住宅の入居に当たって、移動困難者については特別の配慮をすること。また現在の入居者の状況を早急に調査し、移動面でのニーズに速やかに応えること。

3　2次被害といえる問題

①既存病院や生活圏の種々の商業施設が流失している現状を考え、直接被害に遭っていない世帯の障害者に対しても、移動手段の確保を早急にはかること。

4　そもそもの福祉問題

①みなし仮設住宅の二階に住む車イス障がい者がヘルパーを利用していないなど、客観的にヘルパーがもっと入ってよい事例でも、ヘルパー利用を遠慮する傾向がこの地域にみられます。ヘルパー利用の推進と共に、安心してヘルパーを使えるための事業所整備を行うこと。

②他の地域の住宅福祉サービスの利用状況について先進地の障がい者を招き、講演会を開くなど、ヘルパー利用に関わる市民啓発を推進すること。

5　改めてこの地域を歩いてみて

①道路があまりに車優先で歩行者への配慮がないところが多い。車イス利用者が安心して通れる歩道を必ず整備すること。

②歩行者の視点に立ち一定の距離ごとに休憩場所となる公園・トイレ等の整備を図ること。

③車イス利用者は現在走っているバスを利用できない。低床バスを大幅に導入するなど車イス利用者が

一般の人と比べ移動困難者とならないよう配慮すること。

6　今後の復興に際して

①復興計画策定について障がい当事者が参画できるよう配慮するとともに、既存の福祉の普及だけでなく、地域での自立生活を見据えた福祉基盤を整えることを計画に組み入れること。
②新たに建てる公共的建物は民間施設を含めバリアフリー仕様であるように指導すること。
③障害当事者の相談機関であるピアサポートセンターを設置すること。
④鉄道に代わるBRT導入に関しては、その運用が一時的、恒久的な運用であることを問わず、現在審議入りした交通基本法の趣旨に基づき、障がい者や高齢者をはじめすべての人たちの移動権を保障するために、バリアフリーなものにすること。

八月三〇日、陸前高田市の戸羽市長は、「陸前高田の場合町にあったものすべてを新しく作らないといけないので、作るときには障がい当事者の意見を受け入れたい」と述べて、要望書を受け取ってくれた。

（2）三陸鉄道あて要望書

八月二〇日には、三陸鉄道に要望書を提出した。以下、要望書である。

三陸鉄道株式会社　社長　望月正彦殿

復興に向けて障がい者も住める街づくりに関する要望書

二〇一一年三月一一日の東日本大震災では死者一万五八五四人、行方不明者三一五五人（二〇一二年三月警察発表）という前代未聞の数多くの犠牲者が出ました。かろうじて命を取り留めた人々も財産や職を奪われた人、体や心に傷を負った人などが数多くいて、未だ避難生活を余儀なくされていたり、交通機関の未回復などで不便を強いられている人がいます。

三陸鉄道も南リアス線は壊滅的な被害を受け、北リアス線も大きな被害に遭いました。そのような中、昨年三月一六日に久慈～陸中野田間、三月二〇日には宮古～田老間、三月二九日には田老～小本間で運転を再開するなど、貴社の復興に対する強い思いと努力によって、震災直後から早期に果たしたことについて、心から敬意を表します。

また今年は四月一日から田野畑～陸中野田間での再開が果たされ、鉄道流失のところに置いても、懸命の努力を果たされていることは、地域の人たちにとってまことに心強いことであると思っています。

ただ残された区間と南リアス線については、貴社のみの努力で簡単に再開できるところではないとは思っていますが、多くのさんてつファンがそれらの区間の再開を心から期待しており、個人レベルでの支援を続けながら、国の援助を期待しているところです。

今回の災害では私たち障がい者仲間も多くの犠牲者を出しました。障がい者の死亡率は二倍とも二・五倍とも報道されており、また災害後も障がいがあるために避難所で、仮設住宅で不自由な生活を強いられた仲間の姿をたくさん見聞きしてきました。

今回私たちは「みちのくＴＲＹ～復興に向けて障がい者も住めるまちづくり～」というイベントを行う中で、県外の障害者の協力も得ながら岩手県の沿岸部約一五〇キロの道のりを一緒に歩きながら、改めてさまざまなバリアーを体験するとともに、今後の対策を一緒に考えていこうとしています。

阪神・淡路震災復興計画の中で「今回の地震による被害を、これまでの「利便」「効率」「成長」を重視する都市文明への大きな警告と受け止め、被災地の責任として、「安全」「安心」「ゆとり」をキーワードとする都市を復興しなければならない」と書かれています。復興が単なる復旧ではなく、新たな考え方に基づいたこれまでよりもすばらしい街づくりをしていくことだということは、誰もが認めるところです。

ただそのことを実現していくには、これからも全国方々からの支援と共に、国政策による強力な財政措置が必要であり、地域一丸となって復興へ向けた想いを行動に移し。全国に発信していくことが大事だと考えています。

壊れたところを一刻も早く復旧させることはもちろん、より素晴らしいものにすること、また今ある物も含めてバリアーを無くしていくことに共に力をあわせて進んでいきたいと考え、今回要望書を提出することにしました。

また本要望書提出にあたっては貴社への要望にとどまることなく、私たち自身も国への働きかけや全国支援を求めるなど、共に要望実現に向け行動を起こしていくことを約束していく所存です。

要望項目

1　貴社のこれまでの努力は認めるところですが、今後も地域の要望にこたえるべく、三陸鉄道全線復旧に向け、国の応援を求めながら更なる努力をしていただきたい。

2　鉄道の復旧と駅舎の復興に当たっては、障害者も利用しやすい鉄道としての規範となるよう、全力を尽くしていただきたい。

三陸鉄道は、『津波の被害があった駅に関しては、新たに作る時にバリアフリー化出来る」と回答。計画もたてられているが、古い駅に関しては、後回しになるので、対応がいつになるかわからないとのことだった。その後、復興予算や国からの支援など、極めて厳しい財政事情の中でも、北リアス線、南リアス線の合わせて二六駅中一〇駅の改善が行われ、中でも北リアスの小本駅にはエレベーターが設置され、三つの駅ではスロープ化、簡易バリアフリー化を含めて、五つの駅の改善車両一六両のうちバリアフリー対応車両三両を新たに導入し、従来の車両と合わせて一〇両がバリアフリー化する見通しとの説明があった。

※みちのくＴＲＹの文章をまとめるにあたっては、『みちのくＴＲＹ報告集』、『ゆめ風基金ブログ』を参考にさせていただいた。

第2部

施設・事業所からみた避難とケア

第1章

認知症高齢者の避難生活と地域社会
――私たちの二つの使命

内出幸美

1　はじめに――繰り返される厄災

この原稿を執筆中の二〇一六年四月一四日、熊本県でマグニチュード6・5の地震、一六日にはマグニチュード七・三の地震が発生した。私は、三日後の一九日、3・11を契機に当法人で組織した「災害介護派遣チーム（DCAT: Disaster Care Assistance Team）」の一員として、南阿蘇村に入り一週間にわたり活動をすることとなった。そこは、五年前の3・11と全く同じ状況であった。

3・11を想い起こすということは、またあの世界に想いを馳せるというだけではなく、3・11が再び別の形で訪れることを前もって教え諭すという意味合いを含んでいると感じる。まさに、厄災は繰り返されている。だからこそ、3・11の東日本大震災の体験をもとに、日常的に何を考え、何をどのように備えておくべきかを真摯に考えていくことが大切なのだと改めて思う。

社会学者の仁平、民俗学者の赤坂・小熊らは「災間《さいま》の思考」を説いている（赤坂憲雄・小熊英二編著『「辺境」からはじまる――東京／東北論』明石書店、122）。災間の思考とは、震災が終わったのでは決してなく、私たちは厄災と厄災の間に生きている、災間に生きているからこそ、さまざまな厄災に対応できるしなやかな地域社会を創っていくことが求められる、という考え方である。つかの間の平時だからこそやっておかなければならない、それは3・11を経験した私たちの使命でもあると思われる。

本稿では、3・11に何が起こり、何を感じ、何を学んだのか、そして次の災害に備えるために何をこの五年間取り組んできたのかについて、私が活動する岩手県大船渡市での実践を通じて考えていきたい。

2　3・11前の岩手県大船渡市及び当法人の概要

(1) 地域の概要

大船渡市は、岩手県の南東端に位置し、急峻な山地が海岸線まで迫る典型的なリアス式海岸の港町として有名である。二〇〇一年一一月には隣町と合併し、二〇一一年二月末現在の総人口は三万九四三四人、高齢化率は三〇・八％であった。

当市は、認知症高齢者対策に積極的に取り組んでいる地域でもあった。認知症サポーターの養成講座は全国に先駆け二〇〇三年に創設し、徘徊模擬訓練も市民参加を得て取り組んでいた。

しかし、最近では、少子超高齢化・核家族化が進み、かつてのようなコミュニティのつながりが薄れており、一〇年以上住み続けている住民は一割にも満たない新興住宅地などでは、盆踊りや伝統的な祭り等が行われなくなってきており、文化の伝承の危機となっている。また、認知症の症状が出始めると、デイサービス等の福祉サービスを一方的に受ける立場となり、今まで家族の中で得意とする田舎料理を作ってきた役割や地域への貢献の機会が奪われてしまっていると感じている。

写真１　津波の注意看板

図１　銀河連邦

（2）防災について

当市は、一六一一年慶長三陸津波、一八九六年明治三陸津波、一九三三年昭和三陸津波、一九六〇年チリ地震津波と過去に何度も甚大な被害を被っている地域である。市内には、写真1のように常に津波を意識する仕掛けが随所にある。しかし、記憶の風化と共に住居は海辺に広がり、今回の大津波では全世帯の二割にあたる五三二二世帯で被害があった。

また、自主防災組織の組織率は七三・五％であり、特に沿岸部は八〇・〇％と高くなっている。この組織の役割は、震災発生前から文化の伝承、訓練、資材等の整備を行い、発生直後はメンバー自身と家族の安全を確認した上で、近隣の救助の助け合いを行う。数時間後は安否・被害情報収集、消火活動、手当、搬送、援護者の避難支援、その後も避難所運営、炊き出し、防疫、要支援者の配慮等が明文化されている。しかし、住民も各受持ちに分かれて訓練が徹底されている地区がある一方でほとんど訓練がなされていない地区もある。

大船渡市は、一九八七年より全国五都市と「銀河連邦」という友好都市関係を形成している（図1）。これは、宇宙科学研究所の研究施設がある全国の二市三町が提携したもので、一九九六年には災害時の相互防災協定を締結し、大規模災害時の応援救助、職員派遣、資機材の提供などが定められている。

（3）当法人の認知症ケアの歩み

私の所属する社会福祉法人典人会は、認知症高齢者の理想郷を創ろうと一九九五年に岩手県大船渡市に創設された。当時、認知症のお年寄りたちはユーモアに富み、独特の世界観を持った人たちであることがまだ一般には理解されていなかったことから、認知症のお年寄りたちと共存の道を切り拓きたいと考え、一九九四年四

図２　当法人の被害状況

月、認知症高齢者専門のデイサービスセンターをスタートさせた。一九九六年には岩手県初の認知症グループホームを開所、その後も小規模多機能型居宅介護事業所等一〇事業所を展開し、比較的小規模で人情味あふれる暮らしのケアスタイルにこだわり続けてきた。

また、認知症の人と家族の会の事務局として関わりながら、本人や家族と共につどいの会、電話相談等の活動を行ってきた。この家族会では、認知症のことを地域により身近に感じてもらおうと、楽しく、ユーモラスな寸劇を通じて地域に理解を広める「気仙ボケ一座」というボランティア劇団を一九九四年に旗揚げし、現在まで県内外で二五四回の公演を行っている。

３・11当日は、図２「当法人の被害状況」に示すとおり、五つの拠点でケアサービスを行っていた。また、隣接する陸前高田市の駅前にミニ特養等を開設すべく工事の最中であった。大津波により、海辺近くの認知症対応型デイサービスと建設中のミニ特養は流失したが、３・11当日の利用者、職員は全員無事で一人の命も失わなかった。このことが、私たちの唯一の誇りとなり、また今後の希望につながっている。

2 「3・11（災害発生当日）」その時、認知症の人たちは……――天災と人災を考える

二〇一一年三月一一日、午後二時四六分、震度6強の大地震が発生、その後の三時一五分、大船渡市では最大波の大津波が多くの市民をのみ込んだ。死亡者・行方不明者は四二三人、そのうち六八・八％が六五歳の以上の高齢者であった。この三〇分間という時間は、避難する場合逃げ切ることができる時間だったのか、どのように逃げるべきだったのか……。

その時刻、デイサービスを利用していたお年寄りたちは帰宅時間だったこともあり、事業所に留まり生き延びた。また、事前に介護が必要だと地域に知らせていた家庭にはいち早く地域住民が助けにきた。しかし、認知症という病気を近隣に隠していた家庭には誰も駆けつけることはなかった。同じお年寄りを預かる市内のケア事業所でも、ある特養は五六名の命を失い、ある認知症デイサービスは全員生き延びた。この人間の生死を分けたものは一体何だったのか、それは天災だったか、人災だったのか、認知症の人と私たちのその時を紐解いてみたい。

（1）市内吉浜地区の教訓から学ぶ

大船渡市も甚大な被害を受けたが、そんな中、海に臨んでいながら人命と家屋の被害が極めて少なかった地区がある。旧三陸町の吉浜地区。この地区は、明治二九年の三陸大津波で村の人口の二割にあたる二〇四人が亡くなり、その後、「この県道から上に家を建てよう、これから下には絶対に家を建てないようにしよう」と

村長が決め、尊い命を碑に刻み今でも大事に祀られている。ほとんどの村民がそれを守り、県道の上方に家を構えた。今回の震災では、県道より下の五軒は床上浸水などの被害を被ったが、浜で仕事をしていた八〇歳代の男性以外村民は皆無事であった。高台の安全なところに住むという教訓を忠実に受け継いだ住民の防災意識の高さが命を救った。また、吉浜地区の小学生は、毎年この碑を巡り先人から先人への言い伝えを学習しているという。「低いところに住宅を建てないのは当たり前」と自然に子どもの頃から意識している。

（２）認知症故に失った命、認知症故に助かった命

私は、認知症の人と家族の会の世話人をしており、家族の会の会員一人ひとりから災害発生当日から次の日にかけての出来事を詳細に聞き書きし、それを脚本化し『津波』という劇をつくった。

写真２　寸劇「津波」

第一幕は、「認知症故に失った命、認知症故に助かった命」と題し、認知症をかかえた夫を介護している二組の夫婦の津波当日の話である。自分の夫が認知症であることを近所や地域にオープンにし、自分だけで抱え込まず、デイサービスやショートステイ等を利用し、いろいろとつながりが多かった佐藤さん（仮名）夫婦。地域の支援マップにも記されていたという。その夫婦には、大地震が襲った時真っ先に隣の人が助けに駆けつけてくれ、二人ともに生き延びることができたそうである。一方、自分の夫が認知症であることをひたすらに隠し通していた田中さん（仮名）夫婦。名家だった

こともあり、自分の夫の病を公にしたくないという強いブライトを持っていた。近所ではあそこのおじいさんは認知症だということにうすうす感じてはいたにもかかわらず、田中さん夫婦の家には誰も駆けつけてはくれず、二人は亡くなってしまった。

認知症の人と家族の会では、この寸劇を通じて、「認知症だから隠すのではなく、地域にオープンにしよう、それが命を守ること」、また、オープンにするということは、家族だけで抱え込まず、人にゆだねることが大切だと訴えている。地域で認知症の人たちを見守るには、まず家族が地域にオープンにしていかなければならない、当たり前のことではあるが、大切なことが災害時に露呈された。

(3) 多くの犠牲者が出た特養

市内のある特養では、入居者六七名中五六名(八四%)、職員は一八名中一名が津波にのまれて亡くなった。この特養は海岸から六〇〇メートル離れたところにあった。特養の周りをみてみると、浸水区域の解除の目印である浸水区域のハザードマップの標識があるが、特養からその標識まではたった一〇メートルしかなかった。特養の場所は、津波浸水想定区域にもかかわらず、入居者は地震直後に一時避難場所である中庭に集められていたという。一〇メートル移動できれば津波から逃れられたのだが、大津波警報が鳴って避難した時は既に手遅れだった。後に施設長は「まさかここまで津波が来るとは」と話していたという。

一方、その施設近くの海辺に小学校があった。地震直後、児童たちは先生の「線路まで逃げろ!」という号令で走って避難し、皆無事だったという。

高齢者や児童の命を与るリーダーとして、日ごろから地誌的条件を把握し、危機意識を高め、とっさに行動できる備えをとっておかなければならないことが明確となった。

（4）認知症デイサービス「菊田」の奇跡的避難

「菊田」は、築一四〇年の古民家を改修した認知症対応型通所介護事業所であり、お年寄りが幼少期に過ごした家のように、大きな神棚、かまどのついた台所、縁側、畑があり、昔ながらの風習を大切にした生活を送っていた。

このデイサービスは、海から五〇〇メートルしか離れておらず、海面との高低差はほとんどないところに位置していた。二時四六分の大きな揺れに「津波が来る‼」と職員と利用者のお年寄りは直感したという。デイサービスの登録者は、八〇~九〇代の一八名。当日は一一名（定員は一二名）の認知症のお年寄りたちが利用していた。職員はお年寄りの頭に座布団を乗せ、同時に荷物、防寒具、非常用持ち出し物品の準備にとりかかった。認知症のお年寄りの多くは、自分の持ち物にこだわる特性があるため、誘導の際、「荷物は玄関にありますから、大丈夫ですよ！」と職員は声をかけて安心感をもってもらった。揺れが小さくなって、五人の職員が二台の車にお年寄りたちを分乗させた。腹が減っては戦はできぬ、と炊事担当の職員はおやつに用意していたふかし芋を鍋ごと車に乗せた。午後三時前、山側に約一・五キロ離れた当法人が運営する小規模多機能ホームに辿りついた（通常であれば、市の指定する避難所へ行くべきだったが、避難所は海岸沿いの漁村センターだったので、利用しているお年寄りたちからは、「地震が来たら津波が来ると思え、山に逃げろ」と普段から言い聞かされていた）。わずか一〇分たらずの避難だった。避難経路はいつもと違い、川沿いは極力走らず、津波の遡上を想定して出来るだけ山側を逃げた。途中、利用者である一人暮らしのお年寄り宅に寄ったが、近所の人が既に避難させていた。その後三時一五分の大津波でこのデイサービスセンターは門柱一本を残し、周辺の民家もろとも流された。この地区は壊滅状態で尊い人命も多数奪われた。

これまで、津波注意報が発令されるたびに避難してきた。震災の二日前にも震度四の地震があり、津波注意報が出たので、実際の津波訓練に切り替えて行動した。避難に四〇分近くかかった。女性がトイレから出ようとせず、説得に時間を要したからだ。それ以外にも利用者連絡先一覧などの重要なものを持ち出せなかった、等と反省が山のようにあった。四〇分という数字は、「津波は三〇分後にやってくる」とお年寄りから事あるごと聞いており、「これじゃ津波にのまれてしまう」と危機意識を高めた。その夕方、職員間で話し合い、持ち出すものの見直し、利用者が混乱した時のシミュレーション。「今度は担ぎ上げてでも連れ出して逃げる」という強い意識を職員間で確認した。そして、三月一一日、この同じ女性は担がれて避難した。

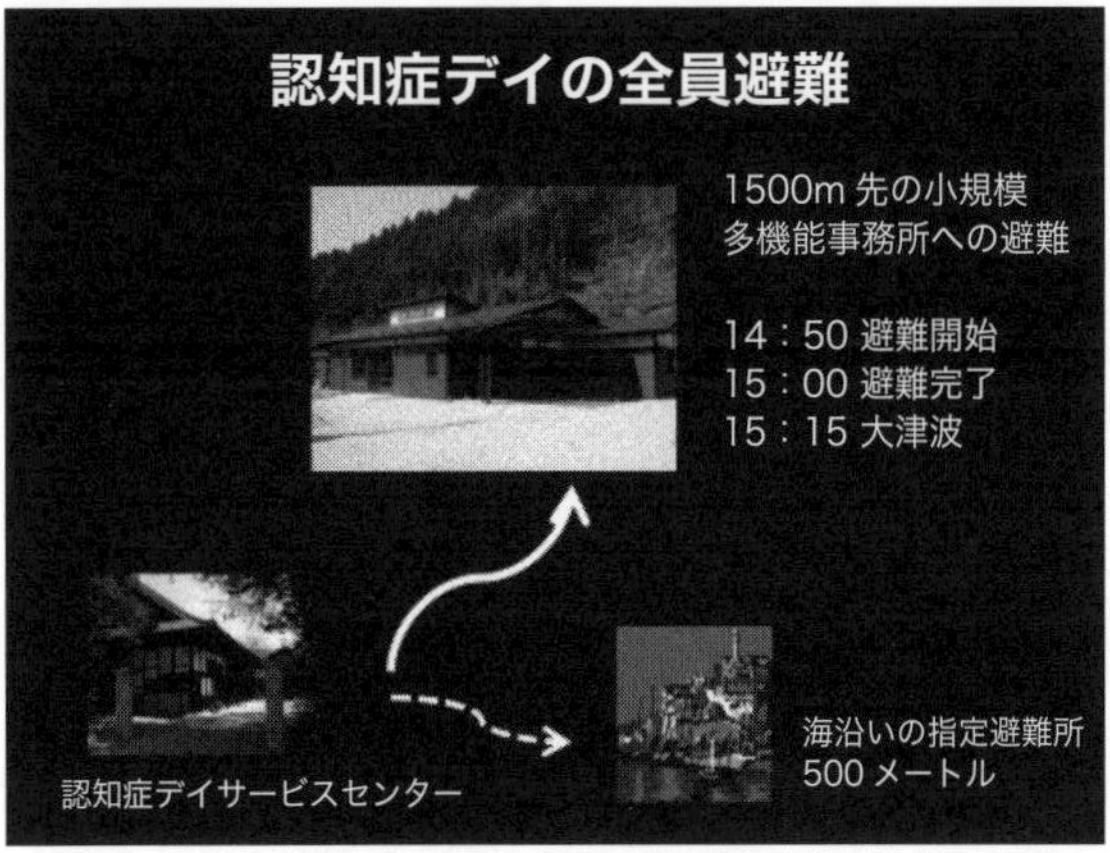

図３　認知症デイの全員避難

この二日間を比べると、避難時間に約三〇分以上の差があった。これは予め二日前のミーティングにより想定外の出来事は想定内になっており、それで即座に職員が行動できたことが要因であると思われる。非常に緊迫した状態であったが職員はそれぞれ冷静な判断をすることができ、一〇分で避難完了する結果となった。「二日前の反省を生かして利用者の命を守れた」「避難訓練は業務的に行うのではなく、本番を想定して実りの多いものとなるように取り組む」「訓練は失敗し、問題の多い方が成功と思え」「今回体験して学んだことを伝え続ける」と職員らは話している。また、「いつもお年寄りたちから津波の話をしてもらっていたから、今回は逃げきれた。私たちが支えているのではなく本当はお年寄りたちに支えられていた」と職員は謙虚に実感していた。

3　災害発生から一週間の混乱、絶望そして希望

(1) 究極の判断・決断、試された倫理観

大地震・大津波直後から電気、水道のライフラインが断絶、通信、道路も寸断、何よりの恐怖は続く余震だった。

その恐怖の中で、本部のある特養ひまわりでは、建物被害のあった隣接する医療法人のデイケア利用者四〇名等の要介護者の受け入れが始まった。もちろん、当法人のデイサービス利用者も留まることとなる。沿岸部は壊滅状態であったことから、地域住民も法人内の各施設や事業所へ避難してきた。夕方からは炊き出しが始まった。本部では厨房のLPガスが使用できたので、近くの公民館から「食べ物が無いので、おにぎり五〇個お願いします」と依頼され、即座に提供した。また、乳飲み子をかかえたお母さんからは「ミルクが無いんです」と頼られた。お年寄りの介護はもちろんのこと、次々に来る住民への対応に迫られ、飲み水や明かりの確保、トイレの工夫等その場その場での決断の連続であった。

また、法人の施設や事業所の中には、津波のために孤立してしまった事業所もあり、当然、そこではサバイ

バルが始まった。職員にも家族がおり、自分が生きていることを家族には伝えられない、家族の生死を知ることもできない状況であった。過酷な状況下では管理者だけではなく、職員一人ひとりが瞬時に判断し行動を起こさなければならなかった。

本部にいた私は、二三時過ぎ、用務をしている職員から「自分の家のあたりは壊滅状態とのラジオ情報を聞き、家に帰りたい」と言われた。夜中であり、道路の寸断、余震が続いている状況を勘案すると承諾できることではなかった。しかし、「近しい人の安否を知りたい」と懇願され、今生の別れになるかもしれないと思ったが最終的には許可した。また、翌朝腹心の部下である事務長から「姪を探しに帰らせてください」と告げられ、困惑した。

このように、究極の状況下での判断・決断は、すべてが想像を超えており、自分の経験値だけでは限界があった。ライフワークバランスの考え方、倫理観、哲学観などを学んでおくことが大切であると改めて教えられた。人間の命を守る際の判断・決断はとても重要な要素である。後に法人内のある管理者から「是非、判断に迷わないように防災計画やマニュアルに盛り込みましょう」と提案された。確かにリスクマネジメントの重要な部分に「アクシデントマネジメント（過酷な状況下での管理）」という概念が今回は全く見落とされていたと感じざるを得なかった。しかし、想定外を完全に想定内とすることは至難であるため、日ごろからどんな状況下にあっても自身の見識、倫理観、哲学を備え、判断する際の思考回路を鍛えておくことで適切な判断に近づけると思われた。

（2）「緊急医療」はあっても「緊急介護」はない

震災から一週間の困難は、物資がないこと、人手がないことに尽きた。入居している認知症のお年寄りたちは、いつもと変わらない暮らしに心掛けた結果、それほどの動揺や不安感は見られなかった。しかし、そこには職員たちの努力と苦心があり、同じ被災者である者のみに委ね続けることに無理があった。家が流され、家族もなくなったデイサービスの認知症のお年寄りは、そのまま不慣れなデイサービスに泊まり続けることとなり、いつもそばにいる妻がいないことを受け入れられず、自身の「居場所」をさまよい、大声で「母ちゃーん」と叫び続けた。

地域の避難所に目を向けると、息子と認知症の母親が避難していたが、夜おトイレに起きようとした母親を周りの迷惑になるからと立ち上がる母親を息子が制止した。母親は意味なく行動を制止されたので、その理不尽さに怒る。そんなことを繰り返していると、その避難所では過ごせなくなっていた……。

また、沿岸部のある町のグループホームでは、建物が流失し全員で空き民家に一時的に避難したが、十分な暖や介護が受けられず肺炎となり三日後に亡くなった入居者がいた。開業医に行くも、大勢の患者がいたため後回しにされ結局診てはくれなかったという。命を支えるという意味では、介護も医療も同じ重みがあるはずである。

こうした状況下で痛切に感じたことは、「緊急医療」はあっても「緊急介護」の概念がまったく存在しなかったことだ。近隣の病院には、災害発生直後から県内外の緊急医療派遣チームがヘリコプター等で入ってきてくれたが、介護施設や避難所での介護が必要な人のところには誰も来てはくれなかった。

（3）外部支援の尊さ、ありがたさ

このような状況下で、職員は自宅に帰ることも許されず、肉体的、精神的、感情的にも疲労し、そのピークは三日目の一三日だった。何より見通しがつかない漠然とした恐怖がのしかかってきた。私は「これは長丁場になる‼」と感じ、職員に「応援部隊を要請に行ってくる」と告げ、通信手段の途絶えた中、唯一消防署に設置された衛星電話をかける市民の長蛇の列に並び、三分間という時間的制約の中、いつもお世話になっている「日本認知症グループホーム協会」（東京都新宿区）に連絡し応援を要請した。

写真３　第一陣の応援部隊

私たちのＳＯＳによく応えてくれ、五日後の三月一八日に第一陣の応援部隊が石川県から駆けつけてくれた。乗ってきたデイサービスの送迎用ワゴン車には支援物資がところ狭しと積まれ、リーダーの精神保健福祉士一名、看護師二名、介護福祉士三名の計六名が勇敢に一六〇〇キロの道のりを来てくれた。当時はまだ被災地の状況が分からない、原発等でマスコミはボランティアが行くことを制限していた中、私の顔見知りのメンバーであったこともあり、感極まったことを今でも覚えている。実際に介護を手伝ってくれる人材が来てくれたというよりは、仲間が共に居てくれるという安堵でいっぱいの気持ちであった。

この応援部隊は、当法人が拠点となり、それぞれのケア事業所の被害状況、職員の疲労度等を見極めて活動場所が決められた。その活動内容は、お年寄りの話し相手はもちろんのこと、事業所内の泥かき、傾いた倉庫の撤去、職員の精神的フォロー等実に広範囲であった。特にも介護のプロフェッショナルであり、被災した私たちにはできていない普段の会話をお年寄りたちから引き出してくれ、表情もやわらいでいるのが何よりもありがたかった。また、自分たちの寝食等の確保は自身でまかなうという徹底ぶりで、被災地には一切負担はかけないという姿勢だった。

そして、私たち職員にとっても、自分たちは見捨てられていない、この地に来て同志として応援してくれるという精神的な支えにもなり、本当に心強かった。この混乱期にお年寄りや職員の心を受け止めてくれ、またさりげなくサポートをしていただいたことは、絶望に陥りがちであった私たちに希望を与えてくれた。

4　認知症の人と避難生活からの人間としての気づき

（1）地域住民との絆を再認識した小規模多機能事業所「後ノ入」

ここは、壊滅状態だった赤崎地区の山手に位置（図2のB地区）しており、津波は一〇〇メートルまで迫った。泥足で泣きながら住民たちは避難してきた。子ども、お母さん、お父さん、透析をしている人、在宅酸素療法の人、認知症をかかえた人、車いすの人などさまざまな人たちが逃げ延びてきた。六人がやっと泊まれるくらいの小さな事業所だったが、幸い、併設して認知症グループホームの建設が終わり四月一日に開所予定であったため、そのスペースを全て使うことができたことも幸運だった。そこで管理者は迷うことなく約一四〇名以上の地域の人を全て受け入れた。日ごろから、二ヶ月に一度開催し地域の方々とケア事業所のさまざまな運営に関して話し合う運営推進会議で「何かあったときは当ホームを活用してください」というメッセージを発信していたことが功を奏したと思われる。事業所の周辺は孤立無援の離れ小島となり自衛隊が駆けつけたのは三日後だった。しかし、この地区はしっかりと訓練された自主防災組織があったため、女性部の人たちは被害を受けなかった家から冷蔵庫にある食材を持ち寄り、炊事班を結成した。救護班の男性陣たちは、暖をとるための反射式ストーブ、毛布、薪をかき集めてくれた。その日から五日間の共同生活が始まった。

3・11当日は、認知症のお年寄りたちは普段と違った緊迫感と寄せ集まった人の多さに混乱し、大声をあげる人もいた。しかし、避難してきた人に「大丈夫だよ」と励ましている認知症の利用者もいた。私たちにとって良かったことは、共に生活することで、地域の人たちがケア事業所の様子、介護の様子をみてくれ、時には手伝ってくれたこと、と同時に私たち職員もお年寄りの介護だけに追われるのではなく、住民の人たちと生きていたことを喜び、亡くなったことを悲しみ、お互いの魂にも触れ合うことができたことである。このとき初めて、住民の人たちとお互いの心の距離が近くなっていくのを職員は感じたという。

写真4　寄り添う住民

そして、認知症のお年寄りに対する住民の意識も少しずつ変わっていった。「後ノ入」に避難してきた民生委員がテレビのインタビューに応えていたが、事業所のイメージについて震災前は「専門的な認知症の治療をするところ、どことなく近寄りがたかった」と認知症に対する偏見があり、地域と壁のようなものが存在していた。しかし、寝食を共にした結果「認知症の人も普通の人と変わらない」「自分の家族の安否も確認できないのによくお年寄りの世話をしていた」「喜怒哀楽を共にし、地域と施設という枠組みを超えて家族に近い存在となった」「うちのおじいさんも入っても良いと言っている」等と話してくれた。地域住民の行動にも変化が現れ、震災を経て「後ノ入」の会議室を民生委員や地元の集まりに毎回活用してくれるようになった。女性部の方々は頻繁に昔のおやつ作りに来てくれるようになった。近所の人たちがくれる野菜の量も増えている。職員も子供たちの名前を呼び合う間柄となった。

寝食を共にしたことで、お互いを「知る」ことができ、そのことで地域にも職員にも変化が現れたのだと思われる。一般的には認知症のお年寄りの生活を実体験することは、身内にいなければあり得ない。認知症介護を見聞きしたということは、その暮らしぶりを五感で感じてもらえたということである。それまであった地域、事業所の枠組みを超えて、〝お互いさまだね〟と分かり合えたことで、変化が生じたのだと思う。今までは事業所と地域が別々に向き合おうとしていたが、そうではなく、お互いが同じ方向に向かっていくというスタンスに変わっていった、といえるのではないかと思う。

(2) 地域の拠点として活動をしてきた地域ケアホーム「平」

大船渡湾を一望できる高台に位置するこのホーム(図2のD地区)は、地区の公民館が流されたこともあり、翌日の一二日より一般避難所指定を受けた。後に福祉避難所指定も併せて受けた。当初、ホーム前に大きなベニア板に「伝言板」が設置され、利用者や地域住民への生活情報提供基地ともなった。また段ボール箱で作られた「簡易ポスト」も設置され、一日に一回郵便局員が来てくれ、住民からもとてもありがたいと大好評であった。支援物資の提供も毎日あり、それをホーム職員と認知症のお年寄りたちが近隣に届け、また青空市を企画・開催するなどしていた。

一つのケア事業所にコンパクトに市役所の情報機能、郵便局の機能等が集合され、住民も活用できる地域の拠点として活動できたことは、今後のケア事業所のあり方を示唆しているのと感じられた。

（3）ケア事業所での利用者と職員との絆

グループホームやユニット型特養では、普段、個室でそれぞれに一人で寝ているが、他施設の利用者を大勢受け入れたことでオーバーベッド状態であったこと、また余震が続いていたため、皆集まって身体を寄せ合うのが一番良い、ということでお年寄りと職員は雑魚寝をした。雑魚寝では隣同士がお互いに手を握り合うというお年寄りの姿が多くみられた。「大丈夫だから」と声掛けしているのは認知症のお年寄りだった。また、お年寄りに職員が添い寝をする形となり、お互いの温もりを感じることで安心できた。この写真だけを見ると、

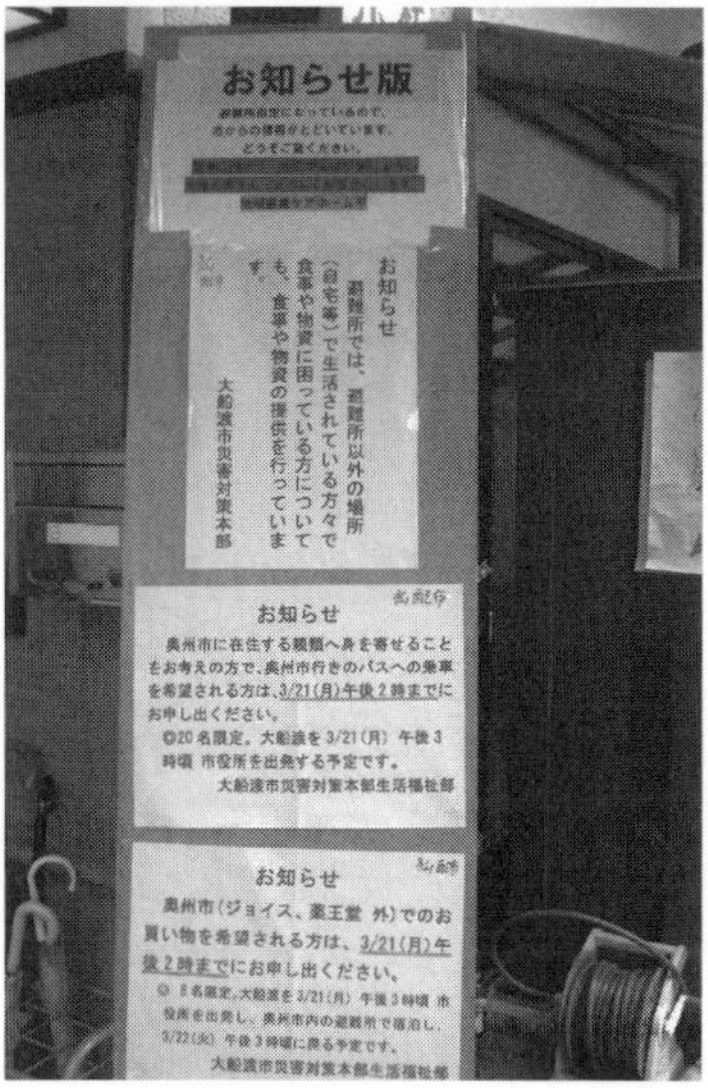

写真５　伝言板

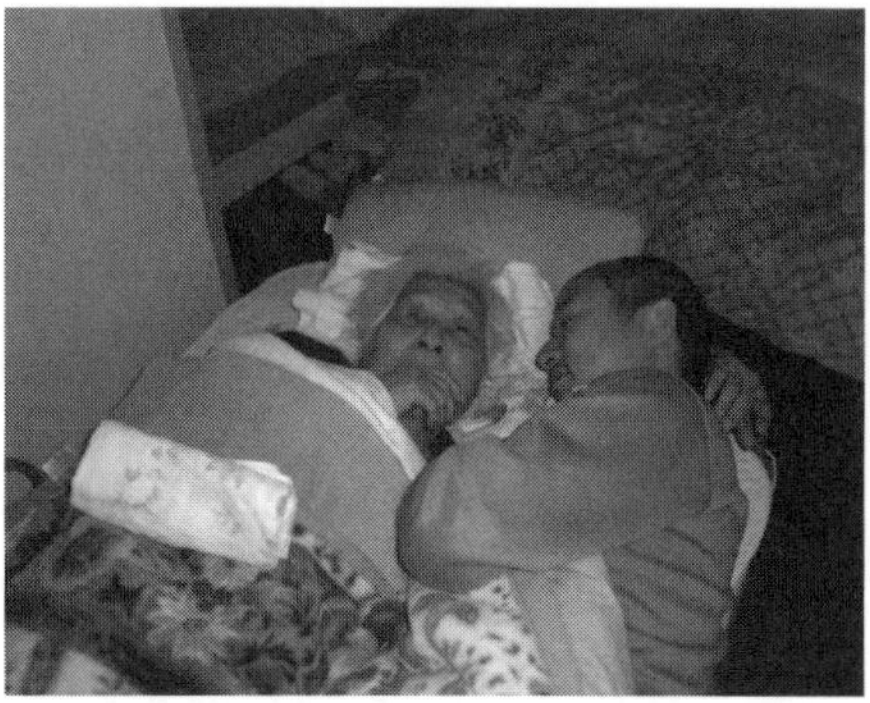

写真６　添い寝

お年寄りの不安を少しでも和らげるために職員が添い寝をしているという印象を与える。しかし、後で職員に聞いてみると、この厳しい状況を乗り越えられた理由について、多くが「限られた食糧を少しずつ分け合って、本当の家族のようにお互いを思いやれたから」「添い寝をし、お互いの温もりを感じることで、自分の家は流されたけれどその時だけは安心して過ごせた」と話していた。職員の方が癒されていたのだった。職員と利用者という関係を超えた、人としてのつながり、お互いのありがたみを感じられたからこそ乗り越えられたのだと思われる。また認知症の人には人間を癒す不思議な力が宿っており、医学的理解では紐解けない、それが認知症の本質なのではないかと気づかされた。

5　震災を通じて明らかになった課題

（1）かけがえのない生命を守る備え

災害時の備えの最も大切な課題は生命を守る防災体制と防災意識であることを学んだ。必ず全員が避難するという強い意志と緻密な計画と訓練は教訓であり、津波という天災ではあるが、これを怠ると人災になるという意識を持ち、その際適切な判断・決断をするためには日ごろから自身の思考回路を鍛えておくことが重要である。災害時医療にはトリアージ（選別）という価値観があるが、全員の生命を守るという倫理観を持つことが福祉的思考として大切である。

（2）認知症ケアの本質は、「普通の生活」を早く取り戻すこと

災害時緊急支援を通じて、どんな状況下でも、介護のプロフェッショナルは「利用者の暮らしを守る」ということを教えていただいた。被災している私たちができなかったお年寄りの穏やかさを引き出し、普段の安心感を取り戻した。食事の際も市からの配給を待っている受動的で内向きだったが、自分たちで料理を作りはじめたり、散歩にでかけたり、いつもの能動的な生活に戻るきっかけを作ってくれたのも外部の支援者やボランティアの人たちであった。改めて認知症ケアの本質を知らしめてくれた。

(3) 一般避難所、福祉避難所の役割

ケア事業所は一般住宅と比べるとスペースにゆとりがあり、ある程度の看護の機能も兼ね備えているため、在宅酸素療法者や透析者も一時的には対応が可能であった。また、様々な生活情報提供、郵便ポストの設置、物資等の提供を受けることから、その地域のケア拠点となれることが示された。また、介護の専門施設として、被災した他施設からの要介護者の受け入れ、被災在宅要介護者の受け入れ等を担うことができた。しかし、今回の大災害ではほとんどの福祉施設は福祉避難所としての契約を市町村と締結しておらず、要介護者を受け入れるものの財政的支援が受けられるか否かが不安の状態での介護提供の日々であった。今後、特養、老健の大規模施設のみならず、小さなグループホームや小規模事業所での避難生活は家庭生活の延長線上で暮らしやすいというメリットもあったことから、開設と同時に福祉避難所の契約も必要である。

(4) 在宅の要介護者支援の必要性

3・11の場合、災害規模が大きかったため、本来地域に目を向けるべき地域包括支援センター(市直営)は、

災害発生直後、物資の仕分け作業で手一杯の状況であった。避難所の大半は大規模な小・中学校であったことから、要介護者やその家族に対する相談や適切な調整をどのようにしたら良いかということが課題となった。外部からの保健師などでは地元の情報が乏しいことから、市内にある福祉施設・ケア事業所によるコーディネート機能が求められた。しかし、福祉施設・ケア事業所の職員も自分たちの施設に避難してきた要介護者や住民の対応に追われ、うまく機能できなかった。

また、市内一四の施設や事業所が流失したことにより、住み慣れた故郷を離れなければならないお年寄りは一七四人となった。自分たちの意に反して離れるということは、今まで培ったつながりをみな捨てるということでもあり、アイデンティティを失うことにもつながり、自分の一部を切り取られることにも等しい。特に認知症のお年寄りは「自分はここにいたい」ということを表現できない。本人に全く説明もないまま市外へと連れ去られていってしまい、私たちはやるせない想いでいっぱいであった。

(5) 地域共生の可能性

外部支援や地域住民と共に乗り越えた避難生活から、私たちは人のつながりのありがたさを実感した。それは、一方的に助けたり、支えるのではなく、助けられていると思われている認知症のお年寄りたちからも助けられたり、支えられたりしていたことが明らかになり、お互いが影響しあう「お互いさま」の考え方を感じることができた。一度失いかけた人とのつながりを強めることで、お互いの役割や貢献の機会も増すことが期待されるのではないだろうか。

6　災間の二つの使命――この五年間の取組み

（1）命と暮らしを守る

災害や避難生活から命や暮らしを守るために、介護も医療と同じ重みがあるはずである。そこで、大災害時には、災害対策基本法に既に位置付けられている災害派遣医療チーム（DMAT：Disaster Medical Assistance Team）の介護版となる災害介護派遣チーム（DCAT：Disaster Care Assistance Team）を創設し、被災地へ迅速に駆けつける体制を組織化すべきだと、この五年間、私たち被災地から各方面に働きかけ、その結果、初めて熊本地震で活動することとなった。

写真７　「防災協定」調印式

①DCATの組織化

ＤＣＡＴの組織化とは、自助、互助、共助、公助の四本の柱を中心に、国、都道府県、全国事業者団体、ケア事業所単位で、社会福祉士、介護福祉士、理学療法士、看護師、調理師等からなる緊急災害派遣チームを編成し、それらを重層的に組み合わせて、被災地へ三六時間以内（ＤＷＡＴは四八時間以内）に対応できる体制を整備するものである。

ア　自助…自分の身を自分たちで守るため、施設・事業所単位で自ら登録して緊急介護を意識して行動するチーム。当法人では二〇一一年六月より「災害介護派遣チーム」を創設し、規程も二〇一三年一一月に整備した。

イ　互助…地元をよく知る自主防災組織と協力して避難所や在宅のお年寄りを助け合うチームである。当法人では、各ケア事業所のある自主防災組織と連携を図るため、それぞれの公民館単位で防災協定を結んだ。内容としては、ケア事業所に火事がおきた場合、近隣住民が駆けつけ、また地震や津波などの災害の場合は避難所として住民にケア事業所を開放し、要介護者の支援に当たることなどが明文化されている。

ウ　共助…全国組織などの県内外のネットワークと連携した広域チーム。当法人では、広域災害支援ネットワーク「サンダーバード」、日本認知症グループホーム協会のＤＣＡＴ等に所属し、研修、キックオフ会議などで関係を深めている。

エ　公助…国等の行政の救助として、災害基本法に位置付けられた緊急派遣介護チーム。これらが重層的に組織化することで、外部支援によるケア施設・事業所が補強されるだけではなく、被災地のケア専門職が自分たちの地域や避難所へ出向くことが可能になり、できるだけ地元でふんばれる体制ができると思われる。

②DCATのポイント

まず、財政を確保するために、災害基本法の防災計画に位置付けられること、また徹底した登録派遣職員による研修、そして地元の自主防災組織との協同が重要であると考える。特に、ＤＣＡＴに求められることは、介護全般のスペシャリストとしての任務に加え、サバイバル手法、アクシデントマネジメント（極限の判断）、コミュニケーション能力、人間性を高める学び等、ゼネラリストとしての幅広い研修を重ねることも重要である。

当法人では地域住民との一日研修を通じてＤＣＡＴについて触れる機会を提供し、職員による三日研修では消防署、自主防災組織等と共同して搬送の仕方、おんぶ紐による移動、非常食、思考回路を鍛える演習等多彩なメニューとなっている。そして、一泊二日のサバイバル訓練でライフラインの確保などを学び、仕上げとして、広域災害想定訓練として実際に新潟、石川県に赴き実施訓練をしてＤＣＡＴとしての完成度を高めている。

ＤＣＡＴで実際に介護をする時大切となるのは何か、典人会でも議論を重ねた。そのヒントとなったのは、大船渡市の取組であった。大船渡市は一九八七年より全国五都市と「銀河連邦共和国」という友好都市関係を形成していることは前述した。このように複数の都市とネットワークがあり、普段から交流があったことが功を奏し、３・11の大災害時には顔の見える支援となり得た。実際、二日後から職員派遣、物資、水道、医療・保健など広範囲にわたる支援をしていただいており、現在でも交流は続いている。

写真８　「水の確保」のサバイバル訓練

支援隊の派遣の背景には、今までお世話になった方々を何とか助けたい、お互いさまだからという強いモチベーションがあったと聞く。人は、何度か訪れると地理的なこと、言葉、人間性などが少し理解できるようになるものである。愛着も湧いてくる。これこそがＤＣＡＴには大切なのだと思う。ここを丁寧に紡いでいかないとうまく機能していかないと感じる。

ＤＣＡＴは法人の力だけでは限界があり、後方支援として、地域住民をはじめとして、一般企業にも協力していただいている。トヨタレンタリース岩手にはＤＣＡＴ出動の際は二台のワゴン車を無料提供する契約を取り交わした。広域訓練で石川県に赴いた際は無償でお借りすること

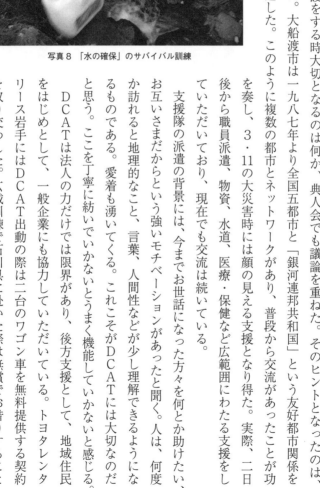

ができた。みちのくコカ・コーラとは、派遣時ペットボトルの無料提供を受けることとしている。

（2）厄災に強い町づくり——違和感が確信に変わった瞬間

震災は大切なもの（者、物）を奪った悲惨な出来事ではあったが、「物質的な豊かさではなく人と人とが心寄せ合って生きることの豊かさ」「人とつながっていることの尊さ」を私たちに知らしめてくれた。人とのつながりや信頼感が強いほど、集団としての課題を乗り越えやすくなることも学んだことである。

また、私は二〇年間認知症ケアに携わってきたが、常々、お年寄りはお年寄りだけの世界、子どもは子どもだけの世界、障がい者は障がい者だけの世界で暮らしの場を作ってきたことに違和感を持っていた。しかし、住民との避難生活を共に過ごすことで「違和感」が「確信」に変わった。専門的な場所で過ごすことがその人にとって幸福なのだと思い込んでいたが、そうすることで生きることの多様な助け合いにつながることを奪っていたのだった。だからお互いが暮らしにくかったのだと思う。それにいち早く気づいていたのが正に認知症のお年寄りだったのかもしれない。家族に囲まれて過ごしていたお年寄りが急にグループホームに入れられ、普段の生活とは違う世界に飛び込み、戸惑い、居場所をうまく見つけられず「イエに帰りたい」と願うのである。避難生活は赤ちゃんからお年寄りまで総世代の人々が集い、お互いの持っている力を発揮した。竈でご飯を炊いているお年寄りをすごい、と敬い、子どもたちの元気な姿に元気づけられた。一人かけても避難生活は乗り越えられなかったに違いない。私たちの求める地域社会は、赤ちゃんからお年寄りまで「お互いさま」と意識できる社会の実現である。それに今さらながら気づかされた。

では、復興に向けて、ケア事業所としてどのように地域と協働していくか、「町づくり」にどうコミットして貢献していくか。私たちはその方策を模索し続けた。そんな中、「お年寄りだけが暮らす施設ではなく、子どもも若者も認知症のお年寄りも集えて、支え合えるような場を創ろう」という考え方に集約されるようになった。筆者らは、お年寄りを「ケアされる側」としてだけではなく、「ケアやサービスの担い手」として位置づけ、働く場と生きがいを促す、という方針を立てた。認知症のお年寄りに対する価値観を「支援する対象」から「働く人」「仲間」と変えた瞬間でもあった。

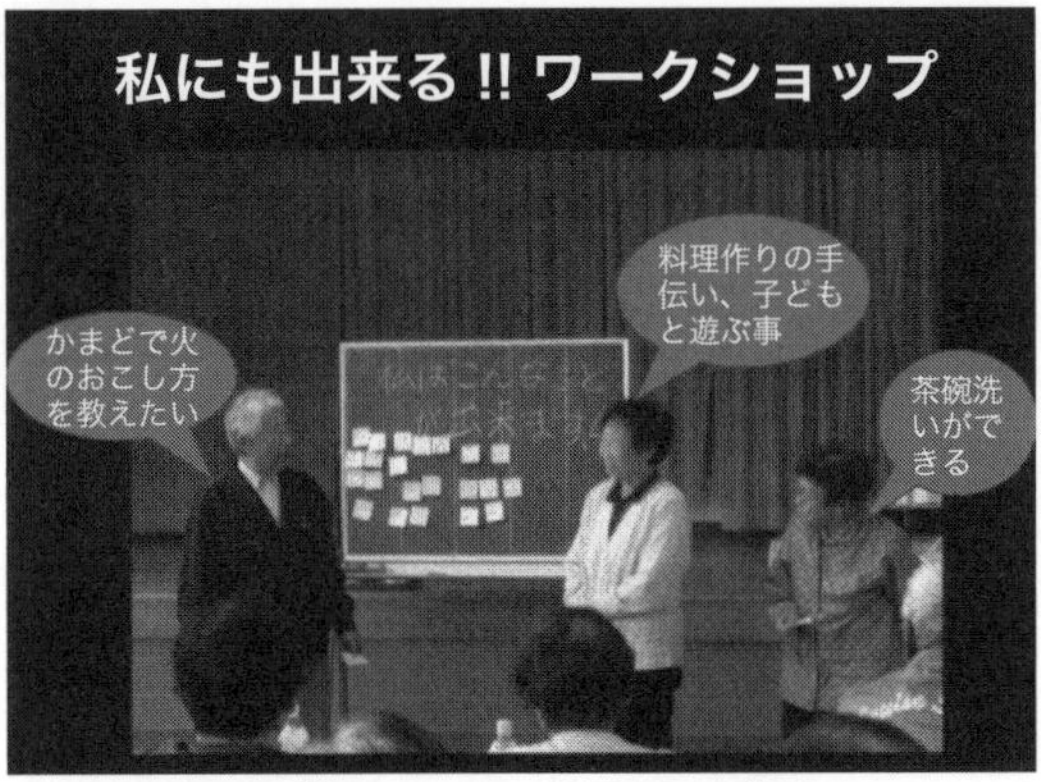

写真9　メニューワークショップ

（3）居場所づくりへの挑戦

私たちは、アメリカの支援団体の協力の下、「居場所ハウス」を二〇一三年六月、被害の大きかった大船渡市の末崎町にオープンさせた。これは、被災地の赤ちゃんからお年寄りまであらゆる年代層の人たちが、自分たちの「居場所（自分らしくいられる、くつろげる場所）」を見つけることができ、人とつながることで多くの厄災に強く対応できることを育む場としての実践でもある。

仮設住宅に住んでいる人たちは、慣れない生活環境の中で新しい「家庭」を作っていかなければならない。「家庭という感覚は、自宅以外に行く場所があることにより、帰ってくる場所があるという安心感が生まれる（Kiyota）」という考え方もある。お年寄り向けのデイサービスとは全く違う、ごくありふれたカフェ的な場所を作り、お年寄りたちはお茶を入れてもらうのではなく、入れる側にまわってもらう、というアプローチは、家に引きこもりがちなお年寄りにとっても有益である。

ここで重要なことは、地域住民が参加し、これは自分たちの地域のために自分たちが行う「自分たちのプロジェクトである」と感じることである。そのために、オープンまで約一年間は、住民対象のワークショップを数回開催しながら、居場所の理念、建てもののコンセプト、メニュー内容の決める作業を丁寧に行った。写真9は、地域のお年寄りを対象にした「私にでもできるワークショップ」の様子である。「子どもに竈で火起こしを教えたい」「お茶碗洗いならできる」「方言を教えたい」などユニークな発想が飛び出した。

現在（二〇一六年）、オープンして三年が経過したが、少しずつ成果が出ている。木曜日が定休日で、一〇時から一六時まで（延長は二一時まで）の営業時間であり、地元のお年寄りたちが運営に携わっている。コーヒーの達人、郷土料理の達人たちが毎日美味しいメニューを提供している。平均二四・五名の人たちが集っている。昨年の夏、私が居場所ハウスを訪れたとき、いつも出入りしている近所の小学生が入って来て、勝手に冷蔵庫を開けて麦茶を飲み始めた。そこに居合わせたお年寄りが「勝手に冷蔵庫を開けるとは何だ！　人の家に入ったら挨拶して、断ってから飲むもんだ！」と叱りつけた。このような光景を見るたびにかつての地域社会を取り戻しつつあると感じる。

当法人では、「居場所ハウス」の他、厚労省の介護基盤まちづくり整備事業からの助成金（三〇〇〇万円／箇所）による地域交流スペースを三つのケアサービス事業所に隣接する形で整備した。地域共生の拠点づくりである。共に避難生活をした後ノ入には「赤崎ほっとハウス」が、二〇一四年五月地元の小学生が名付け親になりオープンした。この「赤崎ほっとハウス」では、地元の老人クラブ、学童クラブの先生、女性部、認知症の人と家族の会そしてケア事業所がメンバーとなり、「お互いさま研究所」を二〇一四年九月に創設した。赤崎地区に根ざした活動をしながら、お年寄りから若者、子どもたちに文化の伝承をしていこうという趣旨であり、常にお互いさまの関係づくりを中心に据えているものである。「赤崎語（方言）をお年寄りから学ぶ」「縄なえとお正月料理」「山歩きで地域を知ろう」「高校生から学ぶ救急救命」など教え合う、学び合うことで、多世代がつながり合うことを大切にしている。

このようにお互いが支え合う仕組みがつくられれば、人間関係が強くなると共に、地域のしなやかな回復力の強化にもなり得るはずである。これこそが厄災に強い町づくりにつながっていくものと確信する。

7 まとめ

「命を守る」「厄災に強い町づくり」の二つの使命のけん引役として、五年間皆と共に挑戦し続けて来た。災間だからこそ、今やっておくべきことをやってきただけであると振り返っている。DCATは地元のみならず、全国の仲間を増やし、熊本地震での活動につながっている。現在も私たちの仲間は熊本で継続的に活動をしている。また、居場所の取組みはまだ始まったばかりではあるが、物理的な場所づくりに終わらず、多くの人たちがほっとでき、ふらっと訪れる心の拠り所となれるように総世代の人たちの力を信じられ、活躍できる地域共生の実現のために今後も取組を続けていきたいと思う。

そして、3・11の奇跡的避難や地域住民と過酷な生活を乗り越えたことなど、いくつかの出来事を「事実」から深め、それらを「物語」としてこれからも語り継いでいきたい。

第2章

東日本大震災津波における社会福祉実践の役割と課題

――岩手県内における子ども家庭福祉の領域を中心に

三上邦彦

1 はじめに

千年に一度の大地震が今世紀初頭に起こるとは誰も予想しなかった中で、東日本大震災津波が発生し、今年で五年目を迎えることになった。

東日本大震災津波では、多くの子どもたちが被災した。子どもたちが親を失い、また親もまた多くの子どもたちを失った。全国里親会では、震災津波直後から被災地を訪問調査し、社会的養護が必要な子どもたちの支援体制を整えた。また、社会的養護の実践を行っている児童養護施設が避難所の役割を果たし、あるいは、施設に併設された児童家庭支援センターが、大災害に遭遇した町の行政と協力して地域の子どもと家庭の支援を行った。さらに、行政やNPO等の民間団体、個人を含め、支援の輪が広がった。最近は、被災地域の子ども達は震災や津波のことを話すことが少なくなっている。

しかし、現在もなお、さらに悲しみや苦悩をより深くしている子ども達も数多くいることを現地の支援者は実感している。このような現状の中で、今回多大の被害を受けた地域にあって、当初より被災者支援に尽力し、東日本大震災を契機として、被災児童に対する支援体制構築の重要性や継続性が確認されさまざまな取り組みがされてきている一方で、まだまだ課題が山積しているのである。

ここでは東日本大震災津波での社会福祉にかかる取り組みをもとに、東日本大震災津波後、岩手県内で行われてきた子ども家庭福祉領域におけるこれまでの取り組みと、その社会福祉実践の役割と課題について報告したい。

2　東日本大震災津波における岩手県内の子ども家庭の被害状況と取り組み

岩手県内における東日本大震災津波における子ども家庭の被害状況については、岩手県が示した統計について概要を説明する。内容としては、岩手県内の被災児童の状況について、被災孤児・遺児の居住地域の状況、孤児の里親委託状況、孤児の里親委託状況、遺児の世帯数で示し、要保護児童等への支援を通して紹介する。

(1) 岩手県内の被災児童の状況

岩手県内における被災児童の状況について、①被災孤児・遺児の居住地域の状況、②孤児の里親委託状況、③孤児の里親委託状況、④遺児の世帯数は以下の表（表1～4）で示す通りである。

被災孤児・遺児の居住地域の状況については、岩手県内の児童相談所の管轄で示している。また、孤児の里親委託状況については、里親委託の有無で区分している。孤児の未成年後見人については選任済み・なしで区分している。

（２）要保護児童等への支援

①被災孤児・里親支援

児童相談所による被災孤児に対する情報提供、里親に対する訪問支援等の実施している。また岩手県里親会に委託し、被災孤児を養育する里親等を対象に宮古、釜石、大船渡の三地区で里親サロンを開催している。今後の対応の方向としては、児童相談所による被災孤児に対する情報提供、里親に対する訪問支援等の実施の継続、被災孤児を養育する里親等を対象に宮古、釜石、陸前高田の三地区で概ね月一回程度の里親サロン等を継続実施している。

②被災遺児・ひとり親支援

広域振興局等へ遺児家庭支援専門員を配置し、市町村と連携しながら相談体制を確保し、訪問・電話で各種制度の利用を促進している。今後の対応の方向としては、遺児家庭支援専門員による被災遺児・ひとり親家庭に対する支援を継続実施している。

③いわて学びの希望基金（二〇一四年　未就学児童給付事業）

被災孤児・遺児を対象とした「いわての学び希望基金」の給付金を給付し、二〇一四年度の段階で未就学児四四人に支給した。今後の対応の方向としては、いわての学び希望基金について年三回（七月、一一月、三月）

表1　被災孤児・遺児の居住地域の状況（2015年5月現在）岩手県（単位：人）

区分	被災孤児	被災遺児
福祉総合相談センター管内	11	62
一関児童相談所管内	22	176
宮古児童相談所管内	35	186
小計	68	424
県外転出	26	65
合計	94	489

表2　孤児の里親委託状況（2015年5月現在）岩手県

里親委託の有無	人　数	類　型	人数
里親委託あり	51	養育里親（おじおば等下記以外の親族）	31
		親族里親（祖父母等扶養義務者）	20
里親委託なし	43	離父母による養育	13
		その他親族による養育	5
		児童福祉施設等に措置（震災前からの入所含む）	4
		里親解除	21
計	94		

表3　孤児の未成年後見人の選任状況（2015年5月現在）岩手県

区分	人数
選任済み	65
選任無し（親権変更）	12
対象外（20歳以上）	14
その他	3
計	94

表4　遺児の世帯数（2015年1月現在）岩手県

世帯類型	世帯数
母子生態	155
父子世帯	137

の定例給付を実施している。

岩手県内の東日本大震災津波による被災児童の状況については、表1の通りである。被災孤児九四名、被災遺児四八九名であり、孤児の里親委託状況、孤児の未成年後見人の選定状況については二〇一五年五月現在、遺児の世帯数については二〇一三年一月現在までの状況について示した（二〇一三年・二〇一五年度岩手県要保護児童対策地域協議会資料）。

孤児については、親族里親、養育里親への委託が多く、児童福祉施設への入所は四名と少ないが、今後については特に里親への継続的なフォローアップの必要等があると考えられる。孤児の未成年後見人の選定が図られてきており、子どもの権利の確保がなされてきている。里親家庭には児童相談所員や児童家庭支援センターが定期的に訪問し、子どもの様子を聞き、接し方などについてアドバイスを行なっているほか、心のケアにも子ども総合センターやスクールカウンセラーなど各機関と連携して取り組んでいる。

しかし、そうした子どもの支援者は、養育者の心の不安定さが子どもに影響していることを懸念している。震災津波後四～五年経ってようやく自分の体験を話すようになりＰＴＳＤを発症するかも知れないなど憂慮している。また、養育者は高齢者が多いので、いつまで養育できるのかとの心配を口にしている。さらに懸念されているのが虐待の増加があげられている。今後、震災津波後に、人生が大きく変わってしまった孤児・遺児を見守り、支える取り組みが、継続されることが求められている。

3　被災児童への支援

(1) 行政による被災児童への支援

岩手県内における被災児童への震災直後からの支援としては、保護者を失うなどした要保護児童の把握、被災した児童のこころのケア、諸活動の支援、遊び提供等をすでに実施してきた。また、親族里親などの養育者やひとり親家庭への各種支援制度やサービスの情報提供、相談対応などを行い、被災後の生活の安定と心の健康の回復を図るための事業を総合的な支援として位置づけ「児童養育支援ネットワーク事業」や「被災児童対策事業」等々として取り組んでいる。要保護児童の把握としては、児童相談所、市町村、県主管課が、保育所・幼稚園、小中学校などを通して要保護児童（被災孤児・遺児等）を把握し、相談窓口の周知、電話や訪問などを実施し、状況を確認するほか、養育に関する相談などを受けた。訪問の際には「経済的支援状況一覧」等の広報誌を活用し、被災児童が現状の生活に困窮することがないように、また経済的な理由により将来の進路選択が狭まることのないよう公的な支援、民間の支援に関する情報提供を行った。さらに児童扶養手当、母子寡婦福祉資金貸付等の公的制度のほか、民間の奨学金など、活用可能性のある各種支援制度を取りまとめたリーフレットを作成、各相談機関、市町村窓口等に設置した。さらに被災児童の心のケアについては、児童相談所等を中心に、啓発冊子を作成し、保護者、支援者、県民を対象に、児童の心のケアの正しい理解を促進するための保護者向けの冊子、保育士、保健師の支援者に対して、児童や保護者に対する心のケアやセルフケアのための支援者向けの冊子を作成配布している。また、研修会・講演会を開催し、支援者に対してＰＴＳＤや

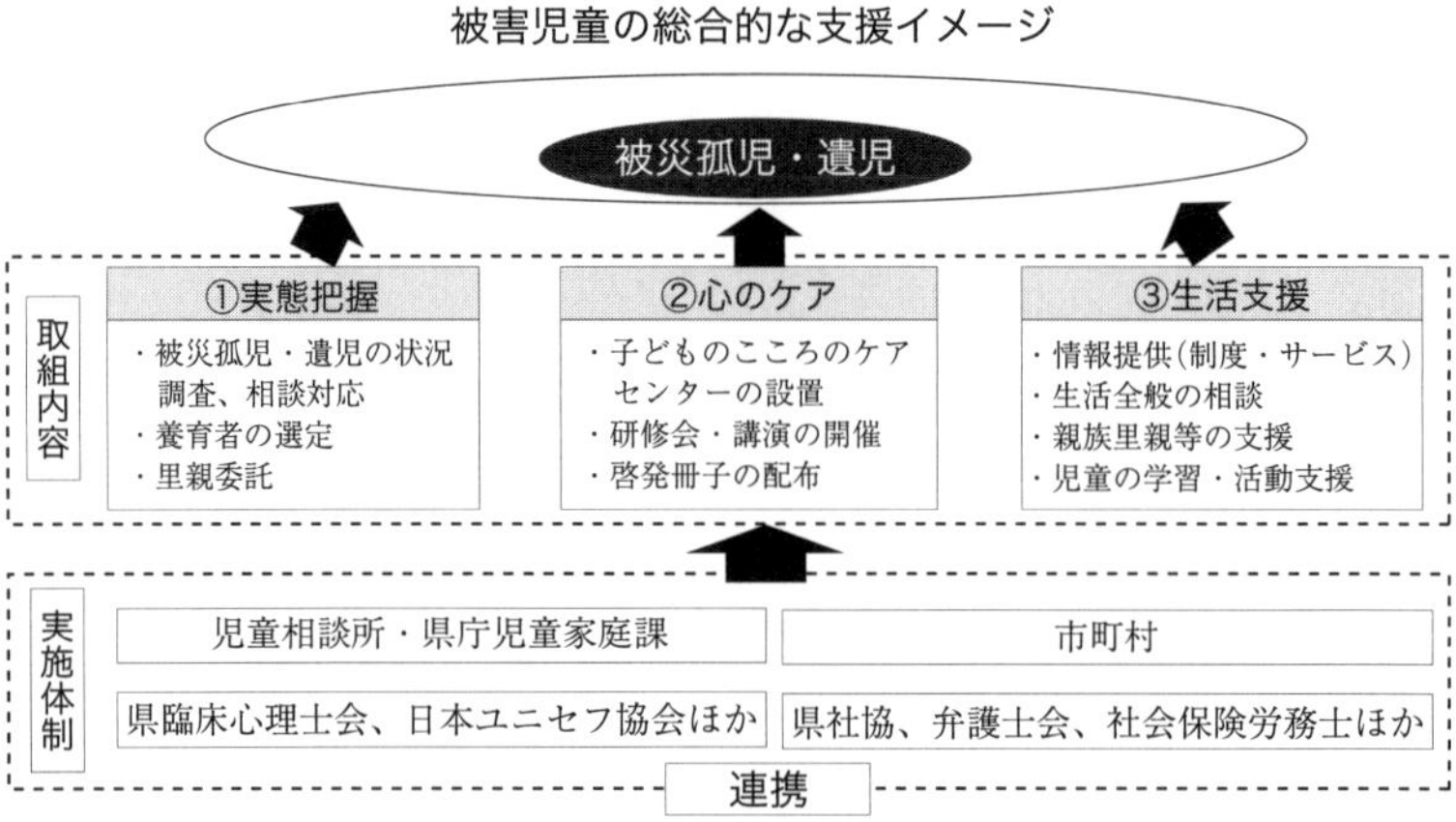

図1　児童養育支援ネットワーク事業

「岩手県東日本大震災津波復興計画　復興基本計画（案）平成23年6月」より引用

心のケアの知識、支援方法を習得する機会の提供し、子どものこころケアに対応する拠点として子どものこころケアセンターを設置・運営（宮古児童相談所、釜石保健所、児童家庭支援センター大洋を活動拠点としていた）し、児童、保護者への直接援助のほか、関係機関との連携により、子どもが受けた被災ダメージからの回復の支援のため、臨床心理士、児童精神科医等を派遣した。

　図1では、岩手県において二〇一一年度から実施されている児童養育支援ネットワーク事業の被災児童の総合的支援イメージについて例示した。本事業の目的としては、事業主体である岩手県が、東日本大震災津波により保護者を失うなどした要保護児童の状況を継続して把握し、安定した家庭的な環境の下で養育されるよう支援するとともに、被災した児童の心のケア等を行い、健やかな成長を促進。また、被災孤児の養育者やひとり親家庭となった保護者に対して、各種支援制度やサービスの情報提供を実施することを目的としている。具体な事業の概要については、（1）要保護児童（被災孤児・遺児）の状況把握及び相談、情報提供、（2）被災児

童の心のケアを図るため、身近にいる支援者（保護者、保育所職員等）に対する研修会を実施、（3）被災孤児や養育者やひとり親家庭となった保護者に対して、各種支援制度やサービス情報提供を実施。また、生活全般に渡る相談対応を図るため、弁護士等からなるサポート体制を敷くとともに、震災を契機とする新たな里親を支援、（4）被災地の児童が将来の夢や希望をあきらめることがないよう、スポーツや学習等の活動支援を通じて、その自立を支援することとした（岩手県 2011）。

当時の元岩手県保健福祉部児童家庭課総括課長の奥寺高秋氏（2011）は、「岩手県の大震災こども支援の状況と課題」について以下のように報告している。

（2）被災孤児への対応

①孤児の状況

・二〇一一年八月三〇日現在で九三人。ほぼ全員が親族宅等で養育されており、緊急に保護を要する児童はみられなかった。

・母子家庭の母親が死亡するケースが多いのが特徴の一つ。

・既に一一人が県外に転出、四人が転入しており、大半が親族の引取りである。

②適切な養育環境の確保～家庭的養育を最優先

・親族のもとでの安定した養育環境を第一として、親族里親の認定を進めており、多くの孤児が親族里親委託となる見込み。

・県は独自資料も作成し、親族等に説明しながら個別相談を進めている。
※二〇一一年八月までの里親認定は二九件、四一人を委託開始
・その次が一般の養育里親への委託であり、四〇組の里親が受託意向。まだ委託なし。
・児童養護施設での受入れも可能であるが、優先度は高くない。

③経済的支援～経済的理由で進学等の夢をあきらめないように
・「いわて学び希望基金」の創設
基金の増加により孤児から遺児にも支給対象を拡大。
※中学生以下が月一万円、高校生三万円、大学・専門学校生五万円
一時金：小卒時五万円、中卒時一〇万円、高卒時三〇万円
・民間の支援制度も充実してきており、大変心強く有難い。
朝日新聞、あしなが育英会、ＭＵＦＧ、桃・柿基金、高速道路交流財団など

④新たな取組み
・現地での生活相談支援（未成年後見人、遺族年金など）
弁護士、社労士、児相職員等がチームを組み、現地で総合生活相談を開催予定。
・新規里親の支援
県里親会会員が新規の親族里親を訪問し、交流会やアドバイスを行う。

（3）被災遺児への対応

①遺児の状況

・二〇一一年七月二九日現在で四四五人を確認。割合は母子家庭が五割強、父子家庭が五割弱。

②支援制度等の周知

・特に父子家庭においては、各種の現行支援制度をあまり知らない状況が懸念されるため、遺児家庭用のリーフレットを作成し、周知を図っている。

・遺児も対象とする経済的支援制度が揃ってきており、申請漏れ等のないよう支援。

③新たな取組み

・出前相談会の開催——県の母子自立支援員等による出前相談会を開催予定。

・新規に遺児家庭支援専門員（六人）を配置してきめ細かな支援を行う（二〇一一年八月補正）。

④課題

・経済的基盤の確立——雇用確保は、ひとり親家庭だけの課題ではない状況。

・高等技能訓練費事業の恒久制度化 など

（4）子どものこころのケア――孤児、遺児を含む児童全般が対象

①子どもの心のケア研修会の開催。（対象：保育士、児童指導員等）

・医師等のマンパワー不足を補うため、保育士等への研修を重ね、地元関係者のスキルアップを図ることで早期発見や予防に繋げていく方針。

②啓発リーフレット、小冊子の作成と配布。

保護者向けの研修機会の増も必要となる。

③「子どものこころケアセンター」で、児童精神科医によるケアを実施。

・二〇一一年六月から宮古地区、七月から気仙地区、八月からは釜石地区に開設。

・児童精神科医師の確保が大きな課題（岩手県内には二人のみ）。

※市町村単位で実務者ネットワークを形成して、連携強化する取組みが有効か。

（5）保育所等の復旧

①保育所：全壊一二ヶ所、半壊三ヶ所、浸水五ヶ所

・保育士らの懸命な避難誘導で保育所での死亡児童は皆無。奇跡的な結果。

・仮設園舎や他施設の借用で大半が再開。民間支援に大変感謝している。

・恒久施設の再建は街づくり計画の主要な要素であり、時間を要する状況。

・保育士等のこころのケアも継続していく。

②放課後児童クラブ：全壊七ヶ所、半壊一ヶ所、浸水等一四ヶ所。

・大半が他施設の活用や統合で再開。

(6) その他の被災児童支援

①あそびの支援

・県は「いわて子どもの森」の巡回訪問活動を展開中。他にも、民間による様々な活動が展開されており、大変感謝している。

・県主催で一一～一二月に沿岸三ヶ所で「こども応援イベント」を開催予定。

②学習支援

・組織的な支援はされていない。今後の取組課題のひとつ。（二〇一一年時点）

(7) その他の取組み

①妊産婦・新生児の内陸移送ケア――県内NPOが主導し早期に立上げ

・被災地病院から内陸の宿泊施設へ妊産婦・新生児を移送し、個室でケアを実施。支援実績は一三組（二〇一一年時点）。

②子どもや女性の安全確保対策

・避難所対策 ～性犯罪防止など

防犯ブザーの配布、注意喚起チラシの配布、ポスター掲示、授乳室・女子更衣室の設置促進など。

・仮設住宅用の児童虐待・ＤＶ防止用チラシを作成し全戸配布予定。

（8）その他の課題・問題点

①児童相談所職員の増員

業務の特性上、他県からの短期間の応援派遣では十分な対応ができない。このため、国に対して被災県への特別交付税等による財政措置を要望中（二〇一一年時点）。

②児童精神科医師の確保（内容は既述のとおり）

上記と同様に、国に対しても要望中（二〇一一年時点）。

③ガソリン不足問題

・二〇一一年三月半ばから孤児調査を準備したが、ガソリン不足で公用車も使えない事態となり、調査着手が四日ほど遅れた事実がある。

・被災地でガソリン危機を招いた政府の対応については、しっかりと検証が必要。

（9）子どもの社会的養護に関する岩手県の方針

両親もしくは通常の保護者を失った子どもの社会的養護に関する岩手県の方針については児童福祉法（二〇〇八年改正）、厚生労働省里親ガイドライン、関連国際法と基準（子どもの権利条約、子どもの代替的養護に関する国連ガイドライン）、岩手子どもプラン案（保護を要する児童のための福祉の推進）に基づき、以下の基本方針と優先順位に基づき実施していく所存である。また、この方針に基づき、県児童家庭課、児童相談所、里親会、養護施設連絡協議会は、連携し協力体制をとった。

基本方針

すべての被災孤児の代替養護の選択は、以下を基本方針とし、個別の子どもの状況に応じて判定をおこなう。子どもの最善の利益を、最も重要な条件とする。

子どもの意見をよく聞き、気持ちを尊重する。特に、各子どもの年齢、理解度、成熟度を考慮し、子どもの意見を、決定過程に反映させる。

きょうだいは、原則として、一緒に保護する。

可能な限り、子どもが慣れ親しんだ環境（学校の通学圏等）に近い距離で、家庭的な環境で養護する。また、委託後も、受け入れ家族への子育て支援、子どもに対する包括的な支援を、児童相談所が主になり、継続的に実施する。

優先順位

①親族里親

第一優先は、子どもの生い立ちを理解し、今までの家族関係の継続を可能とする親族による家庭的養護である。早急に、適切な親族を、親族里親（子どもの三親等以内の親族がその子どもに限ってなる里親）として認定することにより、生活費、教育費の支給が可能となる。現時点で判明している県外の親族に引き取られた子どもと親族も、対象県の児童相談所と連携して、同様の支援をおこなう必要がある。

〈活動事項〉

被災孤児を引き受けている親戚に里親制度に関しての情報を提供し、里親申請、認定までに必要な支援をする。子どもの意見を尊重し、子どもと親族の社会調査、家庭調査を実施する。

通常一年に二度行われている社会福祉審議会児童福祉専門分科会（里親認定審査会）を、随時開き、遅延なしに里親認定する。

児童相談所は、親族里親委託後も、家庭訪問等を通じて、親族里親と子どもを継続的に支援し、家庭的な養育環境の充実を図る。

②岩手県内での養育里親委託

第二優先は、県内での養育里親による家庭的養護である。岩手県内の里親会で認定されている里親のなかで、震災孤児を含め要保護児童の受け入れを可能としている里親は三五組いる。そのうち、二二組は二人以上の受け入れを可能としている。

〈活動事項〉

岩手県内の里親の多くが内陸部に居住していて、震災で両親を亡くした子どもたちの住んでいた沿岸部では認定里親が少ない。このため、出来る限り生まれ育った故郷に近い場所での養育が出来るように、被災地（沿岸部）での養育里親を早急に募集することを検討する必要がある。

養育里親に子どもが委託されると決まった際には、子どもの心のケアなど必要な研修の機会を提供する。

児童相談所は、委託後も、家庭訪問等を通じて、養育里親と子どもを継続的に支援し、家庭的な養育環境の充実を図る。

③県内での児童養護施設で養育

前記の第一優先もしくは第二優先の選択が、子どもの最善利益を考慮した上で、適切だと考えられない場合、第三優先は、県内での児童養護施設での養育である。

児童養護施設での養育も、出来る限り、家庭的雰囲気のある小規模な施設を優先する。この選択は、上記の基本方針に基づき、子どもの年齢、希望、状況を考慮し、子どもの意見を尊重したうえでなされるとした。

連携

岩手県では、県庁児童家庭課（現在、子ども子育て支援課）、三ヶ所の児童相談所、岩手県里親会、岩手県児童養護施設協議会 の間での既存の連携体制に基づき、被災孤児への社会的養護の体制を整えてきた。また、岩手弁護士会の協力を得て、未成年後見人等被災孤児の財産管理の問題にも取り組んでいる。今後、連携体制

表５　延べ受診件数　岩手県

	開設回数	利用児童延数	新患数	１日平均利用受診者数	１人平均利用受診回数
H25	340 回	2,063 人	270 人	6.1 人	7.6 回
H26	383 回	4,013 人	255 人	10.5 人	※ 11.6 回

表６　子どものこころケアセンター年代別利用割合（新患数）岩手県

	未就学	小学生	中学生	高校生	計
2013 年	15 人（5.6%）	110 人（40.7%）	90 人（33.3%）	55 人（20.4%）	270 人
2014 年	17 人（6.7%）	111 人（43.5%）	84 人（32.9%）	43 人（16.9%）	255 人

表７　診療日（完全予約制）岩手県

センター	月曜日～金曜日	
ブランチ（巡回診療）	宮古地区	毎週木曜日
	釜石地区	毎週木曜日
	気仙地区	毎週木曜日

を、より一層強化し、可能な限りふるさとに近い場所での家庭的な環境での養育を実現させるべき努めていく所存である（日本ユニセフ協会 2012）とした。

(10) 子どものこころのケアの取り組み

二〇一一年度から岩手県において宮古、釜石、気仙の三地区に「子どものこころのケアセンター」（以下、「地域ケアセンター」という）を設置し、県内外の医師の協力を得て、週一日程度、相談等を実施している。地域ケアセンター延べ利用児童数は二〇一一年度二八七人であったものが、二〇一三年度は二〇六三人、平成二〇一四年度、四〇一三人と急激な伸び率となっている。

尚、実数は、新規利用児童の人数、延べ数は新規及び継続利用を含めた人数である。一回の相談が、長時間に及びなおかつ、二〇一四年度は一日平均一〇人を超える利用となっている。二〇一四年度では一人あたり平均一一・六回（二〇一三年四月からの類型値）利用しており、継続利用している児童が大幅に増加している傾向がみられる。

震災や環境変化などによる「不安」、「不眠」、「心身症」（頭痛、吐き気、倦怠感）等の症状を訴える子どもたちが多い。また、利用経路は、保護者約四一％、医療機関約二一％、学校約一五％、児童相談所一二％、市町村等一一％となっており、直接保護者からの相談が最も多く、ついで医療機関、学校、児童相談所、市町村等の順となっている。

また、岩手県医師会が高田診療所において、二〇一一年七月から週一回程度、子供のこころのケアを実施しており、二〇一二年一二月までに延べ一九人（実児童数一〇人）をケアした。

二〇一三年四月より、沿岸三地域の地域ケアセンターに加え、新たに、子どものこころのケアを中長期的にわたって担う全県的な拠点施設「いわてこどもケアセンター」を岩手県医科大学マルチメディア教育研究棟（矢巾町）に設置され、診察室、心理療法室など施設機能を整備し、岩手県医師会が運営する高田診療所、地元医師会、学校、民間団体等と連携を図りながら取組を強化された。

同センターは、岩手県の委託を受けて、岩手医科大学が運営するもので、毎週一回、宮古・釜石・大船渡の沿岸三ヶ所ブランチを配置し、専門のスタッフが派遣されている。被災地と内陸部に避難し、震災ストレスを抱えた子どもを支える全県的な拠点として活動している。副センター長の八木淳子氏は、同センターの活動を通じて「震災から二年目に入ったあたりから子どもが見せる症状も様々に変化している。二年半経ったからこそ、今になってようやくこういった症状を出し始めたというのもある。これまで全然、そういうことを表さずに、いわゆるいい子で、すごく頑張ってきた子どもたちが頑張りきれなくなったという状況もある。ストレス状況下の生活というのが、長く続いているので、子どもの環境によって症状の個別化が進んでいる。一概にこういう症状が多いですという言い方はできないが、その子、その子の持つ状況によって個別化が進んでいるというのが最近の特徴である。」としている。また、センター設立の意義について八木氏は、「自分に起こったことを理解するまでに時間がかかるということもある。それぐらいにあまりにも大きな災害だったので、何が起こったのかを理解するまで時間もかかったということもあると思う。今度はそれが分かった時に、どういうふうに表現したらいいのか。表現できる場所もその子、その子によって、ある場合、ない場合それぞれある。安心して不安な気持ちを吐き出せる場というのを定期的に設ける意味でもこどもこころケアセンターの設立というのは非常に大きな意味がある。」としている。

子どものこころのケアの取組として課題となるのは、現況としては中長期的にこころのケアを要する子どもがまだ多数いること。沿岸部に子どものこころのケアに携わる医師、専門の医療機関が少ないこと。地域ケアセンターへ他県などから長期的な医師派遣の継続が困難であることなどがあげられ、いわて子どものこころケアセンターが設置された。しかし、長期的かつ継続的な支援が行われている実態があり、その対応に追われている。

（11）ＮＰＯ等の子どもへの支援

岩手県立大学では、東日本大震災津波発生直後から、復興支援センターを立ち上げるなどして具体的な支援方策を探っていた。全国からもボランティアや調査団体など多数集まり、受け入れ態勢が整っていない、岩手沿岸の被災現地は混乱していた。このような状況で、本当に必要とされるニーズに対応するために、震災後三日目で立ち上げた岩手県立大学学生ボランティアセンターが、その調整役を果した。学生たちは、被災地に若手のボランティアが不足しているのを知り、ＮＰＯ法人等の協力を得て、「いわて GINGA-NET プロジェクト」

を発足させた。ここでは、全国の学生ボランティアの受入態勢と被災地に全国の学生ボランティア派遣する仕組みを作った。ボランティアの受入および活動拠点を岩手県住田町五葉地区公民館に置き、最初のプロジェクトを二〇一一年四月二七日から五月八日で実施し、全国から一三大学延べ五一二名の学生を受入し、ボランティア活動を行った。その後、学生の長期休暇（夏休み・冬休み・春休み）を利用した支援活動を実施し、これまで延べ一万六〇〇〇人以上の学生が全国から参加し、応急仮設住宅を中心としたコミュニティ支援活動を展開している。

震災津波によって、多くの人々の生活環境を変えてしまった。特に子ども達は、学校の運動場が仮設住宅となったり、放課後の遊び場がなくなるなど居場所を失った。そんな子どもたちをケアし、安心して学べる場を作るために、岩手県立大学では一般社団法人「子どものエンパワメントいわて」と協働し、学習支援を通じて被災地の子ども達を応援する「学びの部屋」のプロジェクトの取り組みを二〇一一年一一月から実施している。子ども達への寄り添いスタッフは、地元の学習支援員と学生ボランティアであり、現在は沿岸部四市で実施している。岩手県立大学では、このような支援活動へのサポートを通じて、復興から未来を担う人材につなげていきたいとしている。

続いて、民間の団体としての活動として「チャイルドドラインいわて」を紹介したい。

チィルドラインは、一八歳以下の子どもの気持ちを受け止める心の居場所としての電話であるとともに、子どもの最善の利益が守られる社会づくりに寄与していくことをミッションとしている四一都道府県七二団体（二〇一五年三月三一日現在）で構成されている特定非営利活動法人である。

岩手県内には、二〇一〇年一一月二三日、電話を開設し、北海道・東北エリアの電話を受け、二〇一一年三月までは月一回、震災直後の四月、五月は毎週開設、しかし震災関連の電話が少なかったことから、六月からは週二回の活動になる。盛岡市内は被害が少なく、活動に支障はなかった。二〇一一年四月一六日、大船渡市にある児童養護施設と岩手県宮古児童相談所を訪問、さらに避難所もまわり、カードを配布する。二〇一二年七月より月四回に活動日を増やし、対応エリアも全国に拡大し、現在に至っている。

震災直後の二〇一一年四月～五月は毎週開設したが、地元からの電話が少なかった。震災当初は、子どもたちは、実際に津波に飲み込まれそうになった体験や、親と何日も離れ離れにいる不安、自分が助かったことや家族の無事を喜んではいけないと思っている等々、自ら体験した出来事をためこみ、口にすることがなかなかできない状況であった。震災後半年ほど経ってから、「三月一一日から半年も経つのに津波の夢をみます。携帯の緊急地震速報も怖いし、落ち着かないし寝られない。学校も行きたい学校だったのに、おもしろく感じない」、「大地震のことが忘れられない。最近もテレビに映像が映ったけれど気持ちが悪くなる。でも、いいこともあったんだ。いままで話したことがない近所の人と話すことが増えた。知らない人にも話しかけられるようになったんだ。震災のことは話したくないけれど、人と話すと気持ちが楽になるんだ」、「地震以降、金縛りになる。昼寝をしていてもなる。津波のことをTVなどで見るとなるので見ないようにしている」等といった声がチャイルドラインに寄せられるようになった。

チャイルドラインでは震災直後から子どもたちの声、時間の経過とともに変化していく子どもたちの不安に寄り添ってきた。チャイルドライン支援センターの太田久美氏は、子どもたちの声、被災地の状況から見えることとして、「緊急時に子どもに関わることが後回しになってしまうようだとわかります。まず衣食住の確保が真っ先であることは当然としても、子どものことを最優先に考える部署もその機能を失ってしまうのは残念です。他県に転居した子どもたち、母子だけの避難者（父は仕事で被災地に残る）もいますし、親を亡くして転居した子どももいました。被災地で何があり、どんな体験をしたかは一人ひとり違いますが、何気なく普段通りに行っていること、例えば学校で海の絵を水彩画で描く授業や、黙祷のサイレンなどが子どもの心を暗くしたこともありました。忘れられない記憶が残った子どもたちへのケアをどうしたらいいのか。このことは被災地だけの問題ではありません。教育現場として、また全国の大人にとっての課題です」と指摘している。

さらに被災地における子どもと子育て家庭状況と復興計画　第二回東日本大震災子ども支援意見交換会で小林純子氏は、次のよう被災地の子ども達の状況について報告している。

小林氏の問題意識として、被災地の仮設住宅の「サポートセンターの事業報告会」では子どもの問題はほとんど出ず、どちらかというと高齢者の健康状態、精神状態の把握が優先されていている。実際日中巡回すると、仮設住宅にいるのは主に高齢者であり、支援員は巡回が主な業務なので、子どもと直接話すことがないため、よほどのことがないと子どもの問題を把握することは難しい実態があるという。

しかし、支援員の一人ひとりと時間をかけて話をすると、不登校になっている子どものことを心配していたり、児童虐待が疑われるケースがあったりと、仮設住宅内に気にかかっている子どもがいる。また、保育園や幼稚園の復旧が優先して、子どもの一時預かりや児童館がなくなってしまったというところもあり、ほとんどの支援員は「子どもの遊び場がない」ことを話していること。さらに、子どもは遊びの中で、心を癒し、試行錯誤を繰り返して成長すること。いま子どもたちが遊ばないと、いい大人にはなれないというほど大変なことであること。それなのに、なかなかそのことに手をつけることができない現状にある。子どもたちは大変な思いをし、津波で家族や友達を失い、母親から離れられない子、地震が怖くて今も父親がいないと眠れない子もいる。元に戻るまでの時間は、それぞれ違うということ。支援先での様子から、はた目に分からなくても、言いたいこと、やりたいことを我慢し続け、怒りやつらい気持ちを引きずっている子は少なくないと感じている。大人が声がけしても、子どもは本心を明かさない。一緒に遊ぶ中で、ぽろっと出るつぶやきや本音が出てくる。そうした場をつくって気持ちを受け止め、ケアすることが必要だ。震災が子どもの心に与える影響は計り知れない。子どもが自立していくまでの間、きめ細かいサポートが必要であり、震災経験を心の傷として子どもたちに残したくない。行政とＮＰＯがうまく役割を分担していく必要があると指摘している。

これらの行政やＮＰＯ等を中心とする支援で、被災地域の子どもたちへの支援ということで相談支援機能やあるいは心のケアを含めた支援体制が位置づけられたが、より重要なのは短期的ではなく継続的になされていく必要があるということを強調したい。そのためには、行政とＮＰＯ活動などの役割を確認し、ＮＰＯ等の民間団体等のより効果的な支援につながるよう、各団体が取り組んでいる活動のネットワーク化が重要であることが認識されるであろう。

4　東日本大震災津波における児童福祉施設が果した役割と課題

（1）震災後の地域や子どもたちの状況に対する機敏で柔軟性のある危機管理体制と対応

今回の東日本大震災津波で直接間接に被害のあった児童福祉施設は多い。その中で、子ども家庭福祉の実践活動で児童養護施設が果たした役割は大きかった。特に、岩手県大船渡市にある社会福祉法人大洋会での危機管理体制についてここでは紹介したい。

社会福祉法人大洋会は昭和三〇年に設立された、児童・障害者支援施設の運営を行っている社会福祉法人である。社会福祉法人大洋会では、児童養護施設大洋学園、児童家庭支援センター、就労支援継続B型事業等を運営し、地域における障害者、児童の相談支援、福祉サービスを展開している。

地震、津波の最初の段階で、社会福祉法人大洋会でとった危機管理対策は三点ある。

一点目は、社会福祉法人として地震直後に地域住民を受け入れたということである。避難所としての受け入れ方には、社会福祉法人としての使命を意識されての行動を取られていて、地域社会の防災管理における社会福祉施設の位置づけは極めて必然性が高い。震災状況では、ハザードマップなども十分に機能しきれない中で柔軟な対応を実施されたことは特筆に値する。

二点目は、施設利用している子どもたちや保護者の安否をすぐに確認している。安否確認については法人で働く職員や、その家族の安否も含めてのことになる。それぞれの施設が、ほぼ一日二日で安否確認を終了している。このことは、施設を利用している子どもたちや保護者の安否確認を最優先した結果である。

三点目はライフラインの確保で奔走していることである。震災当初は、電気、ガス、水道や、携帯電話が使えない状態であった。ライフラインの一部が止まれば生活面で苦労するが、備蓄食料などで対応されている。特に児童養護施設の大洋学園では、地域住民の方にも提供するという形を取られて、自分たちのライフライン確保だけではなく、地域住民の方たちのライフラインの確保も含めて行っている。この点に関しては最低限1週間の食料品の備蓄が必要であることが指摘されており、備蓄基準の見直しは必要である。

児童養護施設としてまず大切になることは、子どもたちを優先しての対応である。余震が続く中で不安感が出るが、できるだけ職員との絆を強くする形をとりながら、子どもを全面的に受け入れて、安心感を保証するかかわりをしている。

当時の園長の刈谷園長は、子どもたちに対して、「何があってもお前たちを守るから」と伝え、入所児童の中には保護者の死という現実がある大変な場面があった状況で、園長の言葉が子どもたちに取って力強く、大きな支えになった。このような子どもたちへの対応は、震災地域の多くの児童養護施設がそれぞれ臨機応変に行っていたことが確認された（三上等 2011）。

（2）地域でかかわる施設・機関の役割

大洋学園には児童家庭支援センターがあって、法人として地域支援を実践している。大洋学園では避難所への支援、避難所の子どもたちや保護者の方への支援及び児童家庭支援センターを使って心のケアチームとしての活動行っている。それに関しては、障害児者への支援を含めた支援活動をし、地域の教育機関と連携して相談機能や、外部団体からの支援活動を受け入れて、調整機能を含めた活動をしている。さらに岩手県児童養護施設協議会との連携のもと岩手県児童養護施設協議会のスタッフが早期に派遣されたが、地元と一緒にチームを組んでやれている部分もあり、震災以降では、ある意味でモデルになるような活動を実施している。

今回の震災では、児童養護施設が避難所の役割を果たし、あるいは、施設に併設された児童家庭支援センターが、大災害に遭遇した町の行政と協力して地域の子どもと家庭の支援を行った事例もあり、市町村の防災計画等と連携した施設の危機管理の重要性を示唆している。

地域の支援者だからこそできること、地域の支援者がやらなければならないことがある。災害時急性期には、福祉理念さえも崩れかけることがある。施設で働く職員自身や協働者の心身の健康と安全を守ることの大切さであり重要である。岩手県では岩手県児童養護施設協議会の全面的なバックアップがあった。日頃交流のある専門職としての支えが被災地域での支援活動を支えていた。地域での支援につながるきっかけは「必要性」よりも地域住民にとっては「安心できそうだから支援を受けたい」という部分でのつながりが大きい。その意味では震災以前から直接対応にあたっていた専門職がキーパーソンになる。震災時、被災地では、地域が持っていた子どもたちを護る力、子育て家庭を支える力が弱体化してしまった。その意味では、子ども家庭の福祉が護られるような、予防的かかわりや重症化を防ぐ対応が必要であり、自立を促す支援よりも、それぞれの自立に寄り添う支援が必要である。

(3) 子どもの権利を守り、地域の人々とのつながりを発展させ深めていくこと

児童福祉施設は子どもの生命生存を守る場所である、児童の権利条約で保証されている最善の利益を確保していかなければならない。

しかし今回の震災では、それぞれ地域によってその被害の特徴があるのでそれぞれの取り組みや支援が必要である。地震や津波があったときに子どもの保護者が被災したり、家が流されたり、亡くなったりして、同時にスタッフや理事の方たちの被災もある。子どもたちに対しても職員に対しても、中長期的な支援が必要な部分がある。特に子どもも職員も不安や緊張が積み重なってきたときに問題が出たり、また、お子さんの親がなくなったときにグリーフワークをきちんと手当するなど、心のケアの継続的な支援があわせて必要なところがある。

児童養護施設「大洋学園」の刈谷忠（2011）は、被災地の児童福祉施設の役割について次のように話している。

「私は児童養護施設という言葉は、今の状況でいえば要らないのではないかと感じています。子どもの支援のためのセンターでいいのです。児童家庭支援センターも含めて、施設が地域と入所している子どもたちの支援に関わっていくべきだろうと思います。そのために今まで専門職という言葉も使われてきたわけなので、こういった養護が必要な子どもに専門性、また今回のような被災地でのいろいろな思いをかかえている人への専門性の提供ということでやっていけばいいのではないでしょうか。そういうことを考えて児童家庭支援センターは活動をしています。」

「私たちのかかわった中でさまざまなことがありました。障害の相談支援担当者が活動拠点を陸前高田から大船渡に移すからといったときに、避難所の人たちは、私たちを見捨てていく気ですかといいました。それだけ心のケアが必要とされているのです。」

「ある人は、逃げる途中で近所の人が突っ立て大波を見上げてる横を通りすぎてきたそうです。その人はおそらく波に飲まれてるだろうと思うとたまらないわけです。建物の屋上に逃げた人は、流されてきた人をつかまえてみんなで協力して引き上げました。助けた人の濡れたジャケットを脱がせ、毛布でその人の震える体をくるみ、みんなで抱き合いながらヘリコプターの救助を待っていたそうです。ヘリが来るまで、目の前の家が流されていくのを見て号泣していたといいます。もうあそこには戻りたくない。ここ（避難所）は天国だ、私は天国と地獄を見たと言っていました。」

「避難所の生活ではめったに顔を洗うこともできないけど、涙でなんども顔を洗った、あんなに涙を流したのにまだ流れるという人もいました。他にも、三歳の子どもが話せていたのに地震のあと話せなくなったとか、四歳の子どもですら、安全なところに行きたいと言ってるといいます。これが避難所や地域に入ったときの話です。」

「これだけ傷ついていますから、フラッシュバックで一〇年二〇年たって何かがあるという話もありますが、その時点まで想定するのは今は不可能です。現在我々がやらなければならないのは、施設という機能もあるけれど、やはり子どもを家庭という単位で捉えて、子どもと家庭に関する専門職集団としてのセンターとして活動していくべきではないかと思っています」。

ここには、子どもたちへのかかわりを手厚くして、子どもたちが本当に安心できる環境を作っていくこと。このことが、早急かつ継続的にやらなければならない我々の責務であると考えるのである。

ここで、今回の震災と社会的養護の今後の展開について歴史的な経緯も含め整理したい。

明治期以降、震災を巡る社会的養護の歴史的経緯を辿ると、一八九一（明治二四）年、一〇月二八日の濃尾大震災の折、震災孤児収容の目的で石井十次が名古屋に「震災孤児院」を設立したのが初めてである。石井十次は一八九二（明治二五）年に名古屋の震災孤児院を設立しているが、二年ほどで辞め、残っている子どもたち九〇余名を、本園である岡山孤児院に迎え入れた経過がある。また、津波による子どもたちへの救援として、現在の児童養護施設である東京育成園は、明治二九年（一八九六年）六月一五日に起こった東北三陸地方を襲った大津波の際に、被災地で両親をなくした子どもたち約三五〇人を、北川波津が私財を投じて救済し、親代わりとなって養育保護を始めたことを起源としている。

石井十次のひ孫で宮崎県の児童養護施設　石井記念友愛園の園長である児嶋草次郎（2011）が、ゆうあい通信の中で今震災について次ぎのように書いている。

「石井十次の時代と違って各自治体もしっかりしているし、国家的支援体制も昔と比べものにならないくらい整備されている。今、私たちが、飛んでいったからと行って何ができるわけでもない。今できることは義援金集めに協力することである。しかしもし直接に何らかの具体的な支援要請があれば、自分たちのできる範囲で精一杯応えていかねばならない。震災孤児についてはできるだけ故郷に近いところでの生活を保障すべきであって、こんな遠いところに連れてくるべきではない。そのように今は考えている。」

二〇一一年四月二四日に岩手県で「震災孤児のあり方を考える県民集会」があった。この時、石井十次の活動にも触れられて、もう孤児院の時代ではないという意見があった。二〇〇九年一二月一八日に国連総会で採択された決議に、子どものケアの選択肢としては里親委託の優位性があげられて、国際的にも家庭委託に重きが置かれている。

二〇一一年三月三〇日付で里親のガイドラインについて雇用均等・児童家庭局長通知として、社会的養護は里親を優先して検討すると、新生児、高齢児、短期委託、長期在籍時など全ての子どもが検討の対象となると、それから障害児や非行児も専門里親を検討する。一八歳以降二〇歳までの措置延長を積極的に活用する、専門的なケアが望ましい場合や対応の困難な保護者などは当面の間施設措置を検討する。というような文書を出している。

つまり、子どもの支援には、施設の機能を使うことはもちろんだが、さらに地域の支援機能を含めたところでトータルにかかわるべきであり、正に、そういった視点がこれから必要である。

今回の震災で多用されている「震災孤児」、「震災遺児」という名称について意見を述べたい。震災・津波・原発で被災した児童は様々な形で存在している。両親または両親の何れかが亡くなったり、行方不明になっている子どもたちは震災・津波・原発で被災した「被災児童」である。

孤児・遺児を関する意味として、孤児では「両親を失った幼児。身寄りのない子。みなしご。孤子」としている。また、遺児に関しては、「親に死なれた子。遺子。捨て子」（広辞苑）としている。

ここで大切になるのは、子どもの権利擁護としての視座である。孤児・遺児と区別され、その支援についても区分けされることは、孤児や遺児に対するスティグマを増長される要因になっていく可能性が高い。「孤児」「遺児」という名称使用は子どもの権利擁護の観点が重要であり、子どもたちの将来を見据えた社会としての配慮が必要である。

5　結語

東日本大震災津波から五年が経過し、子どもに関係する問題は直接的から間接的にあるいは二次的な要因に変化しており、子ども達の置かれている状況は依然として厳しいものがある。

環境要因が影響している中学三年生から高校二年生までの相談支援が増えており、子ども達は大きな不安を抱えながら生活している。応急仮設住宅の生活から脱しようとする保護者のがんばりや努力がストレスの蓄積を生じさせ、そのストレスを子ども達が敏感に感じ取り、保護者に悩みや困りごとを相談できず不安定なって、登校しぶり、発達面での課題を抱え、地域や学校、家庭環境の変化に順応できずにいる子ども達と養育に疲弊している保護者がいる。さらに、家庭内の不和から、希死念慮を抱く子どもや、震災前はかろうじて保たれていた家庭内のバランスが、家庭内外の変化によって崩れ苦悩する子どもなど関係者が対応しなければならないケースが相当数上がってきている。その結果、要保護児童対策地域協議会で取り上げられるケースも多く、子ども達の相談支援にあたる児童相談所職員もその対応に苦慮している。このような子どもや家庭への支援にあたり、いわてこどもケアセンター、スクールカウンセラー、スクールソーシャルワーカー、家庭児童相談室、児童家庭支援センターなどの各関係機関が介護や障害者支援機関とも連携し、縦横的・包括的に支援体制を意識しながら取り組んでいるが、そのニーズに追いつけない現状があるとのなどの指摘がある。

そして、子ども家庭支援の専門資源の地元移行段階までに現状に即した社会資源の整備ができなければ、むしろ子どもの福祉が後退してしまう危機的な状況である。

一方で、復興公営住宅などの建設も進み、ハード面での整備が進んできているが、そこで生活する人々は、様々な地域からの住民であり、新たなコミュニティの形成につながるが、二度、三度と続く生活環境の変化は、大人にとっても、子どもにとってもストレスフルの状況であり、子どもをめぐる問題も今後とも継続して出てくる可能性は高い。

どのような状況の時でも人間の尊厳と最低生活の保障が必要である。今回の震災では危機的な状況の中でも、多くの対応を懸命に果たされた。特に、福祉施設の果たした役割の中で福祉避難所としての役割は大きく、地域住民への安全を確保・提供した。社会福祉施設のあり方では、迅速かつ自律的な判断と対応の柔軟性が重要なった。また、全国的にみた支援の視点と地域でみた支援の視点の違いがあり、また、その地域においても地域ごとのミニマムすなわちローカルミニマムを理解していくことの重要性を再認識した。その意味では、普段の日常生活のなかでのつながりが、必要となり、地域の社会的資源の基盤として福祉施設や相談機関が機能していくことが重要である。日々の日常的なネットワークや非常時の支援を行う上でも大きな資源になる。全国の社会福祉施設やＮＰＯ、相談機関の方々からの大きな支援があり、被災地の子どもたちの支えになっている。この支援を継続していくことがさらに重要である。そのためには支援している各団体が連携し、被災地から継続的に的確に情報発信することによって、子ども家庭福祉のニーズや課題が社会的に理解されていくことにもつながり、専門職、専門職を越えた連携や活動の広がりにつながっていくことをさらに期待したいところである。

以上の報告をもとに今後の課題としては、以下の点があげられるであろう。

第一に親族里親など被災地の里親子の課題として、親を亡くした子どもの生活を支えるとともに、子どもたちを支える養育者自身の心のケアの必要性がある。例えば、親族里親の高齢化・健康問題、子育てへの戸惑い、経済的負担などがあげられる。ここでは、様々な民間団体も含めたスポンサーシップ等の開拓など、親族里子を長期的に支援する施策や制度の必要性がある。

第二に子どもの心のケアに関して、いわてこどもケアセンターが設置され、相談件数が増加する一方で、まだまだ治療や支援をするスタッフが、不足していることが課題であり、人員や予算の確保は必須である。その意味では遺児・孤児・里親家庭全体やライフサイクルを見据えた包括的で継続的な支援が必要である。この点はケアの質に影響する点でもある。

第三には市町村単位で実務者ネットワークを形成して、連携強化する取組みが必要である。要保護児童対策地域協議会では虐待ケースが中心になりがちであるが、東日本大震災は広範囲にわたり、支援を必要とする子どもたちが多いことを考えるとより積極的な活用が必要である。

これらの課題に対して取り組んでいく前提としては、子どもたちの最善の利益が保証されるよう、かかわるひとりひとりが子ども達の声を丁寧に拾いあげていくことが必要である。そして地域と周囲の人々とつながりを大事にしながら子どもたちの実情やニーズに合わせて、生活基盤の構築を後押しする支援体制を継続していくことが重要ではないかと考える。

まだまだ課題が山積し、子どもと家庭への寄り添いは道半ばなのであり、今後さらに課題における検証が必要になってくると考えられる。

【文献】

岩手県 2011「児童養育支援ネットワーク事業　岩手県東日本大震災津波復興計画　復興基本計画（案）」
―――2012「平成二四年度岩手県要保護児童対策地域協議会資料」
―――2013「平成二五年度岩手県要保護児童対策地域協議会資料」
―――2015「平成二七年度岩手県要保護児童対策地域協議会資料」
岩手県立大学 2016「広報誌季刊ＩＰＵアクション67　特集01　復興に関わる教育・コミュニティ形成支援」
太田久美 2015「チャイルドラインの使命として」『被災地からの電話相談の分析プロジェクト二〇一四年度　東日本大震災子どもたちへの影響　チャイルドラインに寄せられた子どもの声の記録から』特定非営利活動法人チャイルドライン支援センター：40-41

奥寺高秋 2011「岩手県の大震災こども支援の状況と課題」『第二回東日本大震災子ども支援意見交換会　説明資料』東日本大震災子ども支援ネットワーク

刈谷忠、三上邦彦、尾形明美、遠藤嘉邦、齋藤美枝子 2011「東日本大震災現場の声と児童養護施設――その時何が起こったか、今何がおきているか～」『季刊児童養護』Vol.42.No.1　全国児童養護施設協議会

刈谷忠 2015「特別寄稿　子どもたちへの寄り添いはつづく」『被災地からの電話相談の分析プロジェクト二〇一四年度東日本大震災子どもたちへの影響　チャイルドラインに寄せられた子どもの声の記録から』特定非営利活動法人チャイルドライン支援センター：7

児嶋草次郎 2011「使命」『ゆうあい通信』第二二九号　石井記念友愛園

小林純子 2011「被災地における子どもと子育て家庭状況と復興計画」『第二回東日本大震災子ども支援意見交換会　説明資料』東日本大震災子ども支援ネットワーク

新村出編 2008『広辞苑　第六版』岩波書店

日本ユニセフ協会 2011「震災孤児への支援――子どもの最善の利益の確保を」『支援本部東日本大震災緊急募金』第五九報

三上邦彦、刈谷忠、小原善博、市川誠子、神戸信行、釜田一 2011「第五研究部会　児童養護施設に求められる危機管理――東日本大震災を契機として」第六五回全国児童養護施設長研究協議会

八木淳子 2013「いわてこどもケアセンターの取組み」エフエム岩手「岩手医科大学～いのちから」２０１３年11月２日放送　blog.fmii.co.jp/inochikara/2013/11/08/

第3部

岩手県における社会福祉施設調査から

——社会福祉施設・事業所にとっての避難とケア

第1章

東日本大震災による岩手県の社会福祉施設の被害状況
――調査概要

岩渕由美

私たちは、「岩手県における東日本大震災沿岸被災地の社会福祉施設実態等調査」として、震災から一年後の二〇一二年三月に岩手県の沿岸地域にある社会福祉施設を対象にアンケート調査を行った。内容は、主に震災による施設の被害やその後の状況に関する「施設調査票」と施設に勤務する職員自身の被災状況や当時やその後の勤務状況、震災に対する思いなどに関する「職員調査票」に分かれており、それぞれの調査結果を踏まえた分析等はこの第3部を中心に掲載している。調査主体は、岩手県立大学社会福祉学部プロジェクト「岩手県における東日本沿岸被災地の社会福祉施設実態等調査」（通称〝被災施設調査プロジェクト〟代表　藤野好美）である。

岩手県立大学社会福祉学部は、県内唯一の四年制社会福祉系専門教育機関として、一九九八年の開学以来、地元岩手県民や県内各種団体の協力を得ながら、地域に根ざした教育研究活動を通じて、その成果を地元県民にも還元できるよう邁進してきた。毎年多くの学生が、福祉系の専門資格を取得するために、県内各地の福祉施設で実習を行い、現場へと巣立って行く。二〇〇一年に初めての卒業生を輩出してから一〇年が経ち、初期の卒業生が県内の福祉現場の中核として活躍するようになり、本学部ができた意味が県民にも少しずつ浸透されるようになってきていた二〇一一年の春に、この震災は起こった。震災は、多くの教員と学生に「大学として何ができるのか」を考えるきっかけを与えた。しかし、結局は、「大学として」というより、「個人として何ができるのか、どう行動するか」を問われることになったのが、震災直後の状況だったのではないかと思う。それは、本学が同じ岩手県内であっても、震災による被害が少なかった内陸部にあり、盛岡から最も近い沿岸部の宮古市までは約一〇〇キロ離れていたことから、「大学として」直ちに率先して支援に動くというよりは、学生や教員の安否確認と、学生が落ち着いて教育できる環境を整えることが優先で、「大学として」「研究者として」の無力さも同時に感じた震災直後の一ヶ月であった[1]。

震災後一ヶ月から半年が経つと、福祉施設の被害状況が少しずつ明らかになっていった。被害があった施設には、実習で学生がお世話になったり、卒業生が働いている施設、授業や研究等でもかかわりの深い施設も含まれており、被害状況を聞くたびに、様々な光景が目に浮かび、胸が張り裂けそうな思いであった。また、入所者も職員も避難誘導中に津波に巻き込まれ多数の人々が犠牲となった県内の特養の新聞記事や、地震後の移動や避難生活で高齢者一五人が避難先の施設で亡くなった県内の老健施設の新聞記事などを目にするたびに[2]、想定以上だった津波の大きさ速さを目の当たりにしながら、利用者を守らなければならない職員としての使命感と自らの命との間で葛藤した職員の状況が想像でき、自力で避難することが困難な車椅子や寝たきりの障がい者や高齢者、幼い子どもを抱えた福祉施設の避難の難しさを感じた。

厚生労働省による同年五月一三日時点の資料によると、岩手県の社会福祉施設で全壊、一部損壊を含め被災した施設は二〇八施設であり、そのうち児童福祉施設は全壊が一二施設、一部損壊が二九施設、高齢者福祉施設は全壊が九施設、一部損壊が九二施設、障害者福祉施設は全壊が九施設、一部損壊が五六施設となっている[3]。その後、六月一三日時点で厚生労働省がまとめた岩手・宮城・福島三県の高齢者施設の被災状況をみると、高齢者施設の五二ヶ所が全・半壊し、五〇〇人近い入所者と二〇〇人近い職員が死亡・行方不明になったことがわかっている[4]。また、集計の時期や方法が異なるが、同様の報告が一二月一三日付河北新報にも掲載されている[5]。阪神・淡路大震災においても、犠牲者の半数以上が高齢者などのいわゆる「災害弱者」と呼ばれる人たちであり、数字として表れた今回の震災による福祉施設の被害実態は、あらためて防災や避難のあり方について考えさせるものであった。

このように、施設の被害状況の全体像は、国や県、関連団体から報告されていたが、各施設や職員の震災当時とその後の状況の詳細については、新聞・マスコミで報道される断片的な事例を除いては明らかになっていなかった。そのような中、大学の業務の関係で被災した沿岸地域の施設を訪問する、あるいは個人としてボランティア活動を行っていたところ、施設や職員の状況について話を伺う機会が多々あった。彼らは、自身も被災し、大切な人を亡くしていながら、入所者・利用者に限らず高齢者や子ども、病人、障がいを持つ当事者とその家族たちを懸命に支援するとともに地域住民も避難者として受け入れていた。そのような状況は、私以外の教員も見聞きしていたため、我々は被災県にある大学として、沿岸地域の福祉施設の震災時の状況をとりまとめ、記録に残し、後世に伝えていくことが必要との意識から、岩手県立大学社会福祉学部プロジェクト「岩手県における東日本沿岸被災地の社会福祉施設実態等調査」（通称〝被災施設調査プロジェクト〟）が立ち上がることとなった。

岩手県立大学社会福祉学部有志で構成された本プロジェクトは、児童・障がい・高齢の各分野を専門に研究してきた教員から成り立っている（児童分野は三上、障がい分野は細田・藤野、高齢者分野は鈴木・藤野）。アンケート調査で把握することは決まったものの、調査の内容や調査時期も含め、調査を行うこと自体にも葛藤があったことを触れておきたい。

それは、今回の震災があまりにも甚大であったため、調査内容が、思い出したくない震災の記憶を思い出させてしまうことになってしまうのではないかということと、震災前からの介護職員不足の状況から震災でさらに職員不足となり、個々人の業務量も増えていることが予想される中、職員の手を止めてしまうこととなり、職員にも負担をかけるとともに、すぐにでも支援を必要としている利用者にも迷惑がかかってしまうということである。

それでも、震災当時の状況を今、記録として残しておかなければ、と感じたのは、それが、これから起こるかもしれない災害の何か参考になるかもしれないと考えたためである。また、今被災地で起こっている、人口減少、過疎、高齢化は将来の日本の縮図のような気がし、震災前のこと、震災直後のこと、震災から一年後のことを丁寧に分析していくことが、災害が起こったときの準備や対応にとどまらない示唆や提案ができるかもしれないと考える。

震災から五年が経過したものの、まだまだ沿岸被災地域の人々の生活は厳しく、それを生活や社会福祉の分野から支える社会福祉施設の運営も、被災した地域に住み、働く職員自身の生活の状況も大変厳しい。この調査をまとめることで、今後、同様の災害が起こった際の教訓や対応の参考としても、施設のあり方を検討していく上でも、何かの役に立つことがあれば幸いである。

なお、以下に記す「岩手県における東日本沿岸被災地の社会福祉施設実態等調査」の概要と調査結果及びその分析については、『岩手県における東日本沿岸被災地の社会福祉施設実態等調査報告書（以下、『施設調査報告書』）』（二〇一三年）にまとめた内容から、あらたに分析を加えたものである。

1 「岩手県における東日本沿岸被災地の社会福祉施設実態等調査（施設調査）」

さて、「岩手県における東日本沿岸被災地の社会福祉施設実態等調査（施設調査）」の具体的な調査内容や調査方法等について以下で述べる。

まず、この調査の目的の一つは、東日本大震災による岩手県沿岸地域の福祉施設の被害の状況やその後の状況について把握することにあった。これは、震災時、福祉施設がどのような状況であったか、震災の記録として後世に残すという目的だけではなく、被災時のニーズを明らかにし、災害等緊急事態に対応できる体制や必要な備えを明らかにする目的も含まれていた。さらに、震災時に福祉施設が果たした役割や震災が福祉施設に与えた影響を明らかにすることで、今後、復興へ向けた地域づくりをしていく上で、福祉施設はどうあるべきか、地域住民と福祉施設のあり方を検討できればとも考えた。

調査期間は、震災からちょうど一年後にあたる二〇一二年三月一日から三月三一日までとし、調査方法は、郵送による自形式の質問紙調査を行った。調査内容としては、①事業所の基本事項、②被害状況について、③避難について、④震災後のサービス提供のことについて、⑤震災後の職員の状況について、⑥避難者の受け入れについて、⑦地域とのかかわりについて、⑧支援の受け入れについて、⑨医療について、⑩災害に対する危機管理について、⑪震災から一年後の状況の変化と震災に対する思いについての大きく一一項目とした。なお、入所施設と通所施設では機能が異なるため、震災時の状況も異なることが予想されたことから、調査票も「入所施設用」と「通所施設用」の二種類に分け、「通所施設用」については、「入所施設用」の調査票をベースに、当日サービスを利用していない利用者への対応や事業の継続や再開についての項目も入れ込んだ。

調査対象は、岩手県内の沿岸一二市町村（宮古市、大船渡市、久慈市、陸前高田市、釜石市、大槌町、山田町、岩泉町、田野畑村、普代村、野田村、洋野町）を所在地とする、児童、障害、高齢者福祉施設、二七二ヶ所である。児童福祉施設については、二〇一二年二月一日時点で、岩手県のホームページに掲載されていた、沿岸部の児童養護施設、知的障害児施設、重度心身障害児施設全三ヶ所に「入所施設用」の調査票を、児童デイサービス事業所四ヶ所に「通所施設用」の調査票をそれぞれ送付した（保育施設は含まれていない）。また、障害者福祉施設については、二〇一二年二月一日時点で、岩手県のホームページの「指定障がい福祉サービス事業所・障がい福祉施設一覧」に掲載されていた、沿岸部の指定入所支援事業所、生活介護事業所、共同生活援助事業所、共同生活介護事業所の全二三ヶ所に「入所施設用」の調査票を送付し、就労継続A型、就労継続支援B型、就労以降支援、自立訓練（機能訓練、生活訓練）三九ヶ所には「通所施設用」の調査票を送付した。高齢者福祉施設については、同じく岩手県のホームページの「介護保険にかかる指定事業所一覧」に掲載されていた、沿岸部の特別養護老人ホーム、老人保健施設、養護老人ホーム、療養型医療施設、認知症対応型共同生活介護（グループホーム）、全八四ヶ所に「入所施設用」の調査票を、通所介護事業所、通所リハビリテーション事業所、小規模多機能型居宅介護事業所、全一一九ヶ所に「通所施設用」の調査票をそれぞれ送付した。なお、震災後に開設した事業所については対象外としている。

回収率・回答率は四一・九％で、二七二ヶ所に送付したうち、一一四ヶ所から回答を得ることができた。対象種別毎の回収・回答率と入所・通所別の回収・回答率も示しておくと、種別毎の回収・回答率は、児童福祉施設事業所二八・五％（2/7）、障害者福祉施設事業所三八・七％（24/62）、高齢者福祉施設事業所四三・三％（88/203）であり、入所・通所別の回収・回答率は、入所施設が五四・五％（60/110）、通所施設　三三・三％（54/162）であった。対象施設は先に示したとおりであるが、「入所施設」と「通所施設」の分類は調査票の種類による分類であり、「入所施設」の中には、グループホームやケアホームなどの居住施設も含まれていると、「通所施設」には一部「泊まり」のサービスも行っている小規模多機能居宅介護事業所なども含まれていることをあらかじめご了解いただきたい。

なお、施設調査と併せて職員に対する調査も行っており（「岩手県における東日本沿岸被災地の社会福祉施設実態等調査（職員調査）」以下、〝職員調査〟）、それについての概要も記載する。対象施設は、施設調査と同じであるが、それぞれ、職員が三〇人以上いる施設には一〇人分、職員が三〇人以下の施設三人分、調査票を送付している。施設側には、二〇一一年三月一一日時点で所属していた職員に調査票を配布していただくよう依頼し、回答する職員の選定については各施設に任せた。調査期間は施設調査と同時期、平成二四年三月一日から三月三一日である。調査内容は、①被災状況について、②震災時の行動、③震災後のストレス、④震災を通じての思いについての大きく四項目である。

回収率・回答率について、二七二ヶ所一二〇八枚配布したうち、一一四ヶ所の事業所から返送があり、四六九人の施設職員からの回答を得た。回収・回答率は、返送されてきた施設で見ると四一・九％、配布数でみると三八・八％であった。

調査にあたっては、期間が震災から一年後という時期だっただけに、研究倫理上の配慮に努め、拒否権があることは調査の趣意書にも記載していたものの、我々が危惧していたとおり、やはり思い出したくない日々を無理に思い出させることになってしまったことでご批判もいただいた。また、当時様々な大学や団体から調査の依頼が来ることで、本来業務に差し支えるという批判もあった。そのような中で、このプロジェクトの意図を汲んでくださり、大変な状況の中、震災から現在に至るまでの状況と思いを調査票いっぱいに書きこんでくださった施設とその職員には、感謝の念に堪えない。

2　回答施設の基本属性（施設調査結果）

対象施設事業所を大きく入所施設と通所施設に分けると、「入所施設」が五二・六％、「通所施設」が四七・四％である。施設を児童、障害、高齢者の三種別でみると、「児童福祉施設事業所」が一・八％、「障害者福祉施設事業所」が二一・一％、「高齢者福祉施設事業所」が七七・二％と高齢者福祉施設事業所の割合が高く、対象種別に大きな偏りがある。さらに詳細な施設種別の内訳は図のとおりである（図表1）。どの対象種別も入所と通所がおよそ半々ずつとなっている。

運営法人は、「地方公共団体（県市町村）」が一・八％、「社会福祉法人」が三九・五％、「医療法人」が二六・三％、「営利法人」が一九・三％、「特定非営利活動法人（NPO法人）」が五・三％、「地方公共団体」及び「独立行政法人」がそれぞれ一・八％、「農業協同組合」が〇・九％となっており、社会福祉法人が四割弱、医療法人が二割を超え、この二法人だけで七割弱を占めている。これを入所・通所別でみると、入所施設について

図表１　基本属性

	項目	件数	（%）	
入所・通所	入所	60	52.6	
	通所	54	47.4	
種別	児童福祉施設事業所	2	1.8	100.0
	児童養護施設	1	0.9	50.0
	児童デイサービス	1	0.9	50.0
	障害者福祉施設事業所	24	21.1	100.0
	施設入所支援・生活介護　（旧障害者入所更生施設）	7	6.1	29.2
	共同生活援助（グループホーム）	4	3.5	16.7
	共同生活介護（ケアホーム）	3	2.6	12.5
	就労継続Ａ型、就労継続支援Ｂ型、就労移行支援（旧障害者授産施設）	8	7.0	33.3
	自立訓練（機能訓練、生活訓練）	2	1.8	8.3
	高齢者福祉施設事業所	88	77.2	100
	特別養護老人ホーム（介護老人福祉施設）	12	10.5	13.6
	老人保健施設（介護老人保健施設）	11	9.6	12.5
	養護老人ホーム	2	1.8	2.3
	認知症対応型共同生活介護（グループホーム）	20	17.5	22.7
	小規模多機能型居宅介護	10	8.8	11.4
	通所介護事業（通所デイサービス）	27	23.7	30.7
	通所リハビリテーション	6	5.3	6.8
運営主体	地方公共団体（県市町村）	2	1.8	
	社会福祉法人	45	39.5	
	医療法人	30	26.3	
	営利法人（株式会社、有限会社、合資会社、合名会社）	22	19.3	
	特定非営利活動法人（NPO 法人）	6	5.3	
	独立行政法人	2	1.8	
	農業協同組合	1	0.9	
	不明	6	5.3	
震災時点の開設年数（開設年度）	1 年未満（2010 年）	12	10.5	
	1 年以上 6 年未満（2005 ～ 2009 年）	40	35.1	
	6 年以上 11 年未満（2000 ～ 2004 年）	23	20.2	
	11 年以上 16 年未満（1995 ～ 1999 年）	12	10.5	
	16 年以上 21 年未満（1990 ～ 1994 年）	12	10.5	
	21 年以上 26 年未満（1985 ～ 1989 年）	7	6.1	
	26 年以上（1984 年以前）	7	6.1	
	不明	1	0.9	
計		114	100.0	

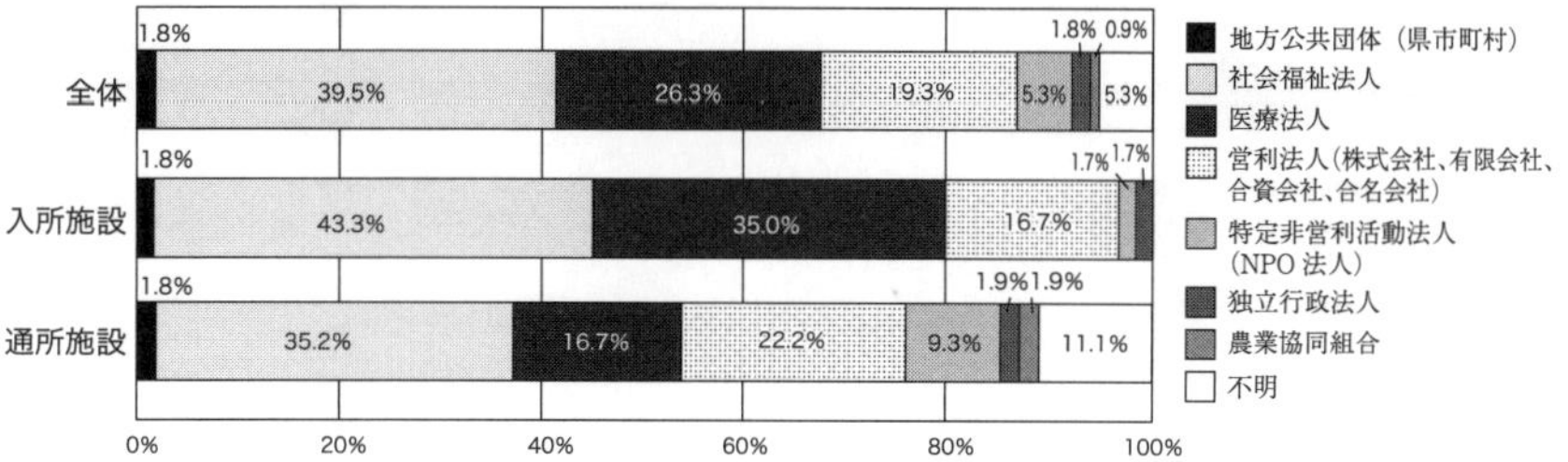

図表２　入所・通所別運営法人（入所施設 n=60, 通所施設 n=54）

は、社会福祉法人と医療法人で八割を占めるが、通所施設については、社会福祉法人が三割を占めるものの、入所施設と比較すると、医療法人の割合は減り、営利法人や特定非営利活動法人が占める割合が大きくなっている（図表２）。

開設年数について、震災のあった二〇一一年三月を基点として五年区切りでみると、「一年以上六年未満（二〇〇五〜二〇〇九年）」が最も高く三五・一％、「六年以上一一年未満（二〇〇〇〜二〇〇四年）」が二〇・二％、「一六年以上二一年未満（一九九〇〜一九九四年）」・「一一年以上一六年未満（一九九五〜一九九九年）」・「一年未満（二〇一〇年）」に開設された事業所がそれぞれ一〇・五％ずつとなっており、二〇〇〇年以降に開設された事業所だけで六割を占めている。これを、入所・通所別でみると、入所施設については、全体の傾向と同じような傾向を示しているが、通所施設については、「一年以上六年未満（二〇〇五〜二〇〇九年）」が四〇・七％、「六年以上一一年未満（二〇〇〇〜二〇〇四年）」が二二・二％、「一年未満（二〇一〇年）」一三・〇％となっており、二〇〇〇年以降に開設された比較的新しい事業所だけで四分の三を占めている（図表３）。

なお、開設年度を対象種別でみると、障害者福祉施設事業所の場合は、開所一年未満の「二〇一〇年」が八・三％、「二〇〇六〜二〇〇九年」の障害者自立支援法施行以降は三七・五％、支援費制度開始以降の「二〇〇三〜二〇〇五

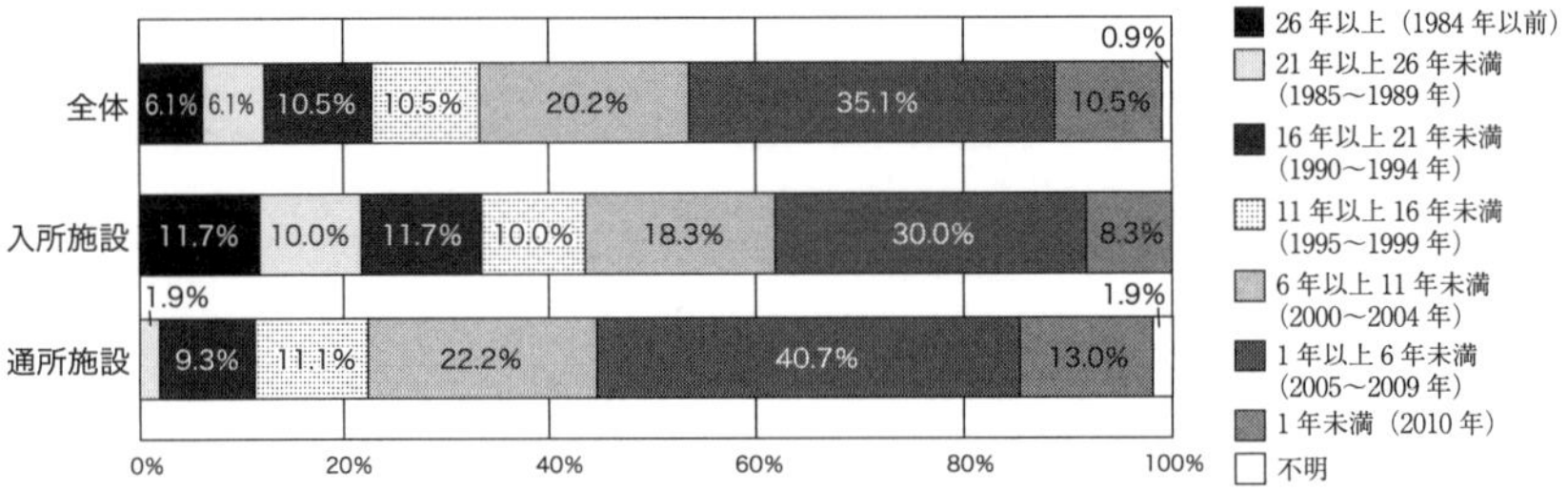

図表3　入所・通所別開設年度（入所施設 n=60，通所施設 n=54）

図表4　障害者施設事業所の設立時期

設立時期	件数	%
1992年以前	5	20.8%
1993～1999年（障害者基本法以降）	3	12.5%
2000～2002年（社会福祉基礎構造改革以降）	1	4.2%
2003～2005年（支援費制度以降）	4	16.7%
2006～2009年（障害者自立支援法以降）	9	37.5%
2010年（開所1年未満）	2	8.3%
計	24	100.0%

図表5　高齢者施設事業所の設立時期

設立時期	件数	%
1988年以前	8	9.1%
1989～1994年（ゴールドプラン以降）	11	12.5%
1994～1999年（新ゴールドプラン以降）	10	11.4%
2000～2002年（介護保険法施行以降）	12	13.6%
2003～2005年（第2期）	13	14.8%
2006～2008年（第3期）	17	19.3%
2009～2010年（第4期）	17	19.3%
計	88	100.0%

年」は一六・七%、「二〇〇〇〜二〇〇二年」は四・二%、「一九九三〜一九九九年」は一二・五%、「一九九二年以前」二〇・八%となっており、支援費制度以降にできた施設事業所だけで六二・五%と六割を占める（図表4）。また、高齢者福祉施設事業所の場合は、「二〇〇九〜二〇一〇年」・「二〇〇六〜二〇〇八年」がいずれも一九・三%、「二〇〇三〜二〇〇五年」が一四・八%、介護保険制度施行時の「二〇〇〇〜二〇〇二年」が一三・六%、新ゴールドプラン以降の「一九九四〜一九九九年」が一一・四%、ゴールドプラン以降の「一九八九〜一九九四年」が一二・五%、「一九八八年以前」が九・一%となっており、介護保険制度施行以降に開設した施設事業所だけで六七・〇%と、約七割を占めている（図表5）。

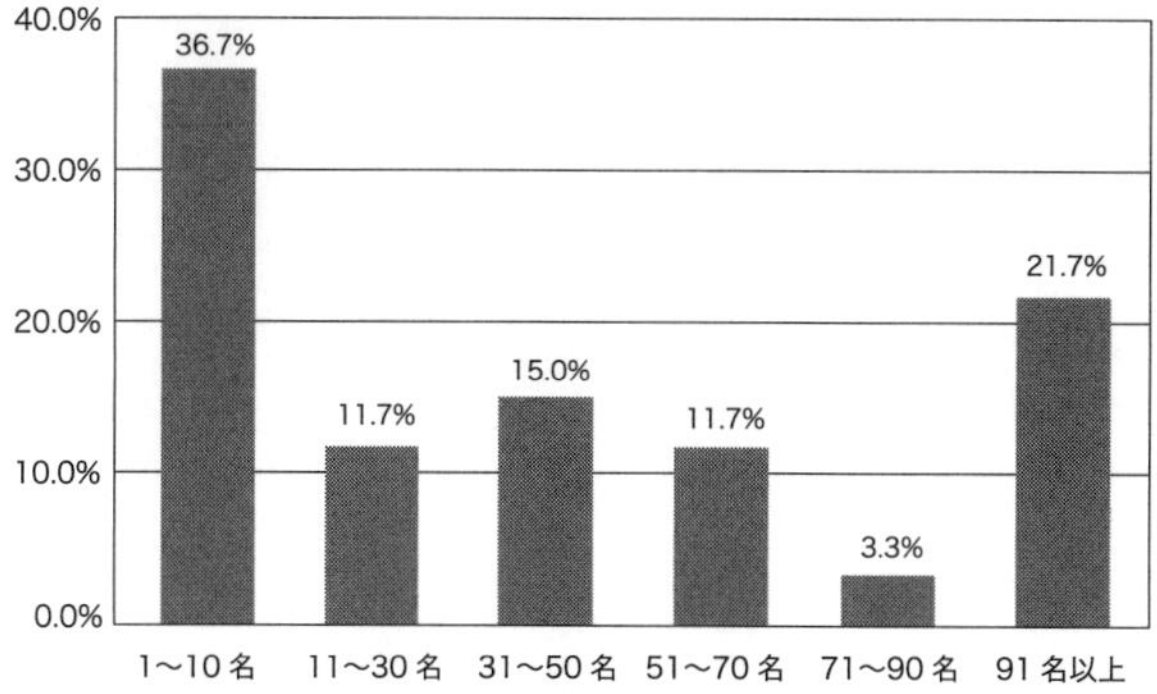

図表6　入所施設の定員（n=60）

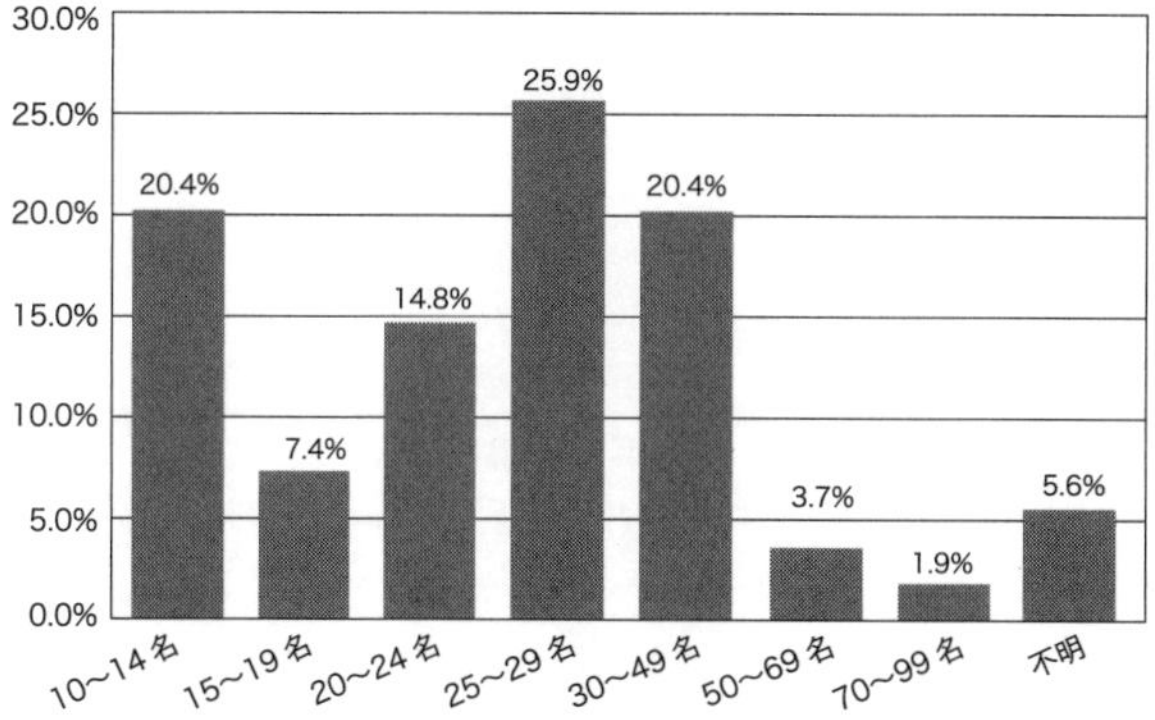

図表7　通所施設の定員（n=54）

　入所施設の定員は、「一〜一〇名」が最も割合が高く三六・七%、「一一〜三〇名」は一一・七%、「三一〜五〇名」が一五・〇%、「五一〜七〇名」が一一・七%、「七一〜九〇名」が三・三%、「九一名以上」

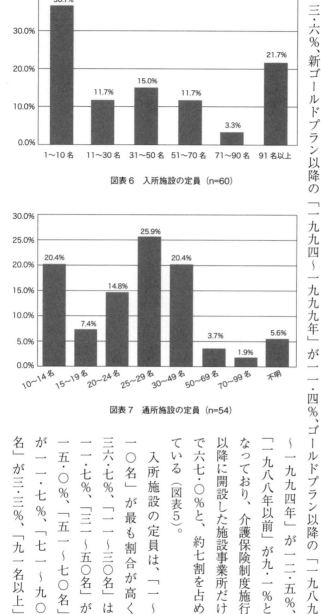

二一・七%となっている（図表6）。全体の四割近くを占める一〜一〇名規模の施設は、高齢者と障害者のグループホームであり、五一名以上の入所規模の施設は、特別養護老人ホーム、老人保健施設、障害者の施設入所支援である。また、通所施設の定員は、「一〇〜一四名」二〇・四%、「一五〜一九名」七・四%、「二〇〜二四名」一四・八%、「二五〜二九名」二五・九%、「三〇〜四九名」二〇・四%、「五〇〜六九名」三・七%、「七〇〜九九名」一・九%となっている（図表7）。

以上、回答いただいた施設事業所の特徴として言えることは、①入所施設と通所施設の割合は、約五割ずつであり偏りが少ないが、対象種別については、高齢者福祉施設事業所が八割を占め、障害者福祉施設事業所が二割であり、児童福祉施設事業所は一割にも満たないことから、種別には大きな偏りがある。よって、対象種別ごとの分析をする場合には、障害者施設と高齢者施設の分析が中心となる。また、②回答いただいた施設事業所の設置運営法人は社会福祉法人が四割、医療法人が三割弱、営利法人が二割弱、特定非営利活動法人が一割弱で、社会福祉法人と医療法人だけで七割を占めており、入所・通所別でみると、入所施設の運営法人は、全体の傾向と同様だが、通所施設については、社会福祉法人が三割を占めるものの、入所施設と比較すると、運営主体は分散していることが特徴として挙げられる。そして③施設事業所の開設年数は、障害者施設事業所については、支援費制度以降にできた施設事業所だけで六割を占め、高齢者施設事業所については、介護保険制度施行以降にできた施設事業所だけで七割を占めていることから、一〇年以下の比較的新しい施設が六割という特徴がある。最後に④入所定員について、一〜一〇名の小規模のグループホームが四割弱、五一名以上の大規模入所施設が四割弱を占めており、通所施設は、二〇〜三〇名程度の高齢者のデイサービスや障害者の事業所で四割を占めている。

以上、調査に回答いただいた施設の四つの特徴を踏まえ、続いて施設調査結果を分析していくこととする。

3　東日本大震災による岩手県沿岸社会福祉施設の被害状況（施設調査結果）

(1) 施設の建物や設備の被害について

はじめに、震災による施設の建物や設備の被害について記載する。建物が利用できなくなるレベルの被害があったと回答した事業所は二七・二％と約三割であった（図表8）。被害の内容としては、津波による建物の流出など、全壊状態の内容から、浸水による設備の使用不能といった半壊状態、ひび割れや地盤沈下による建物の使用不能など、甚大な被害状況が自由回答として記載されていた。また、施設利用に支障はないが、設備の被害があったと回答した事業所は二八・九％とこちらも約三割で、内容としては、天井、壁、柱の破損や亀裂といった回答や、備品の破損を挙げていた（図表9）。さらに、施設として所有する車の被害があったと回答した事業所は一六・七％であり（図表10）、通所施設と入所施設による違いは見られなかった。なお、車に被害があったと回答した一九の事業所のうち、六割は被害台数「一台」であるが、四割は「二台以上」の被害で、中には「五台」と回答した事業所も一割存在した（図表11）。

上記物的被害に対して、補修・修復にかかった金額は、全体として、四三・一％が「不明」の回答であったが、建物が利用できない被害にあった事業所三一ヶ所のうち補修にかかった金額（円）は、最高額の「五〇〇〇万以上」が九・七％、「一〇〇〇万以上五〇〇〇万未満」一九・四％、「五〇〇万以上一〇〇〇万未満」三・二％、「一〇〇万以上五〇〇万未満」六・五％、「五〇万以上一〇〇万未満」六・五％、「一〇万以上五〇万未

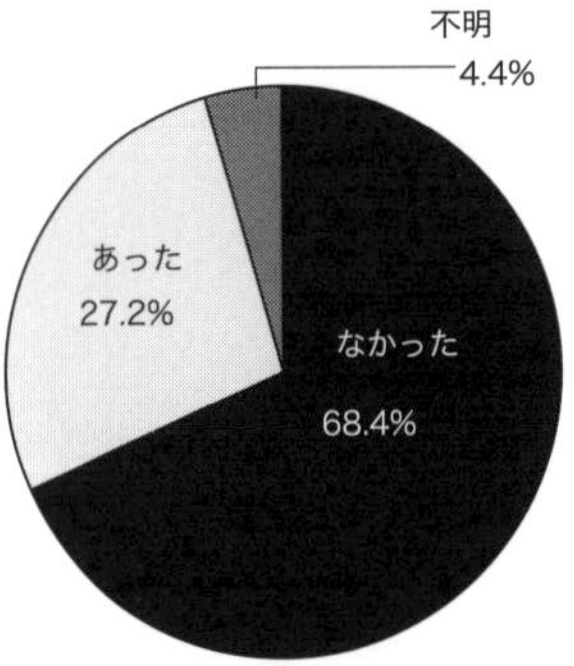

図表８　建物や施設が利用できない被害
（n=114）

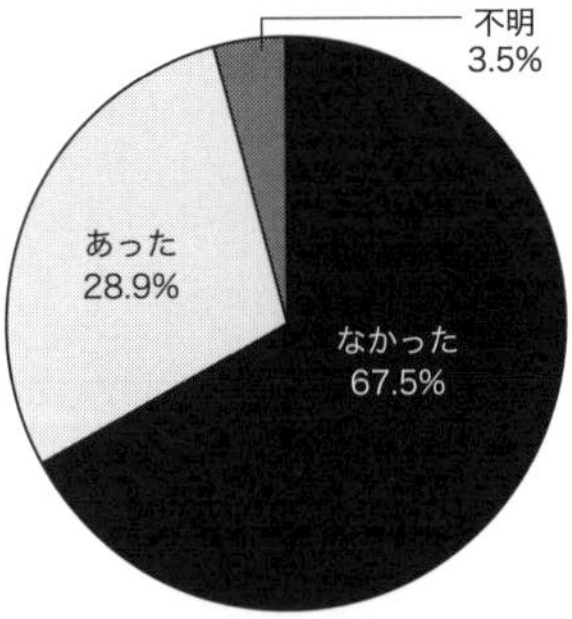

図表９　建物や設備等の利用に支障のない被害
（n=114）

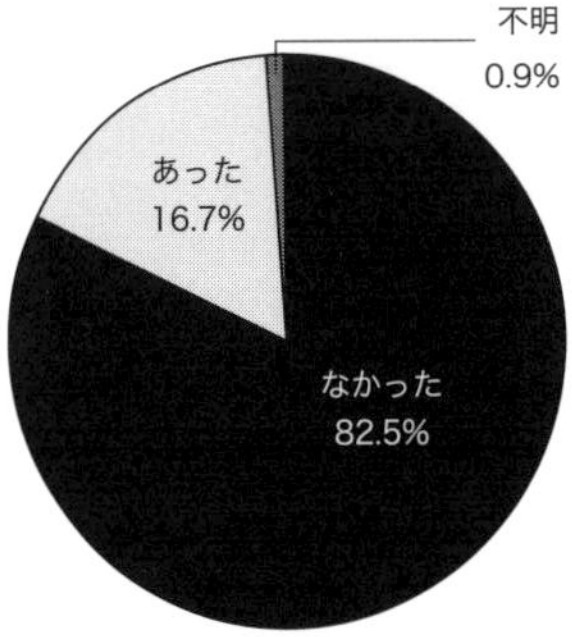

図表10　所有する車の被害（n=114）

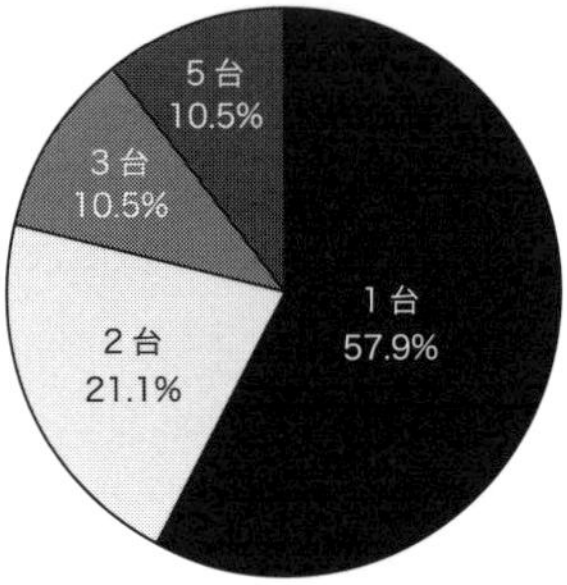

図表11　所有する車の被害台数（n=19）

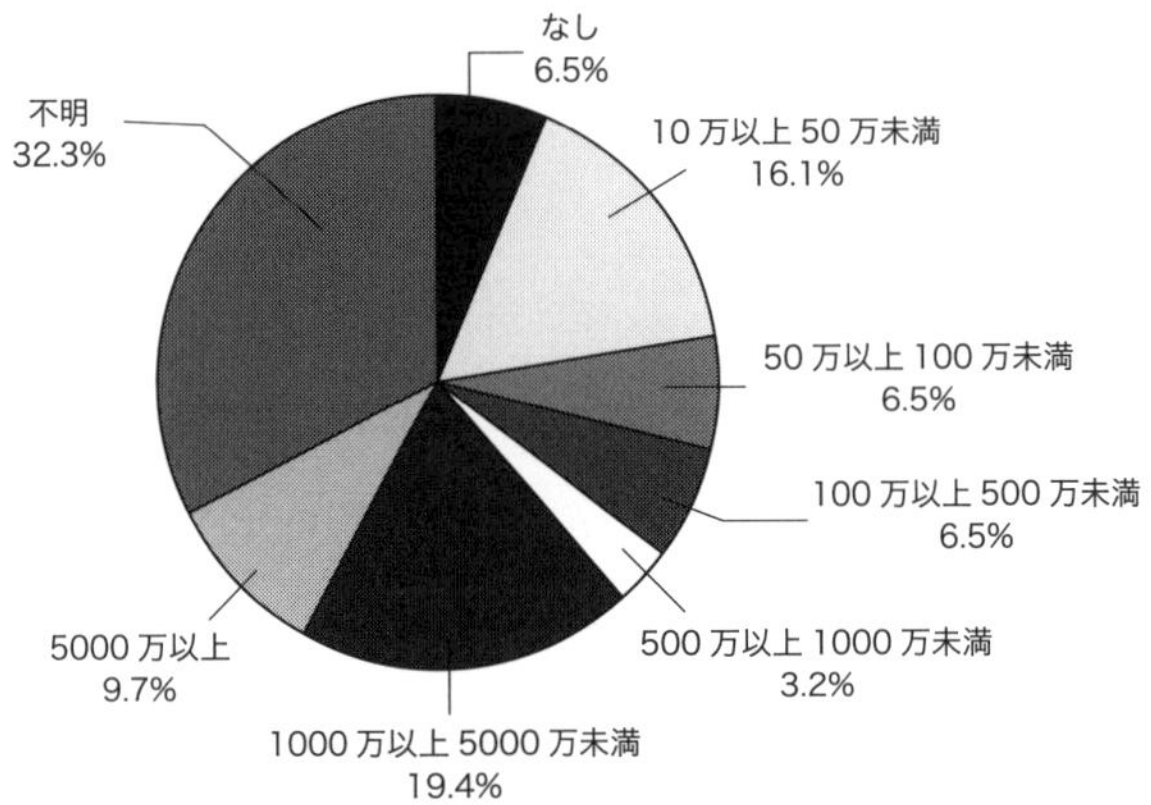

図表12　建物や設備が利用できない被害にあった事業所の補修・修復にかかった金額〈円〉（n=31）

満」一六・一％、「なし」六・九％となっており、ここでも三割が「不明」の回答で、一〇〇〇万以上の被害は三割であった（図表12）。不明が多かったのは、事業は再開していても、完全に建物が復旧できていない事業所が多いためだと思われ、不明と回答した事業所の三分の一が、建物や設備が利用できない被害にあった事業所であった[6]。

〈自由回答一覧〉※原文のまま記載

①施設利用に支障があるレベルの被害の内容

・全壊（11）
・一階が浸水したため、設備、物品がすべて使えなくなった（2）
・天井、壁、柱等の破損、ひび割れ等（11）
・二階のＳＰの漏水により居室の一部一ヶ月使用不能
・水道管、埋没配管、注水管破損（7）
・電気、水道、電話等のライフラインの遮断（4）
・ボイラー設備、入浴用設備の破損（3）
・自家発電故障
・建具の不具合
・ガス警報機鳴り、お湯を沸かせなかった

・駐車場の亀裂が大きく使えなくなった
・一〇坪程度の倉庫、仕事場使用不能。地盤沈下、亀裂。二八坪仕事場かたむく
・厨房機器、食器、食器棚の損壊（3）
・建具のゆがみにより開閉できない

②施設利用には支障がないレベルの被害の内容

・天井、壁、柱の破損・亀裂（23）
・照明器具、家具、家電、厨房機器等備品の破損（8）
・窓ガラスが割れる、外れる（7）
・配水管破損、水漏れ（4）
・パネルヒーター・空調管破損、ボイラー破損等（3）
・地割れ、地盤沈下等（2）
・建具のゆがみ、戸が開かなくなった等（2）
・建物接合部破損（2）
・停電、断水（2）

③施設建物、車以外の被害の内容

・地盤沈下（3）

・所有物すべて流出（2）同敷地内の蔵も同様。
・食器類の破損（2）
・テレビの落下による破損
・納入する予定の電化製品（冷蔵庫、レンジ、オーブン）
・備品
・倉庫、自転車
・パイプハウス備品等
・什器、備品、鉄鋼ハウス、他
・事務所の床五〇cmまで浸水し、書類が汚れてしまった
金庫の中にしまっていた手帳類も汚れてしまった
・施設周辺の陥没、建物のひび
・構内亀裂・陥没。敷津裏側法面崩れ
・建物が建っている斜面がくずれた
・よう壁のくずれ
・地割れ
・玄関、台所、浴室の戸の開閉
・職員一名死亡

（2）施設・事業所に勤務する職員の状況について

一方で震災による人的被害のうち、施設・事業所で働く職員の被害状況についてはどうであったのか、職員の被害状況について記載する。震災の直接的影響で「亡くなった」職員がいる事業所は一〇・五％、「行方不明」、「ケガ」をした職員についてはそれぞれ二・六％の事業所が「いた」と回答している（図表13）。また、家族を亡

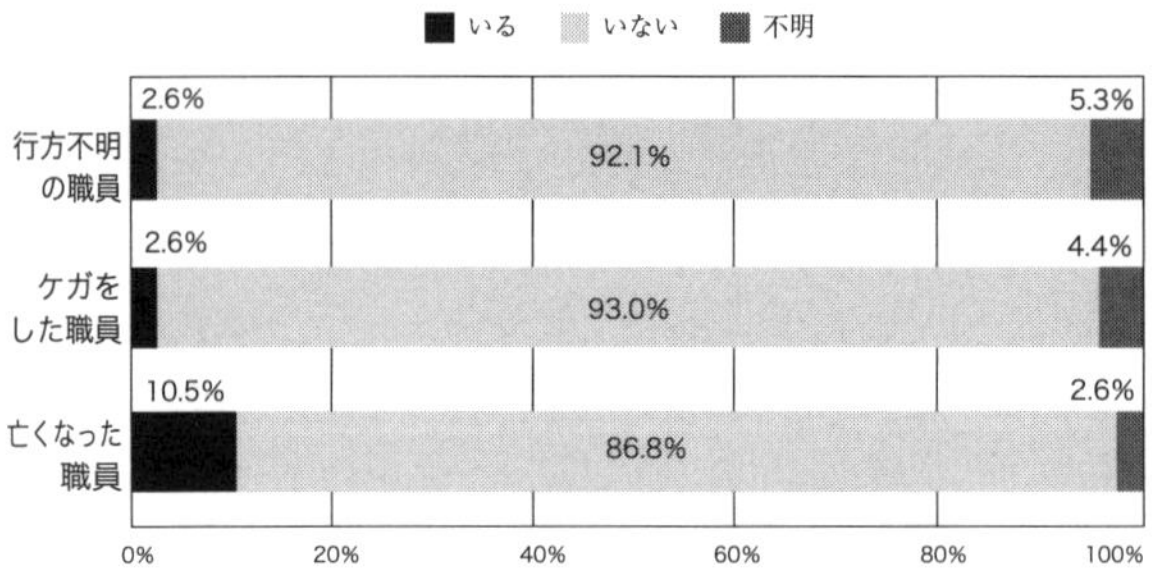

図表 13　震災による直接的被害〈職員〉（n=114）

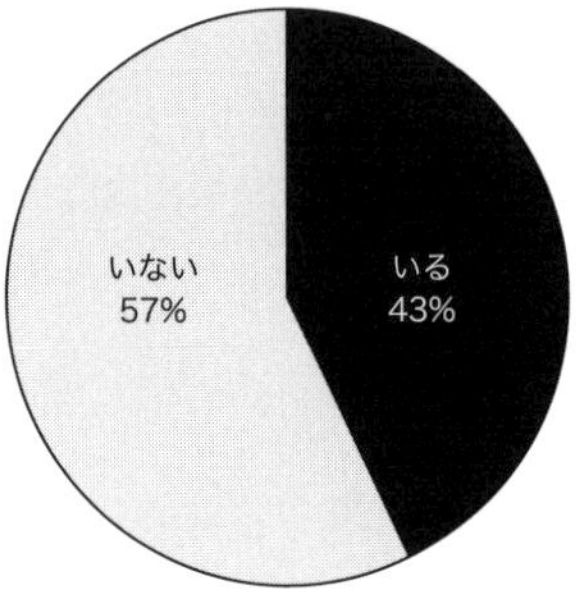

図表 14　家族を亡くした職員（n=114）

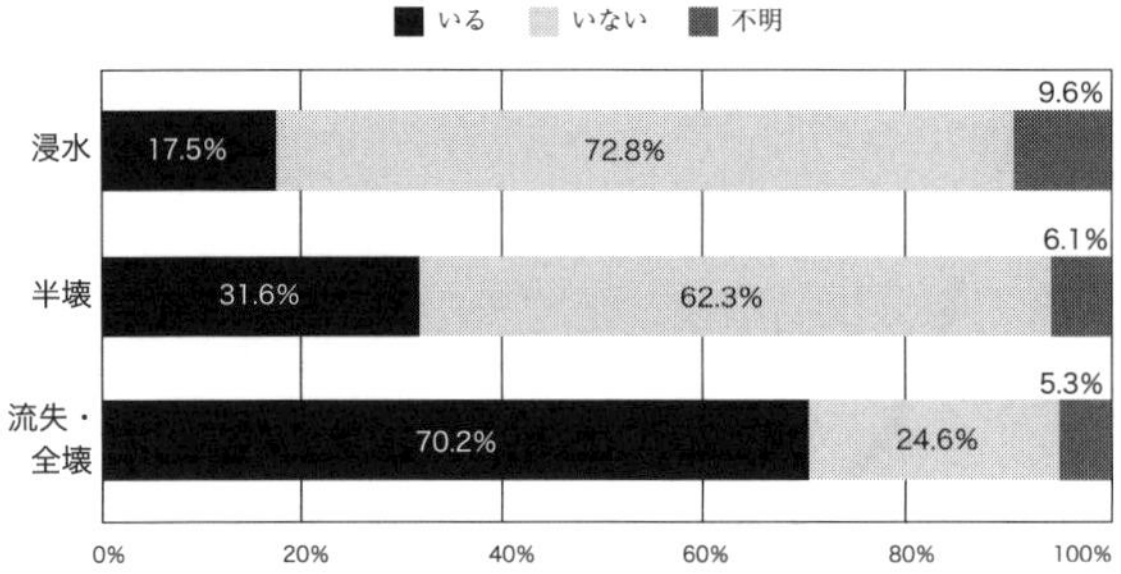

図表 15　職員の自宅の被災状況（n=114）

くした職員が「いる」と回答した事業所は四三・〇％（図表14）、職員の自宅の被災状況については、「流出・全壊」した職員が「いる」と回答した事業所は七〇・二％、「半壊」は三一・六％、「浸水」は一七・五％となっており（図表15）、四割の施設が家族を亡くした職員を抱え、七割以上の施設が自宅に大きな被害を受けた職員を抱えていたことがわかる。

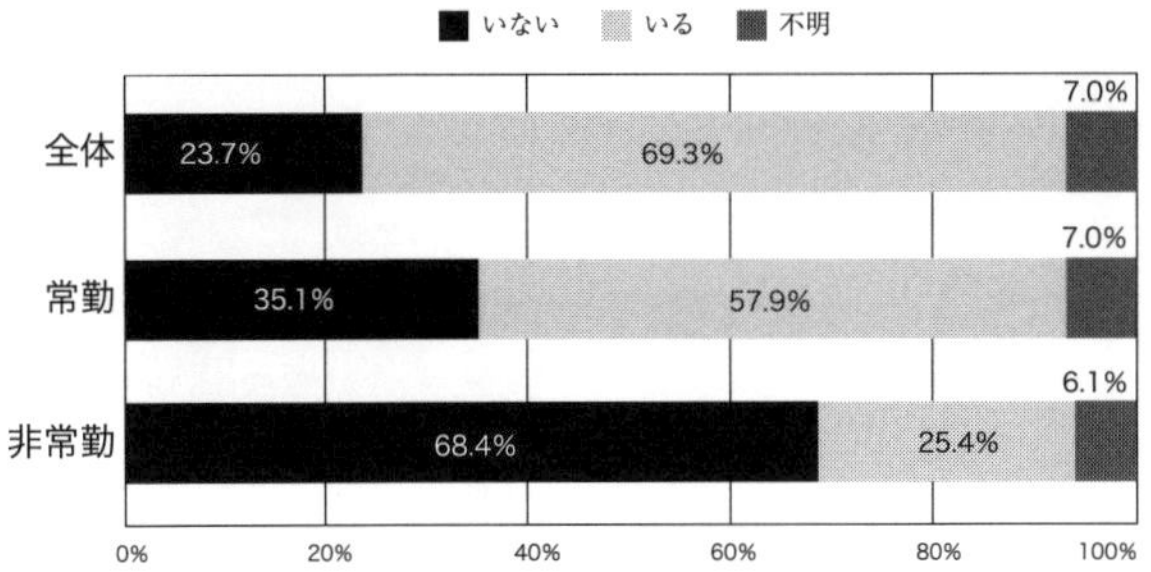

図表 16　退職した職員はいるか（n=114）

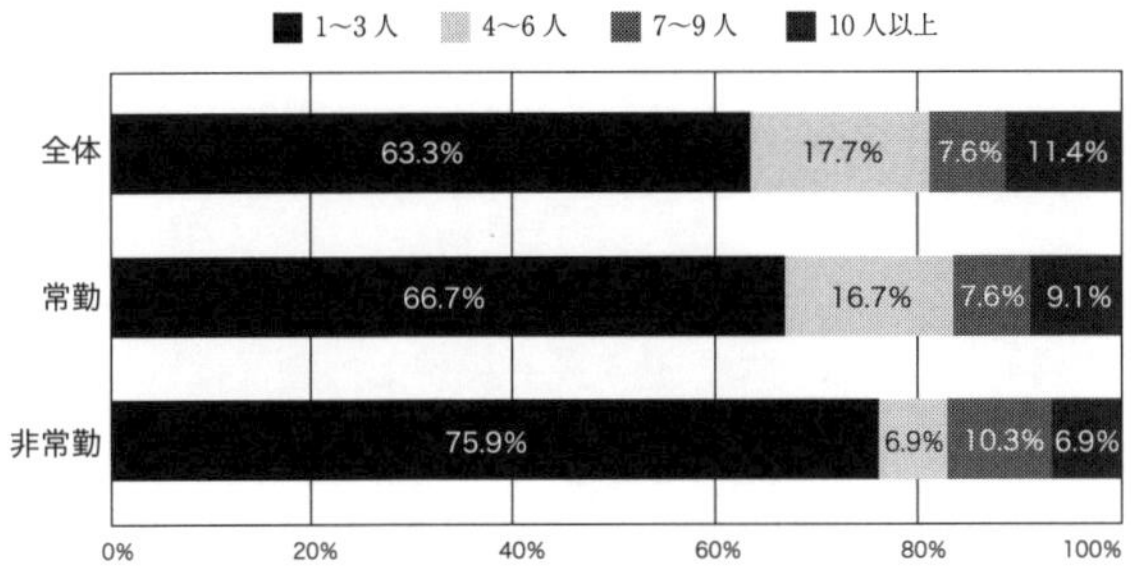

図表 17　退職した職員数（n=79）

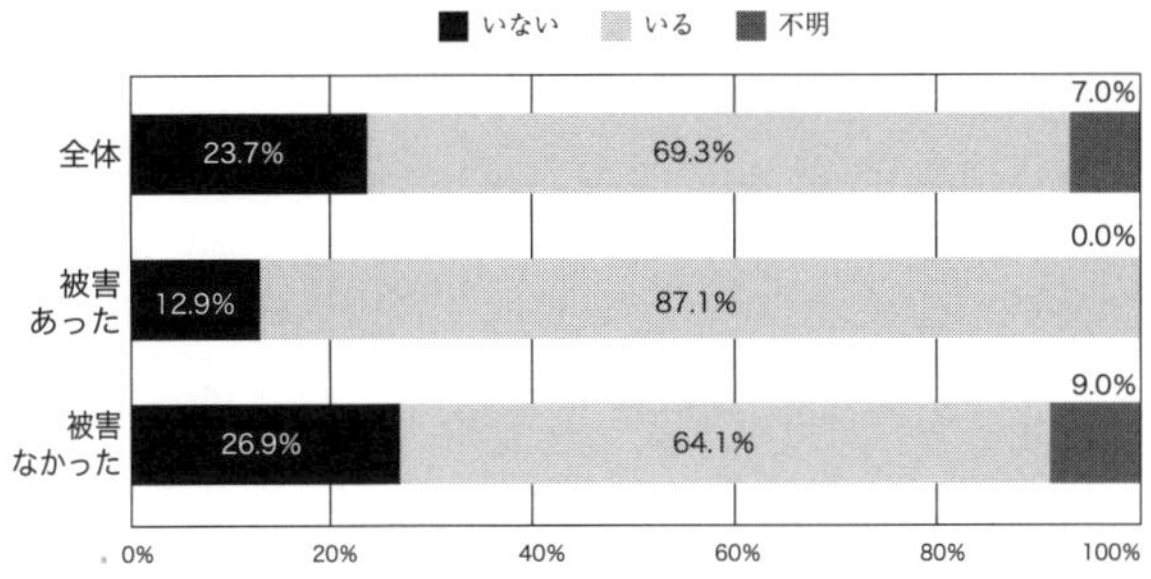

図表 18　建物が利用できない被害と退職した職員（n=114）

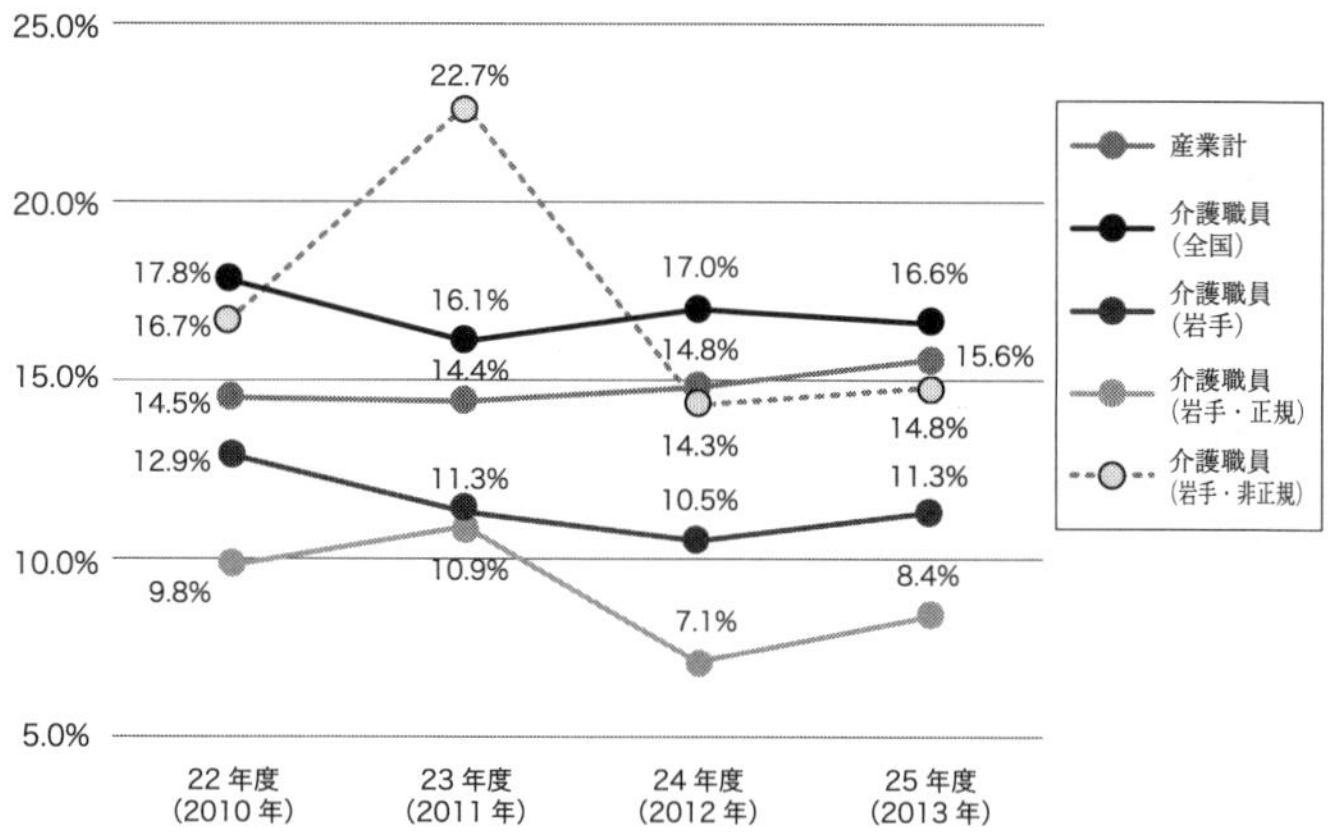

図表19　産業計と介護職員（全国・岩手）の離職率の比較

※平成22～25年度介護労働実態調査結果（公益財団法人　介護労働安定センター）より抜粋し筆者作成。
※産業計については第1回社会保障審議会福祉部会福祉人材確保専門委員会　平成26年10月27日資料「介護人材の確保について」の「離職率・採用率の状況（就業形態別、推移等）について」から抜粋。

震災から一年の間に退職した職員がいるかどうかについて、退職した職員がいる事業所は六九・三%、いなかったのは二三・七%であった。これを常勤と非常勤に分けて聞いたところ、退職した常勤職員が「いる」と回答した施設は五七・九%、非常勤職員の場合は二五・四%であり、退職した職員が常勤職員である事業所の割合は六割と高い（図表16）。震災があってもなくても、例えば結婚や出産、転職や定年等で退職する職員は毎年数人はいると予想されることから、今度は退職した職員が「いる」と回答した七九事業所の退職者数について見ると、六割が「一～三人」ではあるが、常勤職員について、「一〇人以上」という施設も約一割あった（図表17）。また、建物が利用できない被害があった事業所において、退職職員がいると回答した割合は、被害がなかった事業所よりも二〇ポイント以上も高く、八七・一%となっており、被災状況による大きな差が見られ（図表18）、職員の退職は震災の影響を大きく受けていることがわかる。

一般的に介護の離職率の高さは指摘されているところであり、厚生労働省の資料によると[7]、産業計、つまり一般労働者と介護職員を震災後の二〇一二年（二〇一一年一〇月一日～二〇一二年九月三〇日までの一年間）で比較すると、産業計の離職率は一四・八％、介護職員が一七・〇％となっており、介護職員の離職率が高い。しかし、同年の岩手県内のみの介護職員の状況[8]は一〇・五％で、一般労働者と全国の介護職員の離職率との比較では岩手の離職率は低い。また岩手の介護職員のうち正規職員の離職率が七・一％なのに対し、非正規は一四・七％と、非正規職員の介護職の離職率が岩手全体の介護職の離職率を押し上げている状況にある（図表19）。ただ、我々の調査結果からは、建物が利用できない被害があった事業所のほうが職員が退職した割合が高く、また、常勤職員が退職したとする事業所の割合が、非常勤職員が退職したとする事業所よりも割合が高いという結果も出ており[9]、沿岸部の施設が震災の影響を大きく受け、同じ岩手県内でも状況が異なっていることが予想される。

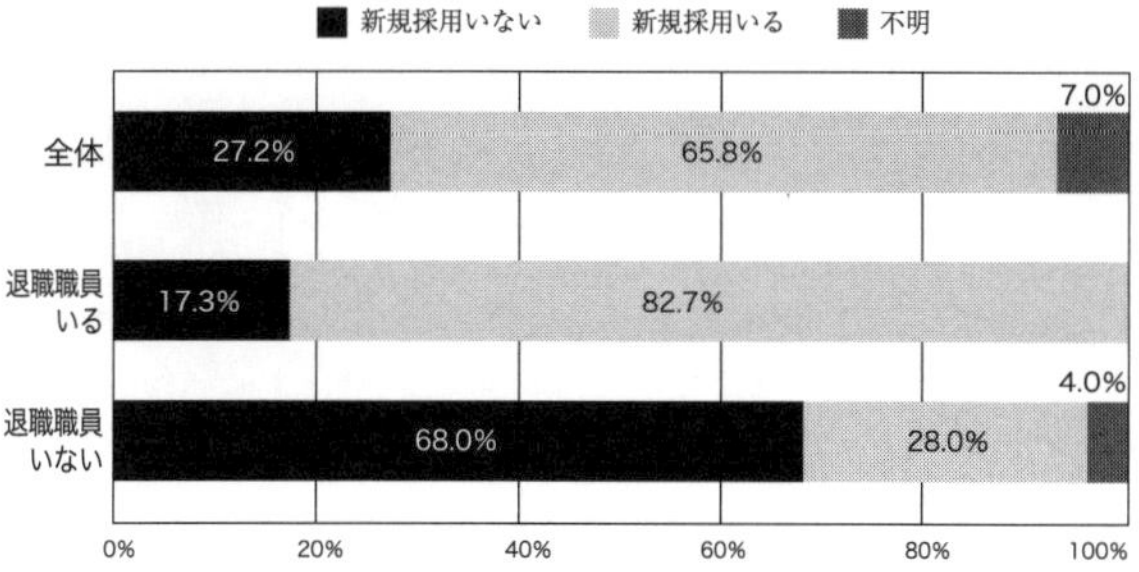

図表20　退職職員と新採用職員（n=114）

一方、新規採用についてみていくと、新規で職員を採用した施設は全体の六五・八％で、震災から一年の間に退職職員がいた施設のうち、八二・七％が職員の新規採用をしており、退職職員がいなかった事業所でも三割の施設で新規採用している。ただ、退職職員がいたにもかかわらず、新規採用できていない施設も二割弱あった（図表20）。採用した職員について、常勤と非常勤に分けてきいたところ、常勤職員を採用した施設は五一・八％、非常勤職員を採用した施設は三〇・七％であった。また、採用した常勤職員のうち、社会福祉施設の仕事経験者を採用した施設は三七・三％で、残りの六割の施設が未経験者の採用であり、非常勤にいたっては七割の施設が未経験者の採用であった。

この状況について、前掲の厚生労働省の資料のうち、今度は採用率から一般労働者と全国の介護職員、岩手の介護職員との比較をすると、震災後の二〇一二年（二〇一一年一〇月一日〜二〇一二年九月三〇日までの一年間）の産業計の採用率は一四・八%、全国の介護職員が二三・三%、岩手県の介護職員は一二・九%で、岩手県の介護職員の採用率は低く、前年と比較すると五ポイントも低下している。また、内訳は正規職員が六・九%に対し、非正規が一九・五%となっ

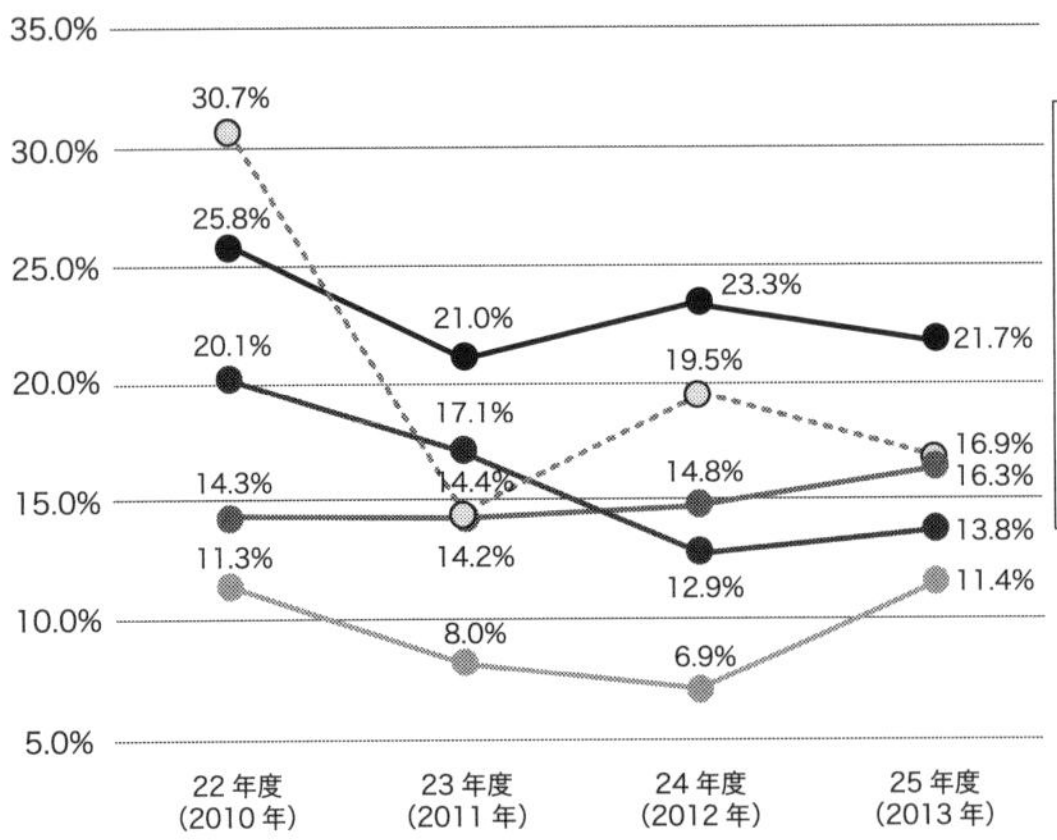

図表21　産業計と介護職員（全国・岩手）の採用率の比較
※平成22〜25年度介護労働実態調査結果（公益財団法人介護労働安定センター）より抜粋し筆者作成。
※産業計については第1回社会保障審議会福祉部会福祉人材確保専門委員会　平成26年10月27日資料「介護人材の確保について」の「離職率・採用率の状況（就業形態別、推移等）について」から抜粋。

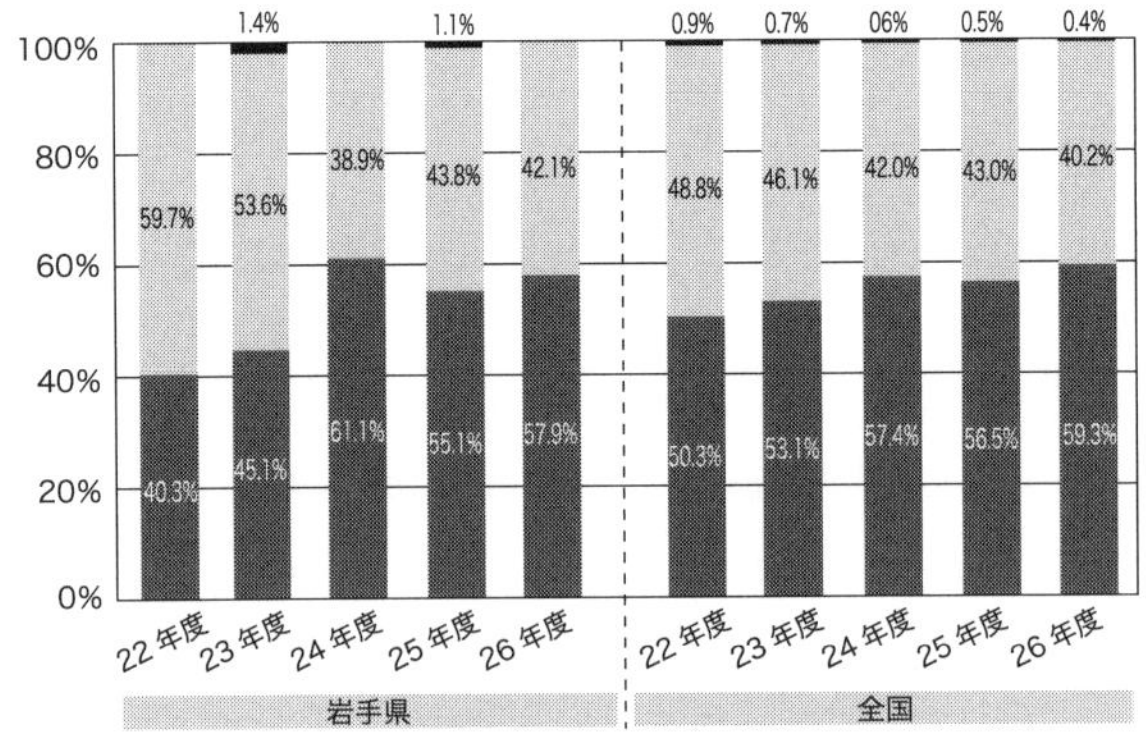

図表22　全国・岩手従業員の過不足の比較
※平成22〜26年度介護労働実態調査結果(公益財団法人介護労働安定センター)より抜粋し筆者作成。
※不足感は「大いに不足」「不足」「やや不足」の合計。

ており、正規と非正規との比較では非正規の採用率が高い状況にあり、前年と比較すると、採用率が低下しているのは正規職員で、上昇したのは非正規職員である（図表21）。こちらも、我々の調査結果からは常勤職員を採用したとする事業所のほうが、非常勤を採用したとする事業所よりも割合が高いという結果が出ていた。もちろん退職と採用がリンクしているのは当たり前で増加率としては変化がない、あるいは増えていれば問題ないが、正規職員の増加率はマイナス一％に対し、非正規職員増加率は五％と高い。正規職員が退職したことに伴う正規職員の採用より、一部、非正規職員の採用に流れている傾向があるのではないかと考えられる。

なお、同じ「介護労働実態調査」では従業員の過不足の状況についても聞いているが、岩手は震災後の二〇一二年の調査結果から、不足感が大幅に高くなっている（図表22）。二〇一〇年の結果までは、全国と比較すると不足感は低い傾向にあったが、震災直後の年だけ大幅に上昇し、以降は全国の結果を下回るものの不足感が高い状況が続いている。岩手全体としては介護職員の離職率は低く採用率も低いが、震災を契機に職員不足を感じるようになった背景としては、一施設あるいは一職員あたりの担当利用者の数や、一つひとつのケースが重度化していることが考えられる。

（3）施設の入所者及び事業所の利用者の状況について

続いて震災による人的被害のうち、入所者及び利用者の被害状況について記載する。震災の直接的影響で「亡くなった」利用者がいる事業所は二一・一％、「行方不明」は五・三％、「ケガ」は五・三％であった（図表23）。一方、震災の直接の影響ではなく、震災がなければ入院したり病気が悪化したり亡くなったりはしなかったであろう、いわゆる「震災関連死」や震災による体調の変化について、入所施設にのみ聞いたところ、「病気になったり悪化した」入所者がいる事業所は一一・七％、「入院した」入所者がいる事業所は八・三％、「亡くなった」入所者がいる事業所は一〇・〇％であった（図表24）。

また、被災地特例で、定員超過の受け入れが可能になっていたことから[10]、震災から一年後の入所者数と入所定員を比較し、一年後も定員超過の状況にあるかどうかを比較したところ、定員より多く受け入れていた施設は二三・三％、少ないのは三〇・〇％、定員通りの入所者数であったのは四一・七％であった。震災直後のデータはなく比較できないものの、震災から一年が経過していても、定員よりも多く受入れていた施設が二割あり、最も多いところで五四名超過して受入れているところもあった。これを建物が流された等の被害があったかどうかと比較をしたところ、被害があったほうがなかったほうより定員より多く受け入れているとする割合が一〇ポイント高い結果であった。また、退職した職員がいるかどうかとの比較では、退職した職員がいる施設のほうが定員より少ない入所者数となっていた（図表25）。

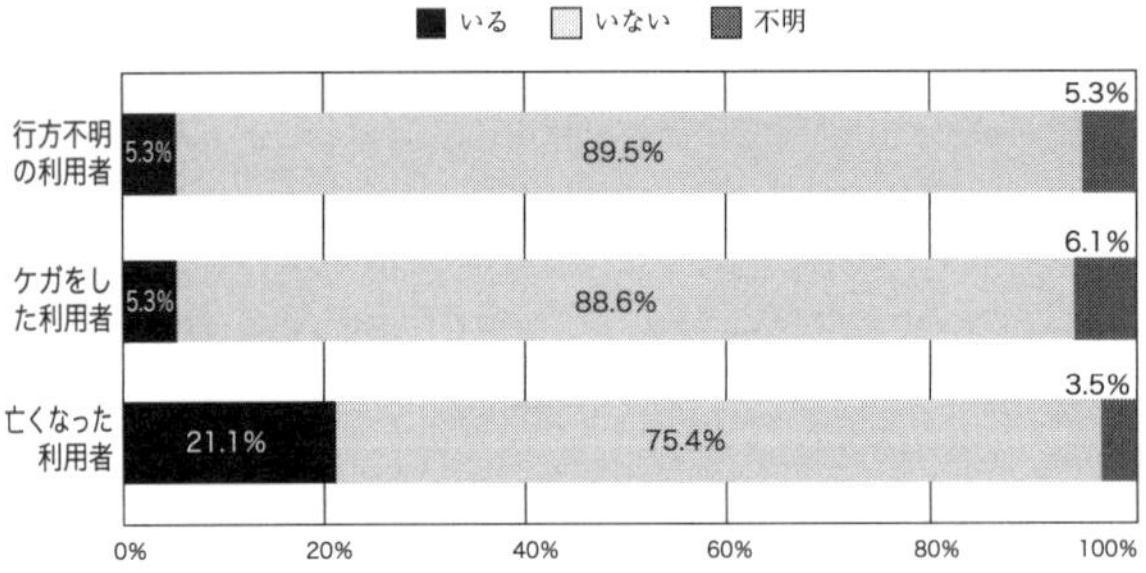

図表23　震災による直接的被害〈入所者・利用者〉（n=114）

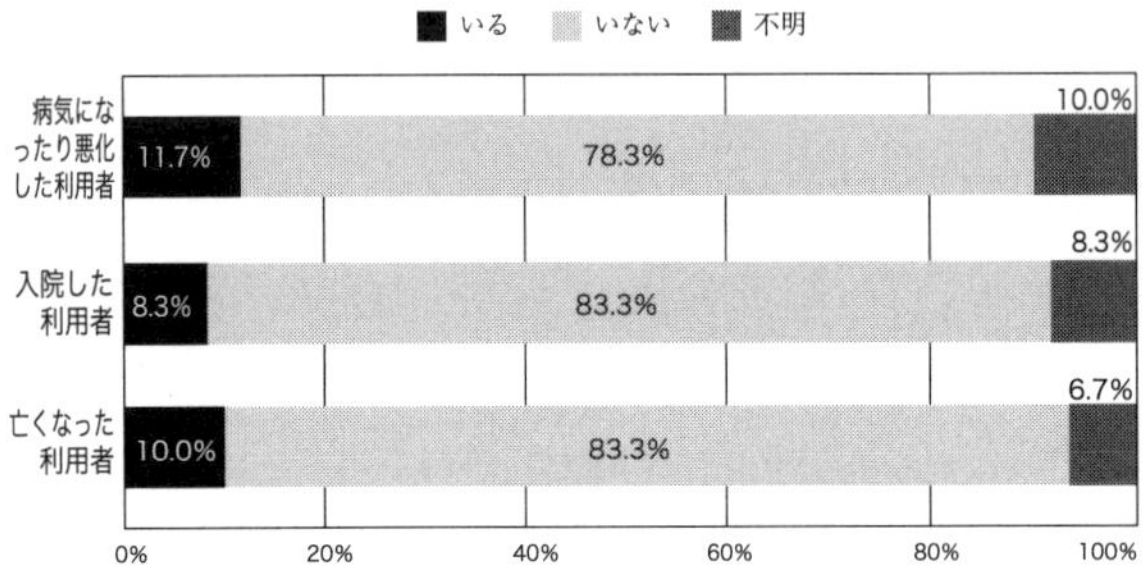

図表24　震災による間接的被害〈入所者〉（n=60 入所施設のみ）

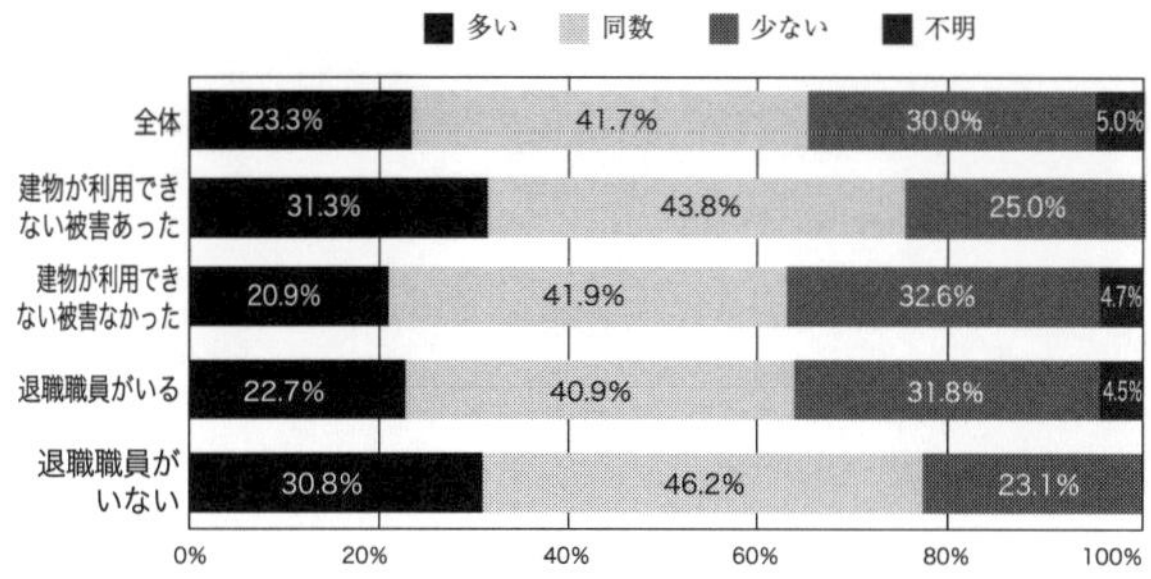

図表25　施設の被害及び退職職員の有無から見る入所定員と実際の入所者数（n=60）

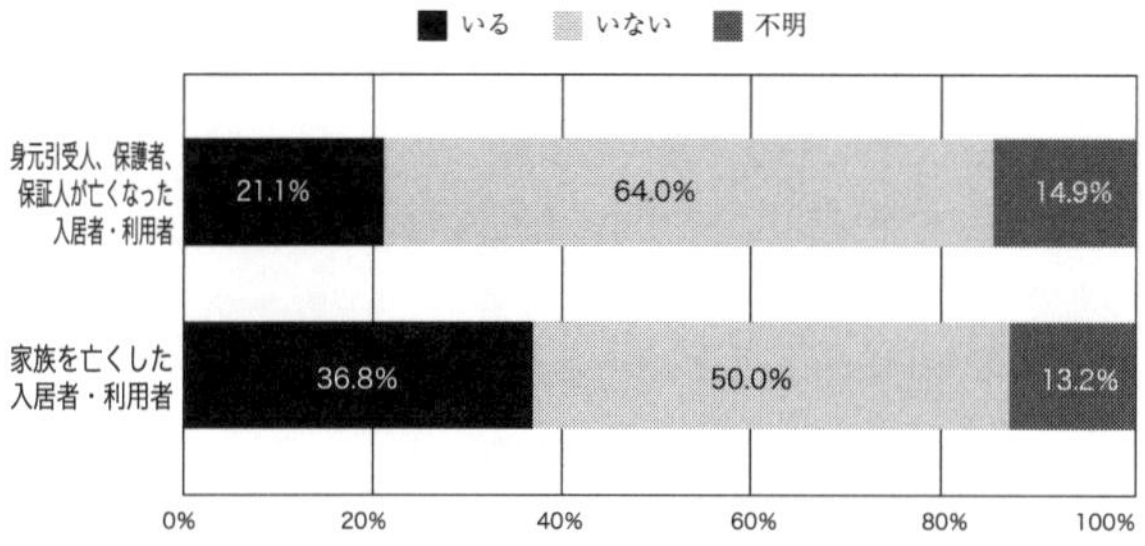

図表26　入所者、利用者家族の被災状況（n=114）

なお、入所者、利用者の中に、身元引受人、保護者、保証人を亡くした人がいる事業所は二一・一%、さらに、家族を亡くした人まで対象を広げると三六・八%（図表26）、入所者、利用者の自宅の被害状況については、「流出・全壊」した入所者、利用者がいる事業所は六二・三%であった（図表27）。

震災による影響のなかでも利用者の状況について、通所施設に絞ってみてみると、七割の事業所が一人暮しの利用登録者を抱えており、自宅の建物が「流出・全壊」した利用者がいるかどうかでは、入所施設より通所施設のほうが自宅に大きな被害を受けた利用者がいるとする割合が若干高い状況であった（『施設調査報告書』一七～一八頁参照）。通所施設については、そもそも宿泊できるだけの設備や備蓄が充分でない中、震災直後から避難所として機能していた実態が、我々の調査からも明らかになっているが[11]、入所施設的な支援をしながら、一人暮らし利用者の状況把握や、家屋が全壊した利用者の震災後のフォロー、特に避難所から仮設住宅での生活支援まで行っていたことを考えると相当な苦労と困難を抱えていたであろうことが想像できる。

通所施設の状況をさらに詳しく見てみる。震災前と震災から一年後の利用登録者数を比較したところ、登録者が増えた施設は三三・三%、減った施設は四〇・七%、同数なのは一四・八%と、登録者の減った施設の割合が若干高いものの、状況としては二極化している（図表28）。ちなみに、通所施設であれば、固定の利用者が毎日利用することがない限り、一日の利用定員より登録者が多くなければ事業運営としてはなかなか厳しいところであり、開設したばかりの施設を除けば、基本的には定員より多く登録されていると考えられるが、定員と震災前の登録者数、定員と震災後の登録者数を比較したところ、震災前は九五%の施設が定員あるいはそれ以上の登録者がいたにもかかわらず、震災後は、定員以下の登録者数の施設が一割を超えている。事業所規模でいうと、二〇名〜三〇名定員の通所施設である。登録者数の増減については、事業所の

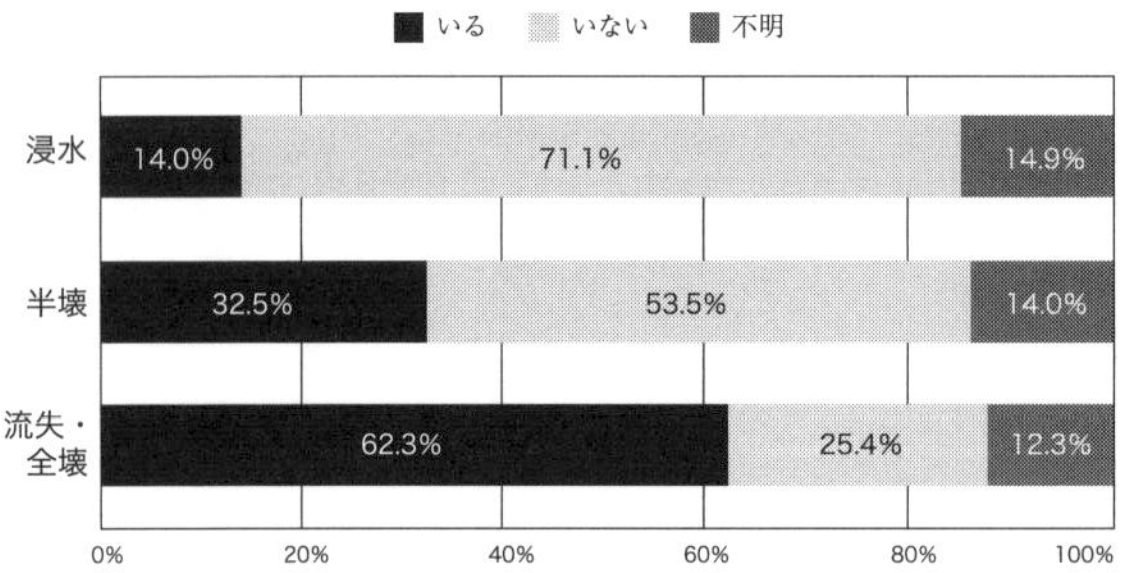

図表 27　入所者、利用者の家屋の被害状況（n=114）

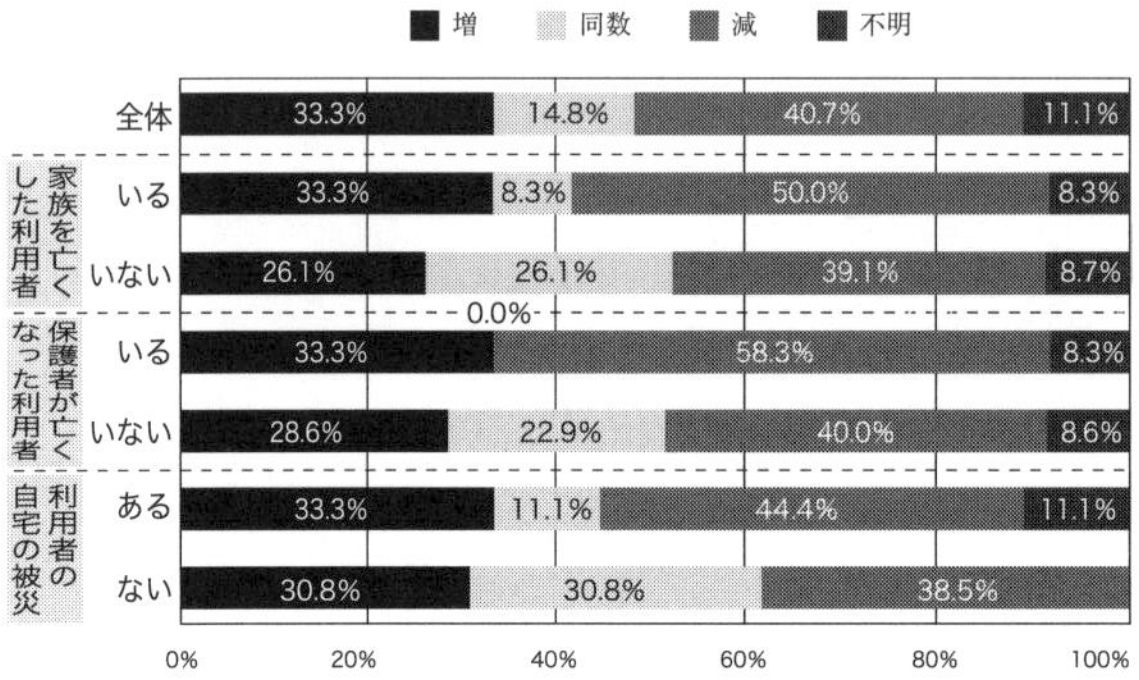

図表 28　利用者の被災状況と震災前と震災から 1 年後の
登録者数の増減（通所施設 n=54）

建物の被害の大きさで大きな違いは見られなかったが、自宅が大きな被害を受けた利用者がいるかどうかでは、「いる」と回答した事業所のほうが、保護者や身元引受人が亡くなった利用者がいるかどうかでは、「いる」と回答した事業所のほうが、それぞれ震災後の登録者数が減っていた（図表28）。

また、震災から一年間で利用停止となった利用者の内訳についてみていくと[12]、利用者の死亡による利用停止があったとする事業所は七八・〇％、施設入所による利用停止があったとする事業所は七二・五％、転居による利用停止があったとする事業所は六七・五％であった（図表29）。死亡による利用停止や施設入所による利用停止は、震災があったとしてもなかったとしてもありうることであり、震災による影響を受けているかどうかはこのデータだけではいえない。しかし、転居による利用停止の有無を詳細にみていくと、建物の被害がなかった事業所では六四・〇％なのに対し、被害が大きかった事業所の七五・〇％が利用停止があったと回答している。また、全壊等自宅の被害が大きかった利用者がいるかどうかと施設入

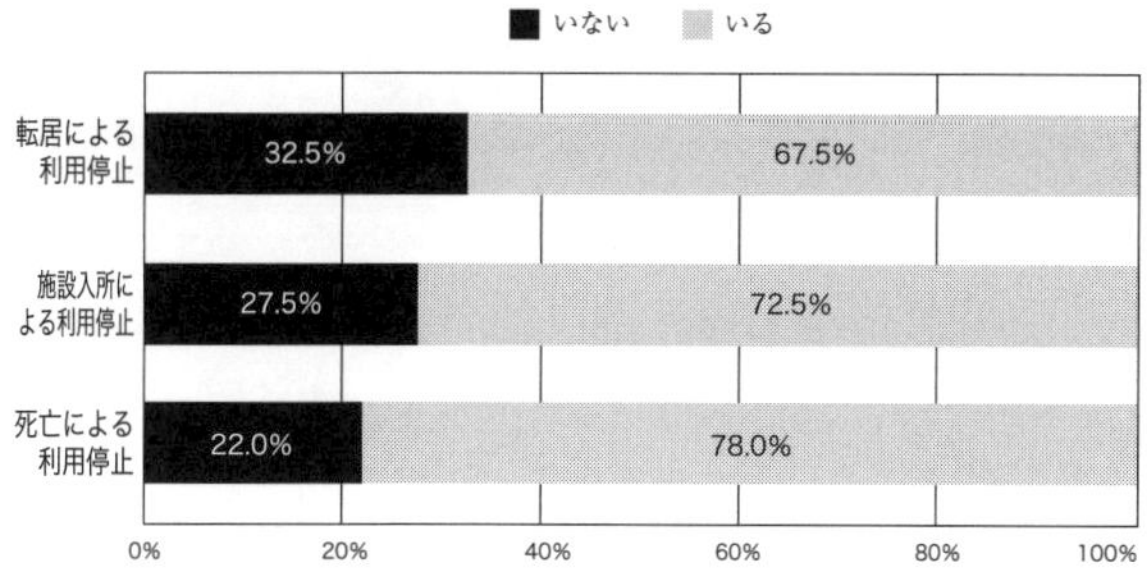

図表29　震災から1年の間の利用停止（通所施設 n=40）

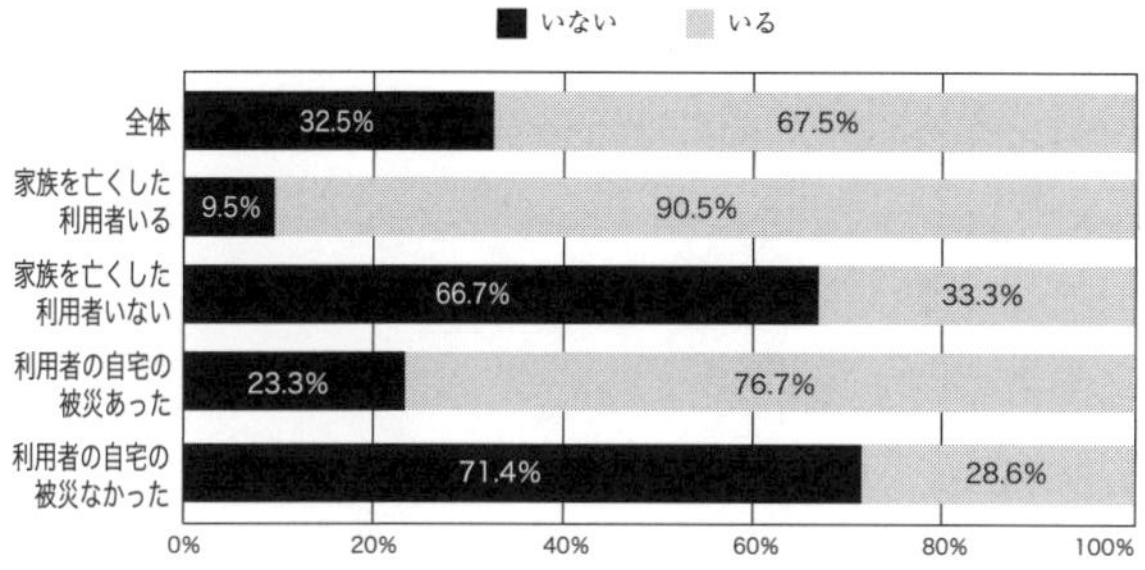

図表30　利用者の被災状況と転居による利用停止（通所施設 n=40）

所による利用停止の人がいたかどうかについては、際立った特徴はみられなかったが、自宅の被害が大きかった利用者がいない事業所では転居による利用停止はわずか二八・六％なのに対し、自宅の被害が大きかった利用者がいる事業所の七六・七％が転居による利用停止があったと回答していた（図表30）。これは通所事業所とそこに通う利用者の自宅が地理的にも近いことが予想され、事業所の建物も利用者の自宅も被害が大きかった地域については、事業所の建物やサービスは再開できても、利用者は転居せざるを得ず、必然的にサービスも利用停止せざるを得なかったものと思われる。

また、同居家族を亡くした利用者がいるかどうかと、利用者の施設入所による利用停止は際立った特徴は見られないが、家族を亡くした利用者がいたかどうかと、利用者の転居による利用停止には特徴がみられ、家族を亡くした利用者がいる事業所の九〇・五％が転居による利用停止があったと回答していた（図表30）。

4　東日本大震災による岩手県沿岸社会福祉施設の被害状況のまとめと考察

以下では、岩手県の沿岸市町村にある社会福祉施設の建物、入所者・利用者、職員の被害状況についてのまとめと考察をしたい。

第一に、施設の被害状況について、建物や設備に利用ができなくなるレベルの被害があったと回答した事業所は全体の約三割であった。補修・修復にかかった金額については、全体の四割が不明という回答であり、そのうちの三分の一が、建物や設備が利用できない被害にあった事業所であった。これは、事業は再開していても、完全に建物が復旧できておらず、震災後一年経っているにもかかわらず、建物の一部を間借りし、借用しながら事業を続けている事業所もあるためだと思われる。また、建物が利用できない被害にあった事業所のうち、補修・修復総額が一〇〇〇万円以上のところが三割もあり、今回の震災による被害の甚大さがあらわれている。

第二に、職員の被害状況について、今回調査に回答いただいた施設の一割が、震災で職員を亡くし、二割が利用者を亡くしている。その上、家族を亡くした職員がいる施設が四割、自宅が大きな被害を受けた職員がいる施設が七割と、多くの施設や事業所が、悲しみや辛さを抱えながら稼動していることがわかった。職員の仕事の継続は、残された利用者に対する思いや責任と、自身の生活や家族を養わなければならない現実的な理由もあるのであろうが、退職した職員がいる施設で、新規採用ができなかったのは二割もあり、採用しても職員に社会福祉の仕事経験者も少ない状況で、一人ひとりの業務量と業務負担も非常に重い状況であったことが推察された[13]。それは、震災から一年が経過していても、定員よりも多く受入れていた施設が一割あることや、建物が流された等の被害があったほうがなかったほうより定員より多く受け入れている割合が高いことからも推察される。また、退職した職員がいる施設のほうが定員より少ない入所者数となっていたことから、場合によってはサービスを縮小せざるを得なかったことも予想された。

第三に、入所者・利用者の被害状況について、震災による直接的影響で亡くなった利用者がいる事業所は二割、利用者に行方不明者がいる事業所は一割弱、地震や津波による避難や移動を強いられたなかで、間接的影響で亡くなった利用者がいる事業所は一割、病気になったり悪化した利用者がいる事業所は一割超、入院した利用者がいる事業所は一割弱であった。このことは、冒頭の新聞記事でも紹介したとおり、自力で避難することが困難な高齢者や障がい者の現実、また、環境の変化が、高齢者や障がい者に心身ともに大きな負担がかかることを示している。せっかく、命は助かっても、避難や移動の過程で容態が急変し、亡くなったりした利用者がいたことで、落胆し、悔恨の念にさいなまれた職員も多かったのではないだろうか。

また、家族を亡くした入所者、利用者がいると回答した事業所は四割、身元引受人、保護者、保証人を亡くした方がいる事業所は二割であった。このことは、本人を取り巻くインフォーマルな支援体制も大きく変わったであろう人が同じくらいいることを示している。特に、通所施設に限っていえば、震災前と震災から一年後の利用登録者数を比較したところ、増えた施設は三割、減った施設は四割と、登録者の減った施設の割合が若干高いものの、状況としては二極化していた。震災後の登録者数は、自宅が大きな被害を受けた利用者がいる事業所のほうが、そして保護者や身元引受人が亡くなった利用者がいる事業所のほうが減っていること、また、自宅の被害が大きかった利用者がいる事業所の四分の三、家族を亡くした利用者がいる事業所の九割が転居による利用停止があったと回答していたことから、通所事業所とそこに通う利用者の自宅の地域的近さが考えられ、事業所の建物も利用者の自宅も被害が大きかった地域については、事業所の建物やサービスは再開できても、利用者は例えば仮設住宅などに転居せざるを得ず、さらに、家族を亡くした利用者については、仮設住宅において従前の生活をするのは難しい場合が多く、まして一人で生活し続けるには限界があり、必然的に震災前から利用していた事業所によるサービスも利用停止せざるを得なかったものと思われる。

このような利用者の状況については、一人ひとりの利用停止のケースについて聞いているわけではなく、あくまで事業所単位でみているので、分析に限界があるが、被災後に利用者が被災前と同じサービスを利用しながら住み慣れた地域で生活し続けることができるかどうかは、家族がいるかどうかと、生活拠点となる自宅が大きな被害を受けずに残っているかどうかが大きい。もし、同じ市町村内の仮設住宅に転居したのであれば、事業所さえ再開できれば、震災前と同じ事業所のサービスを利用し続けることが可能だと考えると、利用停止になったということは住んでいた市町村外に転居した可能性が高い。さらに家族を亡くした利用者が多いことを考えると、仮設で高齢者や障害者が一人で生活するには限界があり、ほかの家族や親族のところに引き取られていった可能性も考えられる。もちろん、福祉による支援体制が充分であれば、一人でも在宅生活が続けられる可能性もないわけではない。しかし、一方でやはり事業所の被害も大きく、建物に大きな被害があった施設・事業所においては、職員の退職もあり、サービスや事業を縮小せざるを得ず、建物の被害があってもなくても、定員よりも多く利用者を受け入れているような状況にあっては、職員一人ひとりの負担感も多く、震災後の、施設・事業所の支援体制には限界があったことも事実である。震災時の避難の状況や介護の詳細については、次章以降の記載となるが、現状では住み慣れた地域が被災した場合、保護者や家族がいるいないにかかわらず、在宅の高齢者や障害者が同じ地域で生活し続けるということは大変難しい状況にある。地域全体が被災している中で、そこに住む高齢者や障害者をどうやって支えるのか、介護の人材不足をどう解消するのか。これが震災後の被災地の福祉関係者に突き付けられた課題であり、また、どこで起こるかわからない災害大国日本において、被災地以外でも早急に検討しなければならない課題である。

【注】

1　震災直後の被災県にあった福祉系大学の取り組みや活動について、『災害ソーシャルワーク入門――被災地の実践知から学ぶ』（上野谷加代子監修、日本社会福祉士養成校協会編集、中央法規出版、二〇一三年）の四章の中で、岩手県立大学と東北福祉大の事例についての記載がある。地震津波の被害のあった仙台市にある大学として、震災直後から、学生だけでなく近隣住民も含めた大規模な避難所として機能した東北福祉大と、被害が少なかった岩手県内陸部にある本学とでは、大分様相は異なる。

2 二〇一一年三月一八日付朝日新聞「救いたかった…でも」、同年三月二三日付朝日新聞「陸前高田一五人死亡　施設間移動で体力消耗か」の記事。

3 厚生労働省社会・援護局が被災地（岩手県・宮城県・福島県）の社会福祉施設について県別の被害状況（二〇一一年五月一三日時点）をまとめた資料「被害状況（医療機関・社会福祉施設）」（http://www.mhlw.go.jp/stf/shingi/2r985200001dp1h-att/2r985200001dpc7.pdf）から岩手県の状況を抜粋。「施設数については、被害のあった施設類型のうち主立ったものについて、二〇〇九年度の各種統計を元に集計。全壊及び一部損壊の範囲は、県の判断による。『一部損壊』には、建物の一部が利用不可能になるものから設備等の損壊まで含まれうる。」の注釈あり。

4 厚生労働省老健局「第三回災害医療のあり方に関する検討会」二〇一一年九月三〇日資料の「東日本大震災による高齢者の被災状況について（二〇一一年六月一三日時点）」（http://www.mhlw.go.jp/stf/shingi/2r985200001q8my-att/2r985200001q8of.pdf）から抜粋。

5 二〇一一年一二月一三日付河北新報「高齢者施設五七八人死亡・不明」の記事。同記事には、岩手・宮城・福島の三県で四九六名の入居者と八二名の職員が死亡・不明と報じている。

6 建物が全壊した事業所の場合、注2のとおりほかの施設に避難したところや、同じ法人の建物を間借りしたり、公立の建物を借用したりして再開したところもある（『施設調査報告書』二二〜三七頁参照）。

7 第一回社会保障審議会福祉部会福祉人材確保専門委員会　二〇一四年一〇月二七日資料「介護人材の確保について」（http://www.mhlw.go.jp/file/05-Shingikai-12601000-Seisakutoukatsukan-Sanjikanshitsu_Shakaihoshoutantou/0000062879.pdf）の「離職率・採用率の状況（就業形態別、推移等）について」から抜粋。

8 介護労働安定センター「介護労働実態調査結果　都道府県版」の岩手支部の資料から抜粋。

9 厚生労働省の統計が、「正規」と「非正規」による違いはあるものの、「非正規」も「非常勤」もどちらも「短時間労働者など労働環境が不安定な労働者」と判断し比較している。

10　要援護障害者については、「三月一一日に発生した「東北地方太平洋沖地震」により被災した要援護障害者等への対応について（厚生労働省社会・援護局障害保健福祉部　二〇一一年三月一一日付事務連絡）」により、被災した要援護障害者等への対応について、①避難所等における対応、②障害者支援施設等における受け入れ、③補装具費支給及び日常生活用具給付等事業の弾力的な運用、④視聴覚障害者のコミュニケーション支援、④利用者負担の減免等について、都道府県等に通知があり、要介護者については、「三月一一日に東北地方を中心として発生した地震並びに津波により被災した要介護者等への対応について（厚生労働省老健局総務課、介護保険計画課、高齢者支援課、振興課、老人保健課　二〇一一年三月一一日付事務連絡）」により、被災した要介護者等に関して、①実態把握に努めること、②介護サービス事業者等に対する協力依頼、③介護保険施設等の施設・設備基準等に関する柔軟な取扱い、④利用者負担の減免について、各都道府県宛に依頼があった。そもそも、障害者支援施設や介護保険施設については、設置運営基準の中で、災害等による定員超過は認められているところであり、当時の実態としても避難者を多数受入れていたところではあるが、この通知により、定員超過利用による減額措置を適用しないこと、職員が一時的に不足し、人員基準が満たない場合も減額措置を適用しない等の柔軟な取扱いが可能であることが確認された。なお、三月一一日に発生した東北地方太平洋沖地震がもたらした災害の呼称を「東日本大震災」としたのは、二〇一一年四月一日の閣議決定以降であり、この通知が出た時点では、「東日本大震災」の名称は使用されていない。

11　我々の調査結果によると、通所施設、入所施設に関わらず、六割の施設が避難者を受入れたと回答しており、入所施設だけではなく、通所施設が、施設の利用対象者にとどまらず、多数の避難者を受け入れ、避難所として重要な役割を果たしたことがわかっている（『施設調査報告書』四〇～四五頁参照）。なお、「福祉避難所」の状況については、第4部を参照されたい。

12　利用停止については、通所施設五四ヶ所のうち、未記載の一三ヶ所を除いた割合になっている。

13　我々がおこなった職員調査の結果によると、震災で身近な人を亡くした職員の八割以上が、身体的な負担や疲れ、夜勤時に余震や何かあったらという不安、家族を亡くした喪失感、日常生活が崩された喪失感、今後の生活に対する不安といったストレスを感じながら仕事をしていたことがわかっている（『職員調査報告書』四七～五六頁の「震災後のストレスについて」参照）。なお、震災当時の施設職員の状況や職員が抱えていたストレスやジレンマについては、第３部第３章を参照されたい。

【文献・資料】

岩手県立大学社会福祉学部被災施設調査プロジェクト 2013『岩手県における東日本大震災沿岸被災地の社会福祉施設実態等調査報告書』セーコー印刷

―――― 2015『岩手県における東日本大震災沿岸被災地の社会福祉施設実態等調査（職員調査）報告書』セーコー印刷

上田耕蔵 2012『東日本大震災　医療と介護に何が起こったか』萌文社

上野谷加代子監修　日本社会福祉士養成校協会編集 2013『災害ソーシャルワーク入門――被災地の実践知から学ぶ』中央法規出版

介護労働安定センターホームページ　介護労働実態調査 http://www.kaigo-center.or.jp/report/

京極高宣監修、服部万里子・須藤康夫編著 2014『どうする、どうなる大規模災害　介護の事業継続計画　地域包括ケア』PILAR PRESS（ピラールプレス）

厚生労働省ホームページ　東日本大震災関連情報 http://www.mhlw.go.jp/shinsai_jouhou/

日本社会福祉士会等共編 2013『躍進するソーシャルワーク活動――「震災」「虐待」「貧困・ホームレス」「地域包括ケア」をめぐって』中央法規出版

東北関東大震災障害者救援本部、いのちのことば社編 2015『そのとき、被災障害者は…――取り残された人々の３・11』いのちのことば社

中村正彦 2012『あと少しの支援があれば――東日本大震災　障がい者の被災と避難の記録』ジアース教育新社

矢嶋和江編著 2013『そのとき介護士はどう行動したのか――東日本大震災』路上社

第2章

震災時の福祉施設・事業所・職員の状況とケア

鈴木聖子

災害発生直後の福祉施設、事業所職員の活動は、平時とは異なる人的、物的資源が不足している非常事態の中で行われることになる。

東日本大震災においても、そのような状況の中で福祉施設や事業所、職員が果たした多くの重要な役割や機能があった。今回、岩手県沿岸部の福祉施設、事業所職員に協力を依頼し、震災による被害の状況や職員自身が被害をうけながらも果たした役割等について、さまざまな視点から時系列に従って調査を行った。その結果に基づいて、福祉施設・事業所・職員の状況と対応について、入所施設と通所施設の「震災直後から一週間と震災から一ヶ月の困ったこと」を中心に述べる。

調査方法は、郵送による質問紙とし、調査期間は、震災から一年経過した二〇一二年三月一日から三月三一日までの一ヶ月である。

調査対象施設二七二施設のうち一一四（四一・九％）ヶ所から回収が得られ、その内訳は、入所施設六〇ヶ所、通所施設五四ヶ所である。

1　入所施設

（1）全体的な避難とその状況について

①避難の有無とその避難の状況

入所施設（回答一一四ヶ所）

避難した施設が四五ヶ所（三九・五％）、避難しない施設が六八ヶ所（五九・六％）と避難していない施設のほうが二〇％ほど多かった（図1）。

次に避難したと回答した四五ヶ所について避難した場所、避難理由、避難誘導はスムーズに行われたかどうかについて回答を求めた。

避難した場所は複数回答であるが、避難所が最も多く五一・二％、同法人が他施設を有している場合の法人他施設避難が二六・八％、同法人以外の他施設への避難が一九・五％であった。したがって四六・三％は、施設の機能を有する場所への避難を行っていた（図2）。

避難理由は、津波が二〇ヶ所（四四・四％）、地震一〇ヶ所（二二・二％）、次いで停電などライフラインの欠如を理由としていた（図3）。

職員の誘導について三五ヶ所（七七・八％）はスムーズだったと回答しており、避難誘導はスムーズに行われたと捉えることができる。

②勤務していた職員の状況について

震災当日、施設長等の代表者は、九一ヶ所（七九・八％）が施設等に勤務しており、二二ヶ所（一九・三％）は不在、不明が一ヶ所（〇・九％）だった。

施設長等代表者が勤務していた九一ヶ所のうち職員に対して明確な指示を出したのは三四ヶ所（三七・四％）であり、四七ヶ所（五一・六％）は明確な指示が出されていなかったと考えられる。またその他は七ヶ所

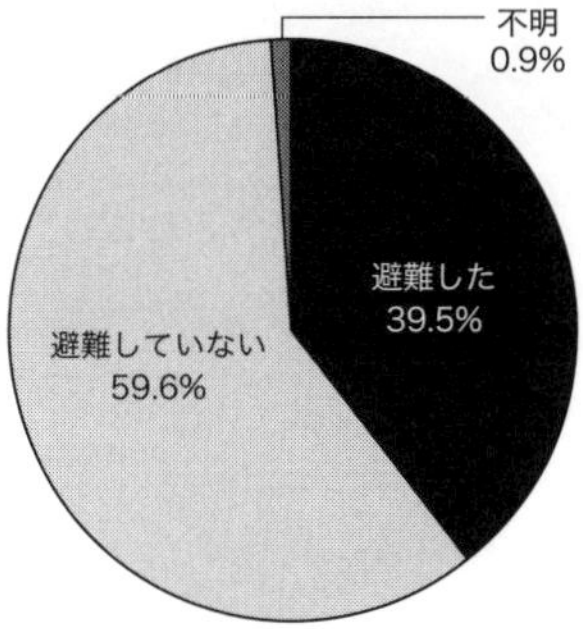

図１　避難の有無（n=114）

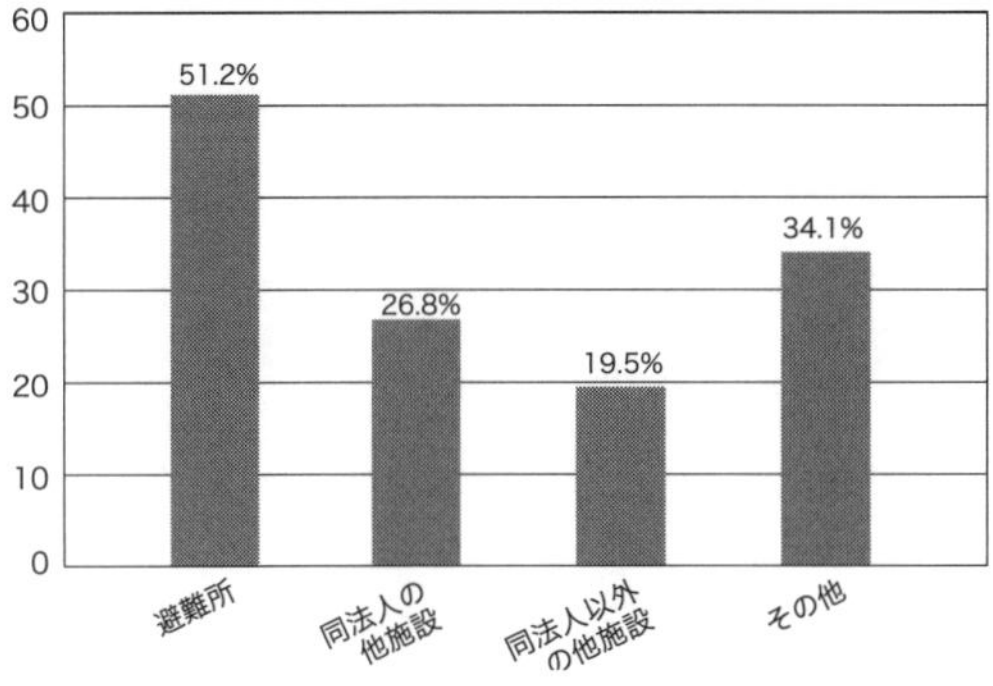

図２　避難所（n=45）

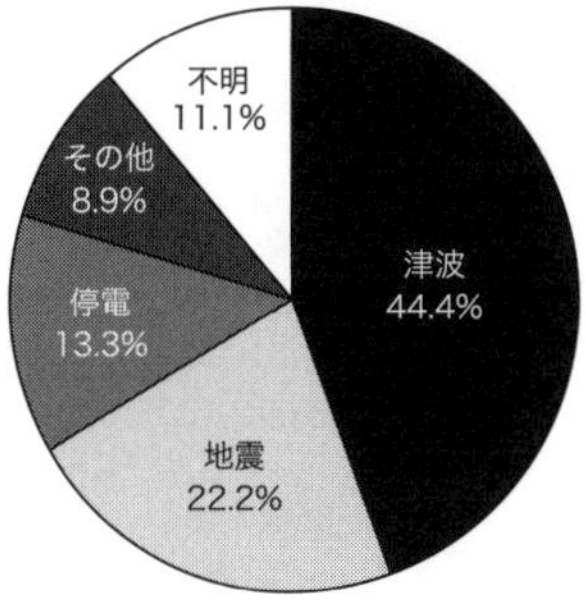

図３　避難理由（n=45）

（七・七％）、不明三ヶ所（三・三％）であった。明確に指示が出された内容として、震災当日職員を帰宅させたのは一〇ヶ所（一一・〇％）、帰宅させなかったのは二四ヶ所（二六・四％）だった。

震災発生時不在だった施設長等の代表者二二ヶ所（一九・三％）と施設の職員との連絡についてであるが、連絡が取れたのは七ヶ所（三一・八％）であり、一四ヶ所（六三・六％）は連絡がとれなかったと回答していた。不明は一ヶ所（四・五％）だった。

震災当日、施設に勤務していない職員との連絡であるが、連絡がとれたのは七三ヶ所（六四・〇％）。連絡が取れなかったのは三四ヶ所（二九・八％）、不明が七七ヶ所（六・一％）だった。

③安否確認

当日、通所利用者の多くが家族のもとに帰ることができなかったが、通所施設が利用者の安全を確保していた。また、当日利用のなかった通所施設の四〇ヶ所（七四・一％）は安否確認を行っていたが、一四ヶ所（二五・九％）は行っていなかった。その理由として、停電や電話不通、道路寸断など施設単独では確認困難な状況にあったことが考えられる。施設の機能を発揮できるための情報網を徹底するなど対策が求められる。

（2）震災直後から一週間ほどで困ったこと

①困ったことの内容と程度

表1は、震災直後から一週間の間で、困ったのはどのようなことかという質問について六〇ヶ所の入所施設の回答である。網掛けは、「非常に困った」＋「まあ困った」が五〇％以上の項目である。特に情報の獲得に

表１　震災直後から１週間ほどでで困ったこと（入所施設）n=60

項目	非常に困った	まあ困った	あまり困らなかった	全く困らなかった	不明
民間支援団体との連絡調整	9（15.0%）	8（13.3%）	26（43.3%）	11（18.3%）	6（10.0%）
避難してきた住民への対応	18（30.0%）	17（28.3%）	15（25.0%）	6（10.0%）	4（6.7%）
職員の休憩・休日の確保	29（48.3%）	15（25.0%）	8（13.3%）	2（3.4%）	6（10.0%）
帰宅できない職員への対応	11（18.3%）	23（38.3%）	14（23,3%）	6（10.0%）	6（10.0%）
入居者の安否確認	6（10.0%）	3（5.0%）	21（35.0%）	24（40.0%）	6（10.0%）
入居者の医療サービスの確保	14（23.3%）	25（41.7%）	15（25.0%）	3（5.0%）	3（5.0%）
入居者の体調の変化への対応	11（18.3%）	23（38.3%）	20（33.3%）	2（3.3%）	4（6.7%）
②２電気が使えない	42（70.0%）	12（20.0%）	1（1.7%）	1（1.7%）	4（6.6%）
寒さ	27（45.0%）	21（35.0%）	7（11.7%）	2（3.3%）	3（5.0%）
③食料の確保	24（40.0%）	17（28.3%）	13（21.7%）	3（5.0%）	3（5.0%）
①１情報の獲得	46（76.6%）	10（16.7%）	1（1.7%）	0%	3（5.0%）

苦慮した様子が伺え、「非常に困った」が四六ヶ所（七六・六％）であり、「まあ困った」を含めると五六ヶ所（九三・三％）が困ったと回答していた。

次いで、電気が使えないということである。「非常に困った」が四二ヶ所（七〇・〇％）、「まあ困った」が一二ヶ所（二〇・〇％）と両方合わせると五四ヶ所（九〇％）が困ったと回答しており、情報の獲得とほぼ同様の状況である。東北地域であることや被災の時期が三月であったために寒さについても困っていた。電気が使えないことと暖房が使えない寒さは表裏一体の関係であり「非常に困った」と「まあ困った」を合わせると四八ヶ所（八〇％）が困ったと回答していた。食料の確保については、四一ヶ所（六八・三％）が困ったと回答し、上位に位置づけられたが、殆どの施設は食料の備蓄があったことが推察される。しかし、福祉施設であることから避難してきた住民や他施設からの入居者などへの食事の提供を考えると予想以上に消費が早く備蓄の食料では間に合わないという状況があった。

施設に勤務している職員の状況については、職員の休憩・休日の確保がままならない状況にあり、四四ヶ所（七三・三％）が困ったと回答していた。また避難してきた住民への対応、入居者の体調の変化への対応についても困ったとの回答が五〇％以上であり入居者だけではなく、地域の住民、職員も含め、さまざまな困った状況が発生していたことがわかる。

一方、点線で示したのは「あまり困らなかった」＋「全く困らなかった」に多く回答していた二項目である。入居者の安否確認は、四五ヶ所（七五％）が、また民間支援団体との連絡調整も三七ヶ所（六一・六％）が困らなかったと回答しており、安否確認については施設入居であったことである程度スムーズに行うことができたと考えられる。

②自由回答からみた困ったことの具体的内容

表2は、震災直後から一週間の間で最も困った主なことの自由回答である。表1に示しているように困ったことの優先順位が高い、ア・情報の獲得、イ・電気が使えない、ウ・食料の確保の三項目をとりあげ、その具体的な内容について述べる。

ア・情報の獲得

東日本大震災において、特に注目すべきは機能不全に陥った町役場が多数あったということである。従って、情報が錯綜状態にあることや、通信手段がないため、個々の福祉施設で、独自に判断し、意志決定せざるを得なかった状況があった。職員の安否確認、他福祉施設の状況などの把握が手探りの中で行われた現状があり、施設の存在や職員のリーダーシップとしての役割は、施設入居者はもちろん、地域住民にとっても大きな拠り

表2　震災直後から１週間の間で最も困った主なこと（自由回答）

項目	困ったことの具体的内容
情報の獲得	町役場の機能不全のため避難所の統括と運営を施設職員が行わなければならなかった
	電話等の情報伝達手段がないため情報受信と発信ができず、個々に難しい状況判断を求められた
	ライフラインの全面的な遮断により情報の共有ができなくなった。情報を得る手段はラジオのみで他の法人内事業所と連携した
	通信手段がなく状況がつかめなかった、我々がどのような状況にあるのか不安だった
	通信手段がなく職員と連絡がとれず効率良い勤務体制がとれなかった
	当日休みの職員の安否を知ることができなかった
	情報が錯綜しており、とにかく正しい情報がほしかった
	他施設の高齢者を受け入れたが情報がなく、薬、認知症状、連絡先など、支援に困った
電気が使えない	電気が使えないため自家発電を行ったが自家発電用の軽油の確保が大変だった
	電気がなく、利用者のパニックがあった
	施設の動力源がほぼ電気のため水がなく、ボイラーも動かなかった、暖房他すべて不自由だった
	灯りのない中での見守り、防寒に苦慮した、石油ストーブの確保が難しかった
	吸引器、エアマットは使えず、エレベーターも停止、隣接の病院は3月14日に復旧したが老健は医療施設ではないとされ3月18日の復旧だった
食料の確保	法人内施設の一般避難者へも食事提供にあたり量を制限しながら長期戦に備えた。備蓄は3日分備えていたが入所者、通所リハ利用者、一般避難者、職員で150人を越え、1日半で消費した

所として機能したことが考えられる。

イ・電気が使えない

ライフラインとしての電気が使えないことが、生活上の最も大きな障害となった。動力源が電気という施設も多く、照明、暖房、エレベーター、吸引器、エアマットなどが使用できず、入居者や地域住民の生活におおきな支障を与えた。

ウ・食料の確保

今回の震災では、入居者、通所利用者、さらに地域住民についても受け入れた福祉施設があった。通常は入居者を想定した食料備蓄を行っているところが多いが、受け入れ避難者が多い分、消費が早かった。このことは、施設のみの課題として捉えるのではなく、地域全体の中で食料の備蓄量についての検討が必要である。

上記ア、イ、ウを中心とする困りごとについては、震災直後から一週間ほどに考慮が必要な事項として取り上げ、対応することが必要な内容であり、震災を想定した準備や支援体制を組む上での示唆になると思われる。

（3）震災から一ヶ月ほどで困ったこと

①困ったことの内容と程度

表3は、入所施設の震災後一ヶ月ほどの間で困ったことはどのようなことかという質問への回答結果である。ここでは、「非常に困った」＋「まあ困った」が五〇％以上の三項目を取り上げ、網掛けで明示した。その中で最も困ったという回答は、通信の復旧であり、「非常に困った」「まあ困った」を合わせると六七ヶ所（五八・八％）が困ったという回答だった。また、情報の錯綜についても五〇％までには至っていないが、五四ヶ所（四七・四％）が困ったと回答していた。前述のように、震災後一週間で最も困ったことは情報の獲得であったが、一ヶ月経過しても情報に関連する内容に困っており、情報に関する項目は、震災直後から長期にわたり多くの施設で最も困ったことと言える。次いで交通機関の復旧は六二ヶ所（五四・四％）、物資不足が六〇ヶ所（五二・六％）という結果だった。困った内容が震災一週間後に比較して連絡調整が行政、地域住民など多方面になり、復興にむけての手がかりを得ようとしていたことがうかがえる。

また、入所施設において点線で示した「あまり困らなかった」＋「全く困らなかった」に五〇％以上の回答があった項目は、全一四項目中九項目（六四・三％）と半数以上を占め、前述の一週間後の全一一項目中二項目（一八％）と比較して大幅な増加が見られた。

表3　震災から1ヵ月後ほどで困ったこと（入所・通所）　n=114　（入所 =60、通所 =54）

項目	非常に困った	まあ困った	あまり困らなかった	全く困らなかった	不明
利用者が集まらないこと（通所のみ）	10（18.5%）	9（16.7%）	15（27.8%）	15（27.8%）	5（9.3%）
事業が再開できないこと（通所のみ）	21（38.9%）	9（16.7%）	9（16.7%）	12（22.2%）	3（5.6%）
支援団体との連絡や支援の要請等	10（8.8%）	23（20.2%）	41（36.0%）	30（26.3%）	10（8.8%）
行政との連絡や支援の要請等	20（17.5%）	30（26.3%）	33（28.9%）	23（20.2%）	8（7.0%）
地域住民との連絡調整	11（9.6%）	18（15.8%）	38（33.3%）	36（31.6%）	11（9.6%）
情報の錯綜	25（21.9%）	29（25.5%）	29（25.5%）	20（17.5%）	11（9.6%）
住民への物資や入浴施設提供	8（7.0%）	16（14.0%）	31（27.2%）	37（32.5%）	22（19.3%）
職員の人手不足	27（23.7%）	21（18.4%）	30（26.3%）	27（23.7%）	9（7.9%）
後片づけ、掃除	11（9.6%）	16（14.0%）	46（40.4%）	32（28.1%）	9（7.9%）
入居者・職員・入居者家族安否確認	19（16.7%）	20（17.5%）	38（33.3%）	29（25.5%）	8（7.0%）
交通機関	34（29.8%）	28（24.6%）	24（21.1%）	20（17.5%）	8（7.0%）
通信	53（46.5%）	14（12.3%）	14（12.3%）	25（21.9%）	8（7.0%）
ガスの復旧	11（9.6%）	10（8.8%）	24（21.1%）	56（49.1%）	13（11.4%）
電気の復旧	33（28.9%）	14（12.3%）	18（15.8%）	42（36.8%）	7（6.2%）
水道の復旧	33（28.8%）	9（7.9%）	23（20.2%）	41（36.0%）	8（7.1%）
物資不足	29（25.4%）	31（27.2%）	33（28.9%）	13（11.4%）	8（7.1%）

②自由回答からみた困ったことの具体的内容

表4は、震災後から一ヶ月の間で最も困った主なことの自由回答である。以下に表3に示した優先度の高い困ったことの三項目　ア・通信、イ・交通機関、ウ・物資不足をとりあげ、その具体的な内容について述べる。

ア・通信

震災直後から一週間で優先順位の最も高かった困った内容は、情報の獲得であり、情報の内容を把握できないことが最も大きな困りごとであった。しかし、一ヶ月後では、情報を得たり、送ったりするための通信手段が最も多い困りごとであった。特に電話が使えないことが多くあげられていたが、この頃には、さしあたっての情報は得

表4　震災後から1ヵ月の間で最も困った主なこと（自由回答）

項目	困ったことの具体的内容
通信	電話回線が回復したのが4月下旬であり、それまでメール、FAX、TELすべて使えなかった
	何もなくなり誰がどこにいるのかわからず電話もつながらず連絡が取れなかった
	地域の避難所に届く情報を地域の人が教えてくれた
	電話が使えない、連絡がとれない、利用者の安否確認ができない、職員との連絡ができない
	職員の実家の安否がわからない
交通機関	家に帰れない利用者の対応
物資の不足	通勤、送迎のためのガソリン不足
	ライフラインが全て使用できず、寒さ対策や食料品、水など備蓄品の不足、職員、利用者手洗い、洗面入浴、清拭など衛生面、トイレや排泄物の処理、燃料不足により通勤に支障、洗濯もできなかった
	通所施設のため、宿泊できるもの（布団、食糧等）がなかった
	精神障害の方が多く精神薬確保が大変だった

られていたものと考えられる。

イ・交通機関

交通機関についての自由記述は家に帰れない利用者の対応があげられていたが、背景としてガソリン不足や公共交通機関の乱れなどがあげられる。

ウ・物資の不足

ガソリンの不足は、通勤や利用者の送迎に大きく影響を与え、移動手段が確保できない状況が長く続いたことを伺わせる。

また、利用者の多くは、日頃から服薬していることが多く、移動手段を確保できないことが、受診を妨げ、健康状態や、病気の悪化に結びつくことが考えられる。さらに、この時期には、入浴ができない、水不足による衛生上の問題、トイレ、排泄物の処理など、感染面に配慮が必要な状況にあり、さまざまな生活の不自由さがストレスになっていたことが予測される。

これらの困ったことの殆どは関連しており、たとえばライフラインが普及することで多くの困りごとが、解消されるということが考えられる。

（4）震災後、一週間の困ったことと一ヶ月の間の困ったことの変化

震災後、日数が経過するに従い、困りごとの内容や性質が明らかに変化している。震災後一週間で困ったことは多く、情報の獲得、避難してきた住民への対応、職員対応、入居者への対応、食料の確保と多岐にわたっていた。特に震災直後の一週間までは、生命を維持するための食料の確保や、照明、暖房などのニーズ、さらに震災の状況を把握するための正しい情報を得たいというニーズが主であった。しかし、一ヶ月頃になると、移動、通信などの手段の確保が重要なニーズとしてあげられていた。また、食料ではなく清潔などの身の回りの整備ができないことや、健康維持へのニーズに変化していた。今後、災害直後から経過を踏まえたニーズの把握とニーズを踏まえた日頃からの準備が必要である。

2　通所施設――震災から一ヶ月ほどのサービスの提供

（1）震災後のサービス提供状況とサービス提供停止要因

表3の上二項目は、通所施設の震災後一ヶ月ほどの間で困ったことはどのようなことかという質問への回答結果である。利用者が集まらないことと事業が再開できないことの二項目は、通所施設五四ヶ所の回答であり、事業が再開できないことで三〇ヶ所（五五・六％）が困ったと回答し、利用者が集まらないことで一九ヶ所（三五・二％）が困っていた。

図4に示すように、八（一四・八％）通所施設はほぼ通常通り継続できていたが四一（七五・九％）通所施設がサービスを一時停止か一部停止、五（九・三％）通所施設が完全停止であり、およそ八五％の通所施設が通常のサービスに支障をきたしていた。サービス提供ができない要因については図5に示したが、燃料や物資の不足が三〇（六五・二％）通所施設と最も多く、次いで一二（二六・一％）事業所の建物に被害の回答が多かった。

　サービスの再開時期であるが、最も早かったのは三月一三日で震災後二日での再開だった。一方、一年後に再開したという通所施設もあるなど様々な状況にあり、具体的な再開時期は、三月が一一ヶ所、四月九ヶ所、五月三ヶ所、一年一ヶ所などであった。また、震災一ヶ月後のサービス提供においては、八五％の通所施設が支障を来していた。

　さらに、サービスに至る必要経費であるが、補助金利用の施設、自費で捻出していた施設もあり、公的制度の周知が行き渡っていなかったことが課題としてあげられる

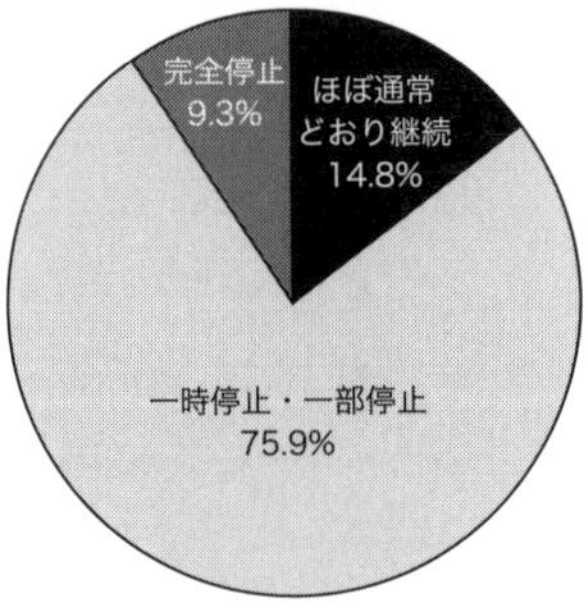

図４　震災後のサービス提供状況（n=54）

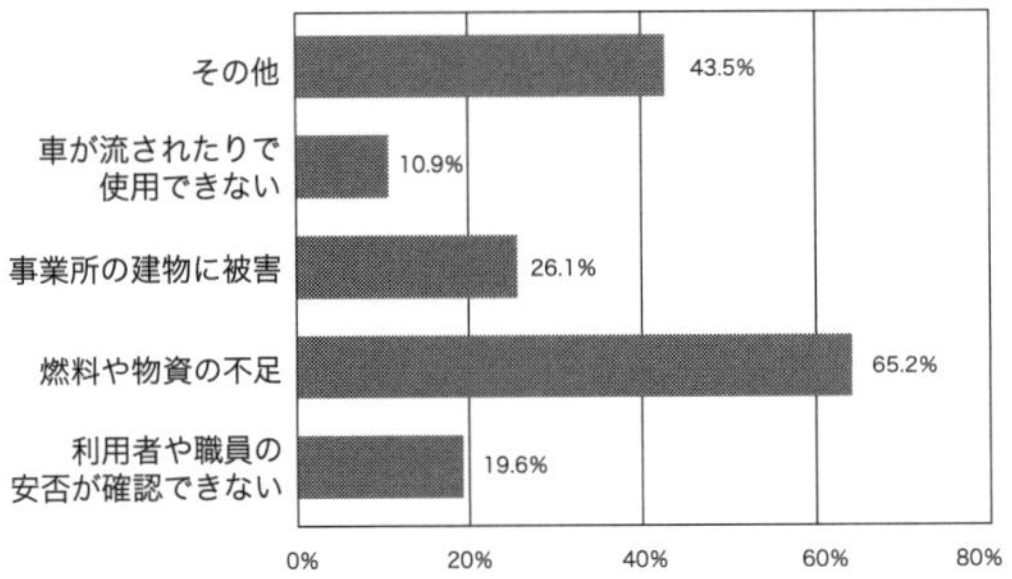

図５　サービス提供停止要因

表５　サービス再開まで行っていた主な内容(自由回答)

項目	行っていた具体的内容
避難者への対応	避難者への対応と再開案内のための家庭訪問や連絡
	避難所にいる人たちへの入浴支援
	事業所を避難所として解放し、スタッフが24時間体制で避難者の日常生活を支援した
	利用者はいつもの布団、場所でないため不穏になり早く施設に帰りたいとの訴えがあった バイタルサインチェックなど行い体調管理に気をつけた
	避難所のボランティア（入浴、清拭）在宅利用者へのフォロー
利用者への対応	泊まり、通い利用できない利用者を訪問して回った
	利用者への相談支援、行政との仲介役になり被災した利用者への情報提供、通院支援、食事提供
	利用者の安否確認、重度者への訪問
	自宅に帰れなかった利用者は特養に移動、その間は特養勤務
	施設に泊まりながら、利用者、知人へ在庫の手袋、マスク、おむつ等必要な方へ配る
その他	設備点検を行い、壊れたところの修理、安全確認
	役場の包括支援センターに行き、居宅老人の見回りの手伝い
	ゴミ出し
	同法人の他事業所支援
	施設のがれき片付け、清掃、各書類の新規作成
	施設周辺の立ち入り禁止解除まで２週間あり、この間社長宅に職員が集合し、対策本部とした。在宅に返すことのできなかった利用者10人程度に介護サービスを行った
	男性職員は、消防団活動で田老地区の消火活動を行った
	デイサービスを間借りし被災した登録者のケア

（２）サービス提供再開までに何をしていたのか

四六の通所施設において、震災後のサービス再開までに何をしていたのかについて自由記述を求めた。

表５は、通所施設において、サービス再開までの間に行った主な自由記述内容であり、避難者への対応、利用者への対応、その他の三項目に分類した。避難所の人々、利用者支援を中心に、できる限りのさまざまなことを実施していたことがわかる。そのような支援を行いながらも事業所の再開を目指して努力している様子がうかがえた。以下に具体的な内容を述べる。

①避難者への対応

通所施設の職員は、地域の避難者に対

して、事業所を二四時間開放し、情報の提供や日常生活の支援を行っていた。特に入浴や清拭の支援は、心身をリラックスさせ、心の安寧を意図する効果的な支援と考えられる。このような支援は、人的・物的な資源とともに、健康への気配りを含む高度の生活支援技術が要求されることから福祉施設に特化した支援と考えられる。

②利用者への対応

利用者の安否確認を最優先し、行政との仲介役を担い、被災した利用者には情報提供し、通院支援や食事提供を行っていた。また、職員自ら事業所に宿泊しながら、物資の提供など必要な生活支援を行っていた。

③その他

施設の設備点検、書類作成、修理や安全確認を行うなど、通所施設再開の準備を行っていた。さらには居宅老人の見守りや地域住民のケアを行うなど、さまざまな役割を担っていた。また、消防団として震災による火事の消火活動も行った職員もいた。

3　入所施設・通所施設の震災後の職員の状況と支援について

震災から一ヶ月ほどの職員の状況であるが、表6に自由回答の主な内容をまとめた。利用者のみではなく職員自身が被災を受けた例も多く、施設においては職員のサポートも大きな役割となっていた。ここでは、震災から一ヶ月ほどの職員の状況と支援の主な自由記述を三項目、ア・休息、イ・精神的サポート、ウ・物資資金

表6　震災から1ヵ月ほどの職員の状況と支援（自由回答）

項目	具体的内容
休息	休みが取りやすいような配慮
	被災した職員は休日、落ち着くまで出勤しなくても良いようにした
	交代で休みをきちんと取らせた
	自宅が全壊した職員には翌日帰ってもらった
	帰宅時間を早くした
	生活や気持ちが落ち着かない時は心おきなく休んでもらった
精神的サポート	看護師長と話をする機会をもった
	専門医による心理的ケアを受けた（ボランティアの医師団）
	被災した職員の集いを持っている
	被災の有無により意識差が微妙に生じたためベテランを中心に寄り添い自己消化できるよう努めた
	震災後すぐは、仕事として利用者と接するのではなく共に生きるという気持ちで考えてほしいと声をかけた
	当日勤務していた職員は、夜眠れなかったり急に涙が出て止まらなかったり精神的に不安定な状態になった。月に1度の頻度で職員同士で食事をしたり会話の機会をつくり一人ではなく皆一緒という気持ちをもってもらった、個別に電話やメールをしたり、ボランティアの精神科医のカウンセリングを受けてもらった
	楽しく過ごすことを心がけた
	メンタルヘルスのサポート
	臨床心理士によるカウンセリングの実施
	皆で励ましあった
物資・資金等	施設での宿泊、資金の貸し出し
	被災した職員への住宅、アパート等の無料貸与及び手当の増額
	法人内より人的支援の受け入れと金銭的支援
	自宅を失った職員には、施設の部屋を使ってもらった
	宿泊場所を提供した
	法人バスで職員を送迎した
	救援物資を配った
	公的制度の紹介、食事提供、施設の解放、衣類、毛布、風呂等提供
	退職金、失業保険の手配
	飲み水、灯油等、必要とする職員に配布

等にまとめ具体的な内容を記述した。

特に精神的なサポートにおいては重要視しており、職員同士、上司と職員の意図的な関わりとともに、専門職によるカウンセリングや心理的ケアを実施している施設もあった。

支援の内容は、施設毎に違いはあったが、それぞれ、職員が少しでも働きやすいようなできる限りの支援を行っていたことがわかる。以下に具体的な内容を述べる。

ア・休息

職員の休息についての意図的な対応が見られ、被災の被害が大きかった職員への休暇や、被災時であるからこそ休暇を取得しやすいような配慮がなされていた。

イ・精神的サポート

職員に対する精神的なサポートについては、多くの施設が重要視していた。専門職の支援としては、専門医の心理的ケアを受ける機会の設定や、臨床心理士によるカウンセリングが行われていた。また、日常的に被災した職員の集いの場を設けたり、個別に電話やメールで連絡を取るなどしていた。また職員間で励まし合うなどし、孤独に陥らないような配慮がなされていた。

ウ・物資・資金等

被災した職員には住宅を無料で貸与し、あるいは施設での宿泊場所が提供されていた。さらには資金の貸し出し、救援物資を提供するなど、職員の被災状況にあわせてさまざまな支援が行われていた。

4　福祉施設の職員が地域住民に関与できると思われる効果的な支援内容

災害の現場は地域である。被災地は、その地域にあり、福祉施設を含む避難所に避難してきた人々から在宅者まで、そこに居たすべての人々が被災者となる。

災害時のケアは、刻々と変化する状況の中で被災者に必要なケアの知識や技術を提供することである。したがって、被災直後の安全を守るケア、生命を維持するケアから日数が経過するに従い被災者のニーズは変化し、次第に精神的な支援、感染症対策、被災者個々のニーズを把握したうえでの関わりなど広範囲で多岐にわたる。以下には、ケアの専門職として、福祉施設職員の関与が可能と考えられるケアの内容を述べる。

（1）被災者と避難生活

①寝泊まりの場

被災者がどこで寝泊まりをするのかは重要な課題である。特に大きな震災などの場合には、避難生活が長引く恐れがあり、寝泊まりの場が生命に関わることもある大きなリスクとして認識しておく必要がある。その場合、優先順位が高い選択肢として、余震に対する不安、プライバシーや他者への遠慮を重視し、車中を寝泊まりの場とすることが多い。二〇一六年四月一四日の熊本県を震源とする地震では、重篤なエコノミークラス症候群（脚の静脈にできた血栓が肺の血管に詰まる）の事例が報道（四月一九日一三時現在二二名、西日本新聞）されており、寝泊まりの場が車中泊の方々だった。車中や狭い場所での寝泊まりはリスクが大きく特に留意が必要である。予防として水分補給、塩分の摂取は控え、歩くなど定期的に身体を動かす、歩けない人は、周囲の人に脚部のマッサージをしてもらうなど、予防が大切であり、ふくらはぎのむくみは危険な徴候としてとらえておく必要がある。

②栄養管理

食事面では、エネルギー源となる炭水化物と水分摂取が大切であり、栄養バランスのとれた食事を心がけ体力の維持に努める。高齢者や乳幼児、妊婦、障害のある人には周囲の配慮が特に必要である。十分な水分摂取は脱水症や肺塞栓症の予防になる。また、食中毒や感染症にも気をつけ、食前、トイレの後の手洗いをする。水の確保が困難な場合には、ウェットティッシュなどを使用するなど、日頃から災害対策用の物品の準備が求められる。

（2）被災者と寛ぎ

①被災者・被災利用者にとっての寛ぎの大切さ

災害により、福祉専門職は、利用者ばかりではなく、被災した住民も含めたケアが求められ、期待される。震災により家を失うことによる転居や居住地を移動せざるを得なくなった場合、新しい人間関係や、仮設住宅に住むことによるそれまでとは全く異なった寛ぎのない窮屈な中での生活を余儀なくされる。

切羽詰まった状態での生活が長引くことで、被災者・被災利用者は心身共に疲労が極に達することが予測される。そのような中では自分の関心を、以前の生活や他のことにしか向けることができないことが多いと言われており、現状を認識することが困難な状況に陥ることがある。福祉専門職は、そのような状況にある被災者の姿を見落とし、ケアの方向性を利用者個人の自助努力に負わせ「頑張って」などと声かけをしてしまうことがある。

福祉専門職は、被災者や被災利用者が寛げていることがどれほど重要なことであるのかについて苦しさや辛さを追体験しながら、寛げるような場を提供し、寛げるような関わりを行う。被災者や被災利用者は、寛いでいることを実感できたときに自分のおかれた状況を認識し、福祉専門職に依存しながら自立への動機付けを得ることができるのではないだろうか。

②寛ぎのケアとしての入浴

生活における優先順位を考えると、被災地域において入浴環境を整備することは困難なことが多く、後回しになってしまいがちである。しかし、入浴は、身体を洗うことによる清潔保持と循環の促進、筋肉をほぐし温めるなど身体内部への影響も大きく、リラックスするためには最適なケアと言える。自分の好きなときに、好きな方法での入浴することには制約があるかもしれないが、被災者や被災利用者にとっては、寛ぎの時間になるのではないだろうか。

③レクリエーションを通しての寛ぎ

レクリエーションを通して、夢中になって身体を動かし、笑いあったり、話したり、日常生活の中では経験できないひとときをつくることができ、被災者や被災両者に解放感を与える。福祉専門職は、自由に寛げる場や時間を積極的に用意することで、被災者同士の顔の見える関係つくりになりこころのケアにもつながる。

本調査から、福祉施設職員は、自ら被災しながらも施設入居者や地域の方々を受け入れケアにあたった状況が明らかになった。その前提として、職員に対する施設長等、管理者の迅速かつ適切な精神的支援の重要性も示された。また、震災時における災害支援センターとしての福祉施設や事業所の役割は、被災者の安否確認や地域住民の施設への受け入れ、食事支援等、多岐にわたっていた。震災時における福祉施設は地域の中核的な存在として大きな意義をもつことが示唆された。

【参考文献】

矢吹和之・加藤伸司他 2014「災害時の避難所における認知症者および介護者の状況分析：東日本大震災の避難所実態調査から」日本認知症ケア学会誌：13（2）、490-499

日本看護協会出版会編集部編 2011「ナース発東日本大震災レポート」

第3章

震災時の福祉施設・事業所の職員が置かれた状況と葛藤について

藤野好美

1　はじめに

二〇一一年三月一一日、東日本大震災が発生した。発生時は日中であったため、通所施設では利用者がサービスを利用している最中であった。入所施設でも、普段と変わらない午後の生活が流れていたはずである。そうした時間帯に震災が発生し、利用者や職員はどのような行動をとったのだろうか。

利用者・職員が避難したかどうかについて、「岩手県における社会福祉施設調査」[1]（以下、「調査」と記す）では、約四割の施設・事業所が避難したとの回答があった。避難の理由としては、「地震」（二二・二％）より「津波」（四四・四％）の回答が多かった。「避難した」「避難しない」にかかわらず、通所施設では利用者をどのように帰宅させるか、もしくは家族とどのように連絡をとるかということが問題になった。そして、電話が不通となり、家族と連絡がとれなかったり、火事の発生や通行止めの道路が出てきたことにより、移動が難しい状況となったため「震災当日、利用者が家族の元にもどれなかった」通所施設は八七％にのぼり、事業所で職員が付き添って過ごしたり（六一・七％）、同一法人の事業所に避難させたり（八・五％）、避難所に利用者を避難させた（一七・〇％）といった対応がとられた。

震災が発生して、利用者・入居者を避難させるということに直面した施設・事業所があった一方で、津波の到達しない地域や高台にあった施設・事業所には地域住民が避難してくるといった状況が起きた。岩手県陸前高田市にある特別養護老人ホーム「高寿園」では、三月一一日の夜には、避難者七五八人、職員一三〇人、デイサービス利用者五〇人、入居者一一〇人の合計一〇四八人が身を寄せたという[2]。

このような状況の中、施設・事業の職員はどのように行動したのだろうか。施設・事業所の代表者を対象とした「調査」では、震災発生時、施設長や事業所の代表の約八〇％（九一名）は勤務していた。勤務していた施設長や事業所の代表の指示によって、「職員が帰宅した」施設・事業所は一一％（一〇名）、「一一日当日は帰宅させなかった」施設・事業所は二六・四％（二四名）で、「帰宅した職員もいたし、帰宅しなかった職員もいた」施設・事業所が五一・六％（四七名）と半数以上であった。

また、施設・事業所の職員を対象として、「調査」と同時に行った「岩手県における社会福祉施設調査（職員調査）」[3]（以下、「職員調査」と記す）では、「震災発生時、勤務中だったかどうか」の質問には、「勤務中で施設（敷地）内にいた」五七・一％（二六八名）、「勤務外又は出張等で施設（敷地）外にいた」四〇・三％（一八九名）であった。「勤務外又は出張等で（敷地）外にいた」と回答した一八九に震災当日の一一日中に職場に駆けつけたかどうか聞いたところ、「一一日中に駆けつけた」は四六・〇％（八七名）、「一一日中には駆けつけられなかった」は五一・九％（九八名）であった。敷地外にいても、半数近く四六％にあたる職員が一一日中に職場に駆けつけている。さらに、これを職位別にみると、「管理者・管理職」では「駆けつけた」七二・七％（八名）、「駆けつけられなかった」二七・三％（三名）、「主任・サブリーダー」は、「駆けつけた」七一・七％（三三名）、「駆けつけられなかった」二八・三％（一三名）、職位が無い職員では「駆けつけた」三五・一％（四六名）、「駆けつけられなかった」六二・六％（八二名）となっており、管理者や主任クラスでは、七割以上の人が震災当日に職場に駆けつけている。

施設・事業所の職員は、職場にいれば「帰宅する」「帰宅しない（できない）」、職場外にいれば職場に「駆けつける」「駆けつけない（駆けつけられない）」、いずれかの状況におかれたが、こうしたことが問題になるのは、施設・事業所の職員が「利用者が日常生活を送れるよう支援・ケアする」ことを職務としているからである。職務を放棄すれば、利用者の日常生活や生命にもかかわることになる。しかし、職員にも自らの生活があり、それは施設・事業所を離れたところで営まれている。ここに、もっとも基本的な、施設・事業所職員の葛藤を生み出す本質がある。

本章では、「調査」及び「職員調査」の結果をもとに、東日本大震災時、そして震災発生時以降の社会福祉施設・事業所の職員がどのような状況に置かれたのかという点に焦点をあてる。職員は自ら被災者であるにもかかわらず、利用者・入居者のケアに加えて、避難をしてきた地域住民にも対応しなければならなかった。そのことは、さまざまな葛藤をもたらした。その葛藤についても述べ、災害が起きたときに施設・事業所職員にふりかかる課題についてまとめ、施設・事業所の職員はどう行動するのかについて考えていきたい。

2　震災が起きてからの社会福祉施設職員・事業所職員の行動

震災が発生した一一日に「帰宅したか」「職場に駆けつけたか」といったことは、既に述べているが、「職員調査」における、一一日当日と一二日から一七日までの行動を記載していただいた回答から、入所施設、通所施設、グループホーム・ケアホーム、小規模多機能型事業所の職員の一一日の震災発生後行動ついてまとめたのが、表1である。

入所施設では勤務外であった八三人中、一一日中に施設に駆けつけた人は二九人で、約三割程度である。しかし、グループホームでは一五人中九人、小規模多機能型事業所では九人中四人、通所施設では一三人中八人が一一日中に事業所にかけつけており、それぞれ五割前後の職員がかけつけている。これは事業所の規模が入所施設と比べると小さいため、職員がもともと少なく、有事の際に人手がなくて困っていると考え、勤務外の職員が事業所に駆けつけたと思われる。

表1　「職員調査」からみる11日の職員の所在状況と地震後の行動

	勤務中（出張等含む）	勤務外	勤務外の回答の中で、11日中に職場にかけつけた
入所施設の職員	142	83	29
グループホーム・ケアホームの職員	13	15	9
小規模多機能型事業所の職員	8	9	4
通所施設の職員	35	13	8
合計	198	120	50

（1）入所施設

入所施設で一一日の震災発生以降にとられた対応としては、利用者のケアに加え、利用者の避難・安全確保、地域住民への対応、非常時体制を整える、ライフラインの停止に伴う暖をとる手段の確保、食料の確保、情報収集がある。また余震が続いたり、移動が難しくなったといった状況により、自宅に帰れなくなった人が多く見られたが、シフト通り、勤務時間が終了すれば自宅に帰ったという人もいた。このあたりは、施設や事業所の立地条件（内陸部にあり、津波被害を直接的には受けない）が影響していると考えられる。入所施設では、一一日夕方夜にかけて、避難者が続々とやってくるといった状況になった施設もあり、そういった施設では早くもその対応に追われることとなった。

一二日以降は、一一日には出勤できなかった職員が、徐々に出勤するようになった。通行止めの解除や、津波や火災が治まってきたことにより、移動ができるようになったからである。一方、徐々にガソリン不足が深刻となり、何人かでひとりの自家用車に乗り合って出勤したり、事業を停止したり、自宅待機となる場合もあった。

(2) グループホーム・ケアホーム

グループホームでは、近くの避難先からさらに高台への避難場所へと、避難場所の移動があったことがうかがえた。そういった中でも、母体施設との連携（食事、物資や職員のやりとり）が見られた。二四時間勤務や泊り込み勤務をしていた人も多く、子どもや家族と一緒に出勤し、子どもと一緒に泊り込んでいたケースも見られた。この点は、グループホームという利用者も職員も比較的少ない人数だったからこそ、できる勤務体制だったと言えるかもしれない。また、出勤できなかった人は、道路の状態が悪く事業所まで行けない、ガソリン不足、家族の安否確認等といった理由であった。

環境に慣れない利用者の徘徊や不穏行動への対応に、常に付き添う必要がある場合もあり、疲れを感じていたことがうかがえた。また他事業所の受け入れ等で、いつも以上の利用者のケアをしなければならない状況もあり、職員のストレスや疲れが高かったことがうかがえる。いつまでこの状況が続くのかといった不安も大きかった。また、備蓄や備えの不足について見直す必要を感じた人がいた。

（3）小規模多機能型事業所

小規模多機能型事業所では、一二日中に水道、電気が復旧した事業所もあったが、ガソリン不足に直面する職員が多かった。そのため、自宅待機となった人もいた。また、特に影響を受けなかった事業所は物資不足ではあるが、通常に近い勤務だったことがうかがえた。そうでないところは決まった休憩もとれない二四時間勤務であったり、泊り込みであった。

食料や燃料の不足とライフラインが止まったことへの大変さだけでなく、使えなくて困ったものとしてトイレがあげられる。また入浴ができず困ったという記載もあった。

二ヶ所の避難先を移動したり、利用者が自宅に帰れないという場合に、利用者の不穏行動が治まらず、その対応のためにケアが難しくなったという回答があり、日常から離れた場所で行わなければならないケアにかかわる苦労がうかがえる。また、不穏行動への対応や見守りのため、一晩中職員が十分睡眠がとれない状態もあったこと、職員自身の家族や親戚の安否が確認できない状況であり、不安や疲労感が大きいことがうかがえた。

（4）通所施設

一一日に、通所施設では、いくつかの事業所で帰宅できない利用者や、自宅が流された利用者、家族と連絡がとれない利用者に付き添い、泊まり込むことになった。そういった事業所では、初めて夜勤をした職員もいた。通所施設では泊まることが難しい場合は、一般の避難所に行き、そこで職員が利用者とともに過ごすといった対応がとられたところもあった。通所施設自体が避難所となったところもあり、通常のサービス提供ができなくなった事業所もあった。

自身の家族の安否確認をしたいという思いは通所サービス事業所の職員でも多く見られたが、家族の方から安否を知らせてくれるケースがいくつか見られた。そういった場合安心して利用者のケアを続けられたようであった。

（5）まとめ

これらを総括すると、震災発生から一週間くらいの間について、施設・事業所の職員が置かれた状況は下記のようにまとめられる。

・どの施設・事業所でも、停電、そして食料、ガソリン、灯油といった物資不足に悩まされた。ガソリン不足のため出勤ができず自宅待機となった人もいた。通所施設では事業の継続が難しくなったため、自宅待機となった事業所があった。

・入所施設は一一日夕方より避難所になるところがあり、コミュニティホールや食堂など避難してきた地域住民に提供され使うことになった。

・グループホームや小規模多機能型事業所では、同じ法人の入所施設や一般の避難所に避難するところもあった。

・同じ法人の母体施設がある事業所では、職員や物資のやりとりがあった。
・利用者の不穏行動が治まらない場合と、意外と利用者が冷静だった場合が見られ、不穏行動が治まらない場合は、その対応が職員の負担感を増やすことになった。
・ライフラインが止まったこと、燃料不足によって、暖をとる手段の確保が問題になった。
・携帯電話も含め電話が通じないことによって、職員や利用者、利用者家族の安否確認が他の人からの口頭での伝達や直接会うといった手段に限られた。
・電話の不通や停電によるテレビが見られないことによって、情報不足が深刻であった。

3　災害時に施設・事業所職員が直面するさまざまな課題

これまで見てきた施設・事業所職員の置かれた状況をふまえ、震災時に施設・事業所職員が直面する課題についてさらに検討していくこととする。

(1) 勤務体制と業務内容

震災当日、勤務中だった人の中には、利用者の避難対応や避難してきた地域住民への対応等、さまざまな対応が求められる中、安全に帰れる保障もないといったこともあり、帰ろうにも帰れなくなり、結果として二四時間体制に入った人もいた。電話が不通となり、連絡手段がなくなったため、勤務ではなかった人との連絡がとれない状態となった。また、施設・事業所によっては、通行止め等によって車での移動が難しくなり、出勤したくても、出勤できない人もいた。日が経つにつれ、震災当日勤務ではなかった人も、徐々に勤務に入るようになっていったが、食料や物資の確保、避難者や行政との対応、出勤していない職員の安否、通所施設では利用者や利用者家族の安否確認といった、通常の業務ではない業務も行わなければならなくなり、通常のシフトでは勤務体制が組めなくなっていった。何日も連続しての勤務となった職員も多くいたし、子どもと一緒に施設・事業所に避難し、勤務に従事する職員もいた。職員自身が日常生活を送れない状態で、利用者の日常生活を支えている状態だったといえるだろう。

さらにライフラインの停止、物資不足、情報がもたらされないという状況が、不安やストレスをもたらした。食料には困らなかったという回答もいくつか見られたが、停電、水、ガソリン、灯油不足に対する不安は大きかったことがうかがえる。三月の東北地方はまだまだ寒い。電気が止まったということは、いかに暖をとるかといったことが非常に重要なことになる。したがって、コンロやストーブの確保から始まり、それらを食事作りにも活用するといったところもあった。毎日の生活の過ごし方が、それまでと違ったものになったのである。

東日本大震災をもとに、災害時に利用者のケアに加えて、職員が行わなければならない業務をまとめると、下記のようになる。

〔入所施設〕

被害状況の確認、利用者の安全の確保（避難の判断・実行を含む）、指示系統の確立、避難者の対応、地域の人とのやりとり、出勤していない職員の安否確認、移動手段の確認・確保、食材や燃料の確保、備品のチェック、数日間の勤務体制の作成、行政とのやりとり、情報収集

〔通所施設〕

被害状況の確認、利用者の安全の確保（避難の判断・実行を含む）、指示系統の確立、利用者を自宅に帰す手段の検討及び帰宅できない利用者のケアや生活場所の確保、利用者家族と連絡をとる手段の確保、出勤していない職員の安否確認、移動手段の確認・確保、利用日でない利用者の安否確認、避難者の対応、地域の人とのやりとり、食材や燃料の確保、備品のチェック、数日間の勤務体制の作成、行政とのやりとり、情報収集

東日本大震災時には、こういった災害時の業務が充分整理されておらず、とりあえず目の前のことに対応していくような状態が続く中、職員の疲労がどんどん蓄積され、ストレスも高まっていったことがうかがえる。勤務体制だけの問題だけではなく、被害の規模、家族や知人の安否、情報不足からくる不安や「この先どうなるかわからない」といった先の見通しがもてないこともストレスを高めた要因になったと考えられる。上司や上層部の「指示がなかった」という回答もいくつかあり、そのことも不安を高めたことがうかがえるが、施設長や管理者にも的確に判断し指示できるだけの知識や情報、経験は不足していただろう。

ライフラインが少しずつ復旧し、家族や知人の安否がわかったり、再会したり、物資不足も解消されていく中で、職員も少しずつ日常生活を取り戻していくことが見て取れるが、悲惨な街の状況を目にして、喪失感や絶望感を持つ人も多かった。完全に日常生活を取り戻すことができなかった人が多数いたということである。

また、出勤できない職員がいたり、通常業務にプラスした対応が求められるといった点から、人手不足になった施設・事業所が多く見られた。ボランティアを受け入れたり、職能団体を通じて応援を受けた施設・事

業所もあったが、そういった支援を断った施設・事業所もあったようである。人手不足のため、休みがとれない、長時間労働になるといったことから、さらに疲労が蓄積されたといった状況も見られた。

ボランティアや支援物資の受け入れといったことについても、支援団体や行政とのやりとりを業務として行うことになる。それらを有難いと思う一方、やりとりを負担に感じた職員も少なからずいた。特に行政については、さまざまな課の職員が来て、同じような質問をしていったということがあったようだ。施設・事業所では、避難者を受け入れた場合、事前に福祉避難所の指定を受けていなくても、後から指定を受けることがあった。その手続きが煩雑で、負担だったという話は筆者も施設関係者から聞くことがあった。

さらに、通所施設で利用者を自宅に帰そうとして、家族から拒否されるといったケースも見られた。通所施設には、通常宿泊する設備が整っていない。震災発生時には、通所施設で宿泊した事業所は見られたが、一日二日ならまだしも、職員体制の点からも長期間宿泊することは難しい。しかし、対応するしかなく、家族とのやりとりも含め、職員のストレスや疲労感を増した要因のひとつとなったと言える。

災害時には、施設・事業所の職員には通常業務にプラスされた対応が求められる。その上で通常よりストレスや不安が高まり、自身も被災者であり、日常生活を送れない中で、職員は利用者の日常を支えることになる。

（2）混乱の中での利用者のケアの難しさ

本調査は、高齢者施設、障がい者施設等を対象としているが、認知症高齢者や自閉症を含む発達障がいの人や知的障がいがある人は、環境の変化に弱い人が多い。したがって、入所施設やグループホームでは、利用者の不穏行動が治まらない場合があった。避難者が施設に来てともに生活をすることになったため、いつもと違う居室で生活することになったこと、施設全体に漂う落ち着きの無さを敏感に感じるといったこと、余震が続くことで、環境の変化に弱い利用者にとってストレスがかかったということも考えられる。グループホームでは、ふだん生活しているホームから母体法人の入所施設や避難所等に移って生活をしていたケースもあり、そういったケースではさらに利用者が不慣れな環境で、大きなストレスを感じながら生活を送っていたことがうかがえた。震災発生後はしばらく停電したままの生活が続いたが、それが利用者の不安を募らせ、不穏行動につながることもあったとも想像できる。

不穏行動が治まらず、例えばあちこち歩き回る、落ち着かない行動を利用者がとり続ける場合、利用者につきっきりでいることが求められることがあり、勤務時間が長くなっていることや人手不足といった状況におかれていた職員にとっては、負担感が増すこととなった。不穏行動が夜に起きた場合、職員は夜に眠れないこともあった。そのことが、さらなる負担をもたらし、疲労感を大きくした職員も多数いたようである。

また、震災の発生が午後の比較的早い時間であったためか、入所施設では「入浴介助中だった」という回答も多かった。「入浴していた利用者が裸で飛び出した」といった回答もあった。「認知症の利用者や地震そのものは忘れたようだった」という回答も見られたが、一方で、説明しても利用者が状況を理解できないといったこともあったようである。災害時に冷静に対応し、利用者の生活を支えることほど、難しいケアはないと言っても過言ではないだろう。

（3）避難をしてきた地域住民への対応

「調査」では避難者の受入を行った施設・事業所は五八・八％（六七施設・事業所）で、早いところでは「地震発生後二時間で、地域住民が避難をしてきた」という回答があった。他にも、地域住民が避難してきた施設・事業所では、夕方から夜にかけて、避難者が来たようである。「避難者が続々集まってきた」といった記述がいくつかあり、実際そのような状況があったのだろう。「調査」では、「一日で最も多く受け入れた人数」として、「五一人から一〇〇人」は九施設、「一〇〇人以上」は五施設である。そうしたところでは、避難者の対応に「追われる」だけでなく、「大混乱」「パニック」と感じられる状況があったこともうかがえる。実際、大きな施設では避難スペース、トイレ、食料の確保、利用者の生活に対する配慮といったことで、職員が苦心したところもあったことが調査からうかがえる。

避難者が帰宅困難というだけであって、一日、二日で自宅に帰ったり、他の避難所に移った場合もあれば、そのまま施設・事業所で生活をともにするといったこともあり、長いところでは二ヶ月以上、地域住民が施設・事業所の一画で過ごしていたところもあった。地域住民が施設・事業所の一画で送る避難者生活が長くなれば、対応や調整を求められることもあり、職員の苦心や苦労は大きいものになっただろう。しかし、有事に地域住民に忌避されるのではなく、避難してくるというのは、ある意味信頼の証ともとらえられるのではないだろうか。

避難者といっても、在宅で生活する高齢者や障がいがある人、利用者の家族、施設や事業所の近くに住む地域住民である。近くに住んでいても、長い時間をともに過ごすといった機会がなかった関係が、燃料や食材を持ち寄り、調理し、同じ屋根の下でともに生活を送ることとなって、つながりが強くなったところもある（第2部第1章第4節参照）。地域住民は施設・事業所、そして利用者を知る機会となり、施設・事業所としても近くにどのような人が住んでいるのかを知ることができ、お互いを知る機会となったのである。このように震災を通じて、地域とのかかわりや関係が強くなったところもあれば、地域が「全くなくなった」というところもある。

地域密着型サービスを中心に、積極的に地域づくりに参画していく志向は震災以前よりあったが、実際に震災が地域住民とのかかわりを変えるものになるとは、充分考えられてこなかったことである。震災は施設・事業所と地域とのかかわり方、地域や社会への貢献を改めて問い直した機会となったとも考えられる。

(4) 災害時に、施設・事業所職員が直面したこと

①避難所での受け入れについて

通所施設やグループホームでは、一般の避難所に避難したケースがいくつか見られた。一般の避難所を経験した職員からは、下記のような回答があった。

- 避難所に問題がある。健常者と施設での生活をしている人は別の場所が良いと感じた。
- 避難場所の受け入れについて、施設関係の行き場がない。
- 実際に避難し、健常者と施設が同じ所に避難し、不便が沢山あり、困りました。難しいとは思いますが、別々の避難所が必要なのかなぁ~と思いました。
- 認知症の方の避難生活の難しさ、地域の方の認知症への理解が足りない、又は、状況が状況なので他人を思いやる余裕がない。
- 認知症への理解。避難所の物資不足（飲み物、食べ物など）。

・避難所ではメンバーの事が理解されず、又薬のこともあってでざるを得なかった。仕事場が避難所になっている為戻った時は避難している人でいっぱいでした。火災がなければ仕事にいれば良かったのですがそれもできませんでした。
・避難所で、障碍者に対して、地域住民の方々から十分な理解をしてもらえず、出ざるを得なかったことに対し、憤りを感じた。障碍者の人たちの薬が手に入らず、困り、今後考えるべきと感じた。情報がまったく入らず、不安だった。

認知症の人や障がいがある人が、災害時に他の人と一緒に生活できないという指摘はすでにあり（第1部第3章第2節参照）、それは第4部で論じられる福祉避難所の必要性にもつながる。

地域の人や避難所の人が、障がいや認知症に理解がなく、また心を思いやる余裕がないから、別のところに避難する方が良いというのは一面、真理なのだろう。しかし、ソーシャル・インクルージョンの観点からは疑問が生じる。支えあう社会や地域づくりを目指される昨今、災害時に支援が必要な人を排除する社会や地域というのは、結局ソーシャル・インクルージョンが実現していない社会や地域である。何もない平時にともに生活していても、災害時には認知症の人や障がいがある人は彼らのみの場所での生活を送らなければならないのだろうか。それが、支えあう社会の形なのだろうか。

また、一般の避難所の多くはバリアフリー対応ではなかったため、第1部第1章における障がい当事者の体験にもある通り、段差やトイレといった物的環境が、身体障がいがある人にとっては生活しづらさになってしまったことも事実である。なるべく介助を受けずに、自分の力で生活したいと思う身体障がいがある人にとっては、バリアフリーの避難所が望ましい。しかし、そういった福祉避難所が遠方にしかない場合は、どうなるのか。身近に、バリアフリー環境で整えられる避難所があることは、身体障がいの人にとっての安心になる。施設や事業所で、利用者をケアする生活は、施設や事業所の外の世界と考える必要を感じなくさせる。避難所という、施設・事業所の外の世界で生活を送らざるを得ない状況になり、さまざまな人と一緒に生活を送る場では、利用者が優先されないばかりか、排除の対象になってしまうことが露呈してしまった。

施設や事業所の中だけが、利用者にとって生活しやすい、心地よい世界で良いのだろうか。災害時には余裕がないから、障がいがある人や認知症の人と、健常者は分かれて生活する方がお互いのためなのか。今後、議論を重ねて検討していくべき重要な課題である。

②地域とのかかわりについて

「職員調査」の自由回答には、「地域とのかかわり」について下記の回答があった。「避難所での受け入れについて」とは全く違った形で、「地域との良いかかわりが持てた」という例である。

・ライフラインを失って大変なこともあったが、幸い被災はしなかったので職員で協力し乗り切ったと思う。また普段から地域の方々と交流があり、多くの方に支援してもらえた。乗り越えられたのは、周りの方々のおかげだと思いました。特に社長が「支え合い」の心を持った方なので、普段のかかわり合いが深かった分、支援してもらえたと感じました。

・地域との関わりの重要性。

・地域の方々の支援にて乗り切れたこととして、地域への感謝は言葉になりません。
・本当に辛い出来事でしたが、そんな中かけつけてくれた業者やお米や野菜を持ってきてくださった近隣の農家の方など色んな方々が支援して下さり本当にありがたかったです。
・震災で地域の人や人の絆を強く感じられた。人の優しさ、親切さを新ためて感じた。家族や家をなくした職員がいたが、いつもと変わりなくしていて強さを感じた。

普段から地域住民とかかわりをもったことが、震災時にそれらが活かされた例と言えるだろう。「調査」でも、震災時に「地域住民から食料の提供を受けた」（五六・六％）、「地域住民が心配して様子を見に来た」（四四・四％）、「地域住民から物資の提供を受けた」（三七・四％）といった回答があり、「地域住民が避難」（三五・四％）、「地域住民に食料を提供」（三一・三％）、「地域住民から情報の提供を受けた」（三一・三％）といった回答が続いている。食料や物資の提供を受けたり、逆に食料を提供したり、避難してきたりといった交流があるのは、ふだんからの交流があったからこそと言える。施設・事業所の中だけで、利用者をケアするだけなら、地域の人との交流は生まれない。ましてや、災害時に助け合える関係性を作るには、ふだんから深い交流をしておく必要があるだろう。

③災害にむけての備えについて

災害に向けての備えにかかわる回答も多くあり、それらは「組織」としてのものと「個人」としてのものとがあった。下記に、組織として災害にむけての備えにかかわるもの中からいくつかを記載する。

・何事にも備えがなく、職場でも家でも不便を感じた。備蓄は必要だと強く感じた。連絡手段がない事が初めてだったので、とにかく動いて情報を収集するしかないと思った。緊急時の個人の動き方、家族との連絡の方法、伝達、避難場所、第二、第三の集合場所などをあらかじめ決めておくべきだと思った。
・こういう災害が起ったときのマニュアルも準備していましたが、実際その通りにいかず、日頃からマニュアルを確認しておくことが大切だと感じました。
・最低一週間は過ごせる準備必要。被災地にいながらどんな支援を出来たのか？　もっとできることがあったのではないか？　マニュアルは役に立たなかった。
・普段から電池やストーブ、食材、灯油などを確保しておくのが大切と感じた。利用者の不安、職員の不安もあるが、こういう時こそ協力して行動することが大切と感じた。初めての体験であったが、職員それぞれが、アイディアを出し合って、工夫しながら乗り切った事は、今後の為に記録として残しておかなければならないと思う。
・最低限、水の供給くらいは何とかしてほしい。一般家庭と同じに考えているのか、数十人分も水をはこぶ大変さ、今後の震災等を考え、行政等が対応してくれないとむり。川水まで利用していた（トイレやあらいものなど）。
・何かあってから……ではなく、起きるかもしれないという気持ちを常に持つようになった。必要な物等も前もって準備する事の大切さを強く感じたし、日常から他職種とのコミュニケーションや連携が出来ていないと大変だと思いました。

・マニュアルどおりでなく、その場の判断も必要。
・入所や通所施設だけではなく、災害時には避難所としての役割を担っていかなければならないこと、また、迅速に対応が出来るよう、訓練していかなければならないと感じた。

避難訓練はしていたが、地震・火災についての避難訓練で、津波を想定していなかったこと、また震災が想定以上のものであり、準備していたマニュアル通りに対応できなかった施設・事業所が多かった。「調査」でも、災害マニュアルについて、「あった」は七四％（八四ヶ所）、「なかった」は二三％（二六ヶ所）であった。災害マニュアルを備えていた事業所で災害マニュアルが役にたったかどうかの設問には、「役に立った」（三三・三％）、「役に立たなかった」（五三・六％）という結果で、施設種別ごとでみると、小規模多機能型事業所以外は、「役に立たなかった」の回答が多く、特にグループホーム・ケアホームでは、「役に立たなかった」（七二・二％）は、「役に立った」（二二・二％）の三倍以上だった。こういった結果をふまえてか、「災害マニュアルの見直しの有無」に対する設問には、「見直した」という回答が、七割近い七九ヶ所（六九・二％）となった。マニュアルの整備・見直しについては、事業所ごとの整備だけでなく、法人全体の災害時の方針や対策を決めておく必要性や、火事や地震だけでなく、あらゆることを想定した訓練や、他の施設や地域住民が避難してきた時の対応も考えなければならないといった回答もあった。

つまり、避難訓練に関しては、大きくは「施設・事業所が被災した場合」、「被災はしなかったが避難場所になった場合」という二つを想定することが必要ということが考えられる。実際、震災後に、夜間に地域住民と一緒に火災を想定した避難訓練を行った事業所があり、震災の教訓を活かした取り組みだと言える。

マニュアルや方針があっても、「その場の判断も必要」というように、指揮する立場の人が判断・実行できることが重要という回答もあった。施設長や管理者が常に施設・事業所にいるとは限らないので、不測の事態の時に、誰が判断するのかといったことも、マニュアルに含む必要があるだろう。特に、夜間は職員が少なく、グループホームであればひとりで夜勤を行う事業所もある。施設長・管理者以外の人が、判断・実行を求められることや、職員がひとりしかいない時のことも考慮にいれる必要があるし、また判断・実行する立場にある人が適切な判断を下したとしても、職員それぞれが冷静でいることも必要である。そういった点を職員が意識し共有ながら、避難訓練や日頃のケアを行っていくことが求められる。

備蓄についても、食糧や水、燃料、非常電源について日頃から準備しておくことが重要といった回答が見られた。「調査」では災害時に必要だった備品としては、「懐中電灯」が一番多い回答であった。ついで「保存食」、「寝具」、「飲料水」、「紙おむつ」だった。「寝具」は暖をとる手段としても使用されたためであり、まだまだ寒い時期に発生した災害という性質をあらわしている。「備品の見直し」については、「発電機の設置」をあげている回答が多く、停電が大きなダメージをもたらしていたことがうかがえる。

（5）職員の「家族の安否を確認したい」「家族とともにいたい」という気持ち

東日本大震災では、地震、津波に襲われる中で、停電、電話の不通といった状況になった。勤務中であった人たちの多くは、施設・事業所に留まりながら利用者が落ち着くようケアをしたり、避難所に移動するということになったり、また避難者の受け入れ・対応を行うといった状況になった。どのような状況におかれていても、「家族の安否を確認したい」という思いを強く持った人が多かった。しかし、電話は不通、いったん自宅に戻りたいと思っても利用者や避難者への対応のため職場を離れることができない。こういった状況で、利用者のケアを続けなければならないというのは、非常に辛いことである。被害の全貌がわからなかったから楽観的でいたという人もいないわけではない。しかし、「利用者が落ち着いてから、家族の安否を考えた」「家族のことが気になったが、目の前の利用者のケアを行った」といった記述が多く見られた。

また、「職場で利用者のケアをしていたが、家族と一緒にいたかった」「子どもたちのことが気になって、一緒にいたかった」といった回答も見られた。特に、子どもが保育所や小学校に通っているような場合、子どもの不安を和らげ、安心するためにも、「子どもとともにいたい」という気持ちは親として至極当たり前のものである。

ここで、根源的な問いに直面する。福祉施設・事業所の職員は、「利用者を優先するのか、自分（の家族）を優先するのか」ということである。「震災を通じて感じたことについて」で記された自由回答のいくつかを、下記に掲載する。

「震災時、職場や入居者の為に命を懸けなければいけないのか？　又、家族の安否や安全確認を優先してはいけないのか？」

「今回あのような大きな震災を経験し、命を守るという大切さを感じました。しかし、自分達の家族の事も心配だったのも事実です。本当に守るべき命は、目の前の命なのか、大切な家族なのか……。大きな葛藤がありました」

「震災直後　家族の安否ばかり心配し、職場や利用者の事をあまり考える事が出来なかった」

「仕事をしていると、利用者も大事。でも家族のところへもすぐ駆けつけたい。いろいろな葛藤があります。」

「震災なので仕方がない、と言われればそれまでだが、家族の安否も確認しに帰れず、休みも休憩もない二四時間の介護は精神的にも体力的にもとてもつらかった。もう二度とあんな思いはしたくないとつくづく感じる。正直、次にこのようなことがあったら職場に行く事をためらうと思う」

「仕事上、仕方がないことなのだが、家族や自宅のことよりも利用者を優先しなければならないことに納得ができない。ましてや臨時の立場なのになぜそこまでしなければならないことに疑問を感じる」

「震災当日から沿岸部に住む家族と連絡を取る事が出来ず、生きていて欲しいと願う反面日増しに絶望感に襲われる日々を過ごした。震災時は仕事中で入所者を守らなければならない立場であり、本当は直ぐにでも帰宅し家族の安否確認を行いたかったが職業上難しい面があった。震災の時は仕事どころではなく家族のことしか考えられなかった。自分の職業について色々考えさせられた。福祉とは何か改めて考えさせられた」

「業務中であったため業務、被災者の対応に追われ家族をさがしに行けなかった葛藤があった。パニックになっている同僚もいた。もし業務を投げ出し家族のもとへ行っても誰もせめられない。もし自分の家族が死亡していたら一生後悔しただろう。一年も過ぎ記憶も薄れているけれどその当時の事はもう思い出したくないというのが本音だ」

「ライフラインの寸断、交通の崩壊により残っていたメンバーだけで三日ほど不眠不休で働いた。家族や自宅、親族の安否が気にかかり職務の事はほとんど覚えていない」

「震災当日から、三日位、家族と連絡が取れず、安否が分からないままの、勤務が、精神的に参った。この震災を教訓とし、これからの施設作りに役立つ事は何か、考えていかなければならないのだろうか、思い出したくない事実というのは確かだ」

「利用者の安全と再認識。自身の立場のもどかしさ（家族等の安全）」

「介護職は今日のような災害が起こった時、目の前の人達（入所者）を放って、いくら自分の家族や家が心配でも、そこに行くことができない、自分の事でいっぱいいっぱいでも、目の前のケアをおろそかにできない。入所者が悪いわけではないが、誰が悪い訳でもないが、この仕事はつらいと初めて思った瞬間であった」

施設・事業所の職員は、「高齢者や障がいがある人の生活の支援」という職務によって、災害が起きたときに、自らの生活や家族を優先できないという「葛藤」に直面する。これは、施設や事業所で行われる業務[4]が「利用者の生活、生命を守る」という高い倫理を備えた職業だからである。そのことをまざまざと知らしめたのが、東日本大震災であったのではないか。実際、高齢者であれ障がいがある人であれ、利用者には何かしらの支援を必要とする人がほとんどであり、職員が職場を放棄すれば、利用者の生活は成り立たなくなり、それは利用者の生命の維持にも及ぶことになる。

また、少数ではあるが、震災発生時に勤務外だった人の中で、「家族を置いて職場に行けなかった」という人がいた。それでも、一日二日経てば、職場に向かった人が多かったが、「職員調査」で把握した限り一名、「一週間家族とともに過ごし、一週間後職場に行った」という人がいた。その人は、職場に復帰しても、「一番しんどい時をともにしなかったという疎外感が大きかった」と書いていた。一週間後でなく一日二日後に出勤した人でも、「職場に駆けつけなかった」ことに対する自責の念や、一体感のもてなさを記す人がいた。「災害時に利用者のケアを優先するか、家族を優先するか」といった課題は、微妙に職員間に溝を生み出しかねない課題と言える。

上記の抜き出した回答の中に、「もう思い出したくない」「ほとんど覚えていない」という言葉があるが、これらの言葉は他の回答にも多く見られた。それほど極限の状況であったということだ。しかし、「思い出したくない」「ほとんど覚えていない」というほど、辛い、厳しい状況であったからこそ、次に大きな災害が起きたときに、施設・事業所の職員は、どう行動するかについて充分考える必要がある。簡単に答えがでるような葛藤ではない。施設・事業所職員の業務・役割の本質を問う、非常に根源的な葛藤であり、人を支援する職業が持つ倫理にもとづく葛藤でもある。だからこそ、日頃から職員間で話し、組織で共有し、考えていくことが求められる。

(6) 管理者の葛藤について

「震災を通じて感じたことについて」で記された自由回答には、「職場や法人への不信感」も見られた。「指示系統がはっきりしなかったこと」「施設側が職員に対してケアがなかったこと」「上司が部下を守ろうとしなかったこと」「職員を休ませなかった」「情報収集を充分行わなかったこと」「介護ボランティアを断ったこと」等があげられている。

こういった組織としての課題も、浮き彫りとなった。また、ここで触れておきたいことに管理者にも葛藤があったということがある。

震災後、筆者は知り合いの施設や事業所のいくつかを訪ねた。その中で、ある事業所の管理者は、震災発生の当日である一一日に職員を「帰宅させなかった」と語った。その理由として、「安全が確認できない状態では、職員を帰宅させる判断はできなかった。そのことで、その時、職員とは相当揉めた」とも語った。同様の判断を、すべての施設・事業所の管理者が行ったかどうかはわからない。ただ、管理者にも難しい判断が求められたことは事実である。

その地域の被災の状況によっては、その日の職員の帰宅について、容易に判断できた施設・事業所もあっただろう。「職員にまかせる」といった判断もあるだろう。しかし、多くの職員が帰宅してしまえば、利用者のケアはどうなるのかといった問題が起きる。

「災害時に施設・事業所職員はどう行動するか」とともに、施設長や管理者には「職員にどのような指示を出すのか」といった、さらに難しい判断と指示を行うことが求められる。

（7）職員の感情、葛藤について

先述した「震災を通じて感じたことについて」で記された自由回答には、さまざまな感情や葛藤が記された。全てを記載することはできないが、下記にいくつか記していくこととする。

〔不安〕

・夜勤など一人でいるとき、地震がくると、とても恐怖を感じる。避難させれないかもと思う。職場と自宅が遠いので、また災害があったらどうしよう。すぐに自宅に帰れるところに転職したらよいのか？　考えることがある。子供とはなれるのが不安である。沿岸の道路を走ると不安になる。沿岸方面の遠出ができない。

常に、今津波が来たらどこに逃げたらよいか？　考えてしまう。
・仮設住宅に住まわせていただいていますが、今後どうなるのか決まらず生活については不安だらけです。
・情報が得られず、今何が起こっているのか分らない不安がありました。最小限の備え（懐中電灯やラジオ等）は必要だ。電気以外で使えるガスストーブなど持っていないと乗り切れなかった。日が経つにつれて感じる何とも言えない不安感。

「海岸近くを通れない」といった回答は、他にも多数あった。地震や津波に対する恐怖から感じる不安だけでなく、この先の見通しが立たない不安の訴えもいくつも見られた。また、夜勤時にひとりで対応することの不安についての回答もいくつか見られた。

〔疲れ、つらさ〕

・震災時から一年。今の方が精神的、肉体的に疲れているように思います。家族も同様に疲れている様です。子供は海岸線を通ると今だに嘔吐し「こわい」と言い、今だにあの日は心に留まっています。心に余裕がほしいです。
・人生で最も大変な環境だったはずの震災直後より、今現在が心身ともに疲へいしているのはどういうことなのか、釈然としない。
・なかなか先が見えないのが、もどかしい。一年経っても、震災はこの間のような気がして、しばらくは忘れることが出来ないと思います。精神的に不安定です。仮設にいますが、未だに落ち着かず、「なんでー」と思う毎日です。

身体的な疲れだけでなく、精神的な疲れや不安、不安定さについての回答は多数あった。中でも、「震災から一年たってからの方が疲れを感じる」という回答もいくつか見られた。

〔喪失感〕

・自分の家や物、そして地元の街がなくなってしまった事による喪失感とさみしさは、時間がたっても解決しない。周囲の人に支えられた事は凄く感謝しているが同時に人の冷たい部分も見えた事がすごく悲しかった。

・何の準備もないまま、突然全てを失ってしまい、一年経った現在も、喪失感が残る。身近な家族や親戚、そして同じアパートの方々を失い助ける事が出来なかった後悔の気持ちを今も強く感じている。

・今回の震災で、家族は無事だったが、あまりにも多くの親戚知人が亡くなりました。町の復興もいつの事となるのか……更地となった町を通るたび、この町で生まれ育った私は、たくさんの思い出が浮かんで、全て奪われてしまったという哀しみで、未だに涙が浮かんで来る事が度々あります。

物や家といった物理的なものの喪失だけでなく、家族や知人を亡くした悲しみ、そして街を失ったという悲しみ、喪失感についての回答がいくつもあった。

〔自分を責める気持ち〕

・なぜ自分が今生きているのか。なぜ自分が死ななかったのか。すごく考えてしまう一年だったし、これからも考えるんだと思う。

・もっとたくさんの人を助けることが出来なかったんだろう。

・自分の場合、家族も自宅も大丈夫だったので、まず被害を受けた人や家族を亡くされた人に対しては申し訳ないなと思っています。

「他の人を助けられなかった」「自分が生きていること」「自分に被害がなかったこと」に対して自分を責める回答があった他、震災発生時に職場にいなく、力になれなかったことについて自分を責める回答もあった。また、以下のような感謝や前向きな回答も多く見られた。

〔当たり前の生活の有り難さ、幸せ〕

・津波の恐ろしさ。大事な人を亡くした人々の悲しみ。普通にあたりまえに生活している事がどんなに幸せであるか痛感しました。

・幸せ、に対する価値観が変わった。立派な物があれば幸せだと思っていたが普通に食べて、寝て話が出来る、あたり前の生活の中に幸せがあるということを気付かされた。

・何げないふだんの生活が送れる事のすばらしさを忘れてはならないと思っています。

〔今後に活かしたい〕

・この経験をもとに次の震災がおこったときにつなげていきたい。あの時は無我夢中だった。

・いつかは来ると思っていたが、こんなに大きいものが来るとは予想していなかった。沿岸に暮らす者として、今回のことは今後生かしてしかなければならないと感じた。

・大震災で多くの命をなくしてしまったが、この大震災の事をいつまでも忘れず、目をそむけずに、今後様々な災害への糧にできるようにしたいと一年経過した現在は考えている。

〔ボランティアや支援に対する感謝と疑問〕

・震災当時は、余震、停電も続き、物もなく、大変な思いもありましたが、次第に物資ボランティア等に助けられ、どうにかやってこれたと感謝しています。

・自分が被災して仕事仲間、いろいろな人たちの温かい援助をいただいたことに感謝しています。

・震災直後、職場では二四時間労働でしたが、電気、水道、ガスが使用できない中、出来ることを出来る範囲で行っていました。その中でたくさんの物資で支援を頂き、感謝の心でいっぱいです。そして、生かされた命で、他の人の分も頑張りたいと思っています。

ボランティアや支援物資に対する感謝についての回答は多く見られた一方、それらに対する疑問についての回答も、下記をはじめとしていくつか見られた。

・ボランティアの種類や団体にもよるが、自分達はこういう事をやりに来ました。という学生さん達は自分達の気持ちをみたす為に来てる様に感じた。それでも有り難いと感謝すべきなのか？

・ボランティアに来て下さった方にもよくしていただいて、ありがたい気持ちでいっぱいでした。ただ、職員不足ではなかったので、ボランティアを受け入れるにあたって、何をしてもらうか悩んだこともあります。逆に気をつかった場面も……。

・救援物資の多大なことに驚いています。一年経った今でも救援物資の恩恵を受けています。（一時、被災者の受け入れをしていたため）余る程の救援物資…日本は豊かなのか……かたよりか……。

ボランティアに来る人への姿勢を問う回答、ボランティアへの対応や支援物資が多すぎることについての回答がいくつも見られた。支援物資については、施設・事業所単位でどうにもできない部分であり、行政サイドでの課題となるだろう。

（8）まとめとして

災害時は非常事態である。非常事態に冷静に業務を遂行していくには、職員間の連携が必要である。実際、「職員調査」の自由回答にも、下記のような職員同士が支えあって乗り切ったことが伝わる回答がいくつもあった。

「極度の疲労の中、スタッフ間、密に連絡、調整をし、助け合い、声をかけ合いながら利用者、第一に業務にあたっている姿をみて、改めて、人の温もりや優さに触れることができた。あのとき感じた気持ち感動は今でもおぼえている」

「震災時、どの職員も疲れているのに笑顔で声をかけ合い、今出来ることを考えて、手を取り合って何とか乗りきることが出来たと思う。改めて、仲間の大切さを感じたと共に、これからも大切にしていきたいと思う」

「施設内の職員は頑張っていると思った。一体感があった」

既に述べたことではあるが、震災時、施設・事業所職員は利用者のケアを行いながらも「自分の家はどうなっているのか」「家族は無事か」といった大きな葛藤・不安を抱え、ライフラインが途絶えた中、通常業務に加え、情報収集、食料や燃料の確保、避難者の対応や行政や支援団体とのやりとりといった、震災によって生じた業務を、人手不足、長時間勤務といった状況下でこなしていた。それらがスムーズになされたのは、職員間の連携、チームワークがあってのことだろう。今もなお、福祉の仕事を続ける迷いやトラウマ、自責の念等を持ちながら、業務に携わっている人もいることは心に留めておくべきことである。

東日本大震災が起きるまで、施設・事業所に地域住民が避難し、長期間にわたって避難所になること自体が想定されることではなかった。実際には、入所・通所に限らず、多くの施設・事業所で利用者や利用者家族、地域住民が避難し、「災害時の避難場所」という役割が大きく認識されることとなった。特に社会福祉法人には地域貢献が求められる昨今、単に、利用者をケアする施設・事業所ではなく、「災害時の避難場所」の役割を担うことで地域貢献を果たすことも可能になると言える。東北地域における高齢者福祉施設では、災害時に入所者を受け入れる広域連携協定が結ばれている。それはあくまで高齢の利用者を対象とするものであり、利用者家族や地域住民を含めてものではない。

「災害時の避難場所」として機能するには、日頃から職員間で災害時の体制や業務について検討されることなしに、スムーズな遂行は難しい。災害などの緊急時に、そうしたチームワークが発揮されるには、日頃からチームワークが発揮できる関係性を構築することが求められる。そのためには、施設長や管理者のリーダーシップも必要となり、職員同士や管理職との間の信頼関係が不可欠だろう。

災害に備えたことを整えていくことはできる。だが、何かあった時に、「目の前の利用者の支援を続けるのか、家族の元に駆けつけるのか」といった災害時の自分の行動は、支援にかかわる全ての人が避けて通れない根源的な問いであるにもかかわらず、簡単に答えを見つけることができない。

支援が必要な人にかかわることを軽く考えてはならない。その人の人生を左右することはしばしばあるし、人とかかわることは重みと責任が伴う。しかし、だからといって、災害時の自分の行動を問い続ける姿勢を持ち続けることが、支援にかかわる人への重荷となってもならない。

本章では、四六九名から回答いただいた「職員調査」をもとに、できる限り生の施設・事業所職員の声を伝えたいと考えた。その意図が充分反映されたものになっているか、心もとないが、災害時の職員の行動を考えるきっかけとなれば幸いである。

【注】

1　回答数は入所施設二五七枚、通所施設一二〇枚、グループホーム・ケアホーム五八枚、小規模多機能型事業所三四枚、計四五一枚である。回答者全員から回答があったわけではなく、白紙の回答も多く見られた。震災後一年経過した時点でのアンケートの設問としては、「つらい」「書けない」といった思いや厳しい意見もあった。

2　コープあいち学びと交流 with 三陸気仙「被災地からの学びをどう生かすか（1）　http://shinsai.jccu.coop/contents/026/（二〇一六年四月二〇日閲覧）

3　岩手県内の沿岸地域にある、児童施設七ヶ所、障がい者施設六二ヶ所、高齢者施設二〇三ヶ所、計二七二ヶ所の事業所のうち、職員が三〇人以上いる施設には一〇人分、職員が三〇人以下の施設には三人分、調査票を送付した。総配布数は一二〇八枚となった。一一四ヶ所の事業所から返送があり、四六九人の施設職員からの回答を経た。回収率は、返送されてきた施設で見ると四一・九％、職員へ配布した数でみると三八・八％となる。

第4部

東日本大震災で明らかになった福祉避難所の課題と岩手県の取り組み

第1章

震災時における福祉避難所の開設

細田重憲

1　はじめに

第4部では、まずこの第1章で、東日本大震災津波（以下「震災」）時に岩手県内の被災地において開設された福祉避難所について、開設状況（開設に至る経緯から開設時の状況など）、福祉施設が福祉避難所として果たした役割やそこに生じた様々な課題などについて検証し、今後、福祉避難所を開設しようとする場合に予め検討、考慮していくべき問題を明らかにしていきたい。

次に、続く第2章で、その後の災害対策基本法の改正等を踏まえ、岩手県内の市町村における福祉避難所の指定、指定に伴う物資の備蓄や施設整備等が被災後五年を経過した現時点までにおいてどのように整備されてきたか、結果、要援護者にかかる災害への備えがどのように進んできたかを確認していく。その中で福祉施設

の位置にも触れてみる

これらを通じて、災害時における要援護者への対応がどこまで進められてきたか、震災時の教訓はどのように生かされているのか、さらに現状における課題とその解決方向などについて検討し提示していきたい。

2　福祉避難所とは――「報告書」について

福祉避難所は、災害発生時、避難所生活において特別な配慮を必要とする高齢者、障害者、乳幼児等の避難の場となる施設等である。

筆者は、発災後一年半が経過した二〇一二年九月から翌年三月にかけて、岩手県と共同で、震災時に開設された福祉避難所についての調査を行った。その結果は「東日本大震災津波における福祉避難所の状況と課題についての調査研究報告書」（「岩手県立大学地域政策研究センター二〇一二年度地域共同研究（地域提案型）」、二〇一三年七月刊、以下「報告書」）（細田・岩手県 2013）として公表した。第1章ではその調査報告書をもとに、その後に得られた知見なども含めて述べていきたい。

（1）調査までの経緯

報告書は、震災時岩手県において開設された福祉避難所について、開設数や開設期間、援護した者の数などを量的に明らかにしておくことを主たる目的として行ったものである。

筆者は、岩手県立大学における震災時の社会福祉施設の活動状況等に関する調査に参画し、被災地域の福祉施設が、文字通り不眠不休で利用者、避難者への対応に当たったことを知り、それらの施設の一部は福祉避難所として機能したことも知った。そこで、福祉避難所という角度から震災時の要援護者対応を整理しておくことが今後の災害対策に不可欠だろうと考え、岩手県保健福祉部に資料の提供等について相談した。福祉避難所は、後で記すように、災害救助法に基づき国がその費用を負担することになっているから、その申請書や実績報告書によって容易に確認できるはずと考えていたのである。しかし、二〇一二年夏の時点でもそれらの資料は整っておらず、開設された福祉避難所の数や期間などは確定されていなかったのである（それまでに国からの依頼に対応した調査は行われていたが、数値はその都度異なっていた）。改めて震災時という極限状況における行政を含めた混乱を思うとともに、時間の経過によって事実はさらに遠ざかってしまうことから、岩手県と共同して実態調査を行うこととしたものである。

(2) 調査方法等

調査は、二〇一二年九月時点において岩手県が把握していた福祉避難所開設市町村及び開設福祉施設等（以下「施設等」）を対象に、次のように行った。

ア　福祉避難所開設市町村（一三）に対するアンケート調査。調査項目には、各市町村が開設福祉避難所として報告していた計六三ヶ所について、市町村から個別に回答を求める内容を含む。

イ　福祉避難所を開設した施設等（上記六三施設）に対するアンケート調査

ウ　福祉避難所を開設した施設等から任意に選定した八施設に対する聞き取り調査。

ア、イは二〇一三年一月に実施し、アについては一二市町村から五〇施設等について回答を得た。またイについては四一施設等から回答を得た。これらと先行した調査結果を照合することにより開設福祉避難所数等を確定していった。ウは、アンケート調査に先立つ二〇一二年九月と一〇月に関係施設に赴いて施設長等の職員から聞き取り調査を行った。

なお、本調査への調査対象からの回答は、必ずしも全ての調査項目に及んでいない。これは市町村等において関係資料等がない、あるいは調査時点ではもう事実関係の確認ができない、などのためであり、他に照合する手段もないことから、調査項目毎に合計数が異なってもそのまま記述している。予めご了承願いたい。

(3) 福祉避難所について

ここでは震災時点(二〇一一年三月)における福祉避難所の設置根拠、対象規定などを見ておく。なお、後掲のように福祉避難所については、二〇一三年六月に改正された災害対策基本法により、同法が定める指定避難所の一部として、同法施行令において規定されている。また、災害救助法の改正により、同法の所管が内閣府となっている。

①福祉避難所の定義と設置根拠

ア　設置の根拠

福祉避難所は、災害救助法(以下「法」)第二三条に規定された救助の種類のうち第一項第一号「収容施設(応急仮設住宅を含む)の供与」を根拠として設置された。収容施設の一類型としての位置づけである。

イ　定義

福祉避難所の定義は、法第二三条第三項に基づいて救助の程度等について定めた「災害救助法による救助の程度、方法及び期間並びに実費弁償の基準」（厚生労働省告示）の第二条（収容施設の供与）第一号（避難所）のハ後段に示されている。

「高齢者、障害者等であって避難所での生活において特別な配慮を必要とするものを収容する避難所をいう」

なお、避難所（第４部において、福祉避難所と区別して用いる場合「一般避難所」と表記する場合がある）は「災害により現に被害を受け、又は受けるおそれのある者を収容するものである」と定義されている（上記告示第二条第一号イ）。ここでは、福祉避難所は一般避難所での生活に特別な配慮を必要とする高齢者等を対象とする避難所として位置づけられていることを確認しておきたい。

②実施権限等

災害救助法及び災害対策基本法によって、福祉避難所を含む救助の実施権限が定められている。

ア　災害対策基本法（注：二〇一三年改正以前の災害対策基本法である）

市町村は、当該市町村に係る防災計画を作成し、実施する（同法第五５条）とされ、災害が発生し、又はまさに発生しようとしているときは、法令又は地域防災計画の定めにより、水防、消防、救助その他災害の発生の防禦又は拡大防止のため必要な応急措置を実施しなければならない（同法第六二条）とされている。救助に関しても市町村の責務となっている。

イ　災害救助法

応急措置のうち救助に関することは、災害救助法に規定されている。法律上救助の主体は都道府県知事である（第二条）が、救助を迅速に行うために必要と認めるときは、救助の実施に関する事務の一部を市町村長が行うこととすることができる（第三〇条第一項）とされている。これにより、都道府県知事の委任を受けて市町村長が救助の実施主体となることができる。

東日本大震災後に開設された県内の福祉避難所は全て市町村が設置しているが、それは、三月一一日に岩手県知事が、当初沿岸部一二市町村、その後県内全市町村に災害救助法を適用するとともに、救助の実施に関する事務の一部を市町村長が行うこととしたからである。[1]

③福祉避難所における「特別な配慮」と国庫負担

福祉避難所における「特別な配慮」とはどのようなものか。上記の国の告示では、国が負担する費用の対象として「特別な配慮のために必要とする通常の実費」とされ、具体的に示されていないが、「災害時の要援護者避難支援ガイドライン」（内閣府　二〇〇六年三月）には次のように説明されている。

「福祉避難所とは、要援護者のために特別の配慮がなされた避難所のことである。災害救助法が適用された場合において、都道府県又はその委任を受けた市町村が福祉避難所を設置した場合、おおむね10人の要援護者に1人の生活相談職員（要援護者に対して生活支援・心のケア・相談等を行う上で専門的な知識を有する者）等の配置、要援護者に配慮したポータブルトイレ、手すり、仮設スロープ、情報伝達機器等の器物、日常生活上の支援を行うために必要な紙おむつ、ストーマ用装具等の消耗機材の費用について国庫負担を受けることができることとされている。」

一般避難所にはない生活相談職員の配置と、高齢者や障害者の生活に必要な物資等の購入が国庫負担の対象になっていたということである。また、福祉避難所として利用する建物については、次のように述べられている。

「福祉避難所としては、施設がバリアフリー化されているなど、要援護者の利用に適しており、生活相談職員等の確保が比較的容易である老人福祉センター、養護学校等の既存施設を活用すること。また、適切な場所にこのような施設がない場合又は不足する場合は、必要に応じて、公的な宿泊施設、民間の旅館、ホテル等の借り上げや、応急的措置として、教室・保健室を含め、一般の避難所に要援護者のために区画された部屋を「福祉避難室」（仮称）として対応することも効果的であることにも留意すること。」

ここでは、福祉避難所として想定されていた施設は既存の福祉施設ではない地域の公共的施設であることと、また独立した福祉避難所だけではなく一般避難所の中での区画も考えられていることを確認しておきたい。

④福祉避難所に関する若干の経緯

福祉避難所のこれまでの経緯について確認しておきたい。震災時までは青木千帆子らの論考をもとに整理している。

・福祉避難所の必要性が認識され始めたのは阪神・淡路大震災における災害関連死の問題が契機であるが、九〇年代には福祉避難所という言葉はあまり使われていない。
・一九九七年、厚生省（当時）内に災害救助研究会が発足し「災害救助マニュアル」を策定した。これに基づき、一九九八年に社会福祉施設を障害者のための避難所として設置するようにとの通達を発した。
・二〇〇四年、中越地震の際初めて福祉避難所が開設された。
・二〇〇五年三月、「災害時要援護者の避難支援ガイドライン」策定。二〇〇六年三月、同ガイドライン改定。この中に福祉避難所の設置と活用についての事項が盛り込まれた。
・二〇〇七年　中越沖地震、新潟県柏崎市、仮羽村に七ヶ所の福祉避難所設置。
・二〇〇六年六月　厚生労働省「福祉避難所設置・運営に関するガイドライン」。このガイドラインをもとにして、福祉避難所の指定が行われるようになった。（青木・権藤 2011）

東日本大震災津波は「福祉避難所設置・運営に関するガイドライン」策定から二年九ヶ月後に発生した。それまでの間に、福祉避難所の指定は一部では行われていたものの「全体として十分な成果が得られないまま、東日本大震災が発生した」（内閣府 2016）。

その教訓を踏まえ、二〇一三年六月の災害対策基本法、災害救助法の改正を始め、災害時の要援護者対策に関する法制度の整備が進められてきた。以下にその経過を項目的に示しておく。

・二〇一三年六月　災害救助法改正（所管が内閣府となる）、災害対策基本法改正（指定避難所等の規定、同法施行令において福祉避難所の規定)。

・同年八月　内閣府「避難所における良好な生活環境の確保に向けた取り組み指針」。

・二〇一五年一月　内閣府「福祉避難所の運営等に関する実態調査」(三月　結果報告書)。

・同年七月　内閣府「避難所の確保と質の向上に関する検討会」設置、内部に福祉避難所ワーキンググループ設置。

・二〇一六年三月　内閣府「福祉避難所の確保・運営ガイドライン」改訂版。

3　岩手県における震災時の福祉避難所開設状況

(1) 福祉避難所の事前指定

岩手県において二〇一一年三月一一日以前に福祉避難所を指定していた市町村は四(県内の市町村数は震災時点で三四)、指定施設数は一八であった。その内訳は次の通りで、このうち津波被災地域である沿岸部に位置するのは大槌町だけである(図1)。

なお、宮古市からの調査報告では開設時期が同年三月一日となっていたが、同市から確認したところ、震災発生後に遡って指定したとのことであったから、事前指定には含めていない。

盛岡市・七、紫波町・二、住田町・四、大槌町・五。

これらの市町のうち居住環境の整備など、福祉避難所開設に備えた事前対応を行っているところはなかった。市町村においては、域内でどのような規模の災害が起きるかを想定することが難しく、それに対応した要援護者の把握、援護に必要な福祉避難所の指定と事前準備、というプロセスに入るまでには届いていなかったということであろう。

（2）震災発生後の指定

今回の調査及びそれまでの岩手県調査等を総合すると、今次震災時に開設された福祉避難所は施設数で六五ヶ所であった。市町村数は一二、内訳は次の通りである。

盛岡市・七、宮古市・一六、大船渡市・一四、花巻市・二、北上市・四、久慈市・二、一関市・五、陸前高田市・一、釜石市・三、大槌町・六、山田町・三、野田村・二。

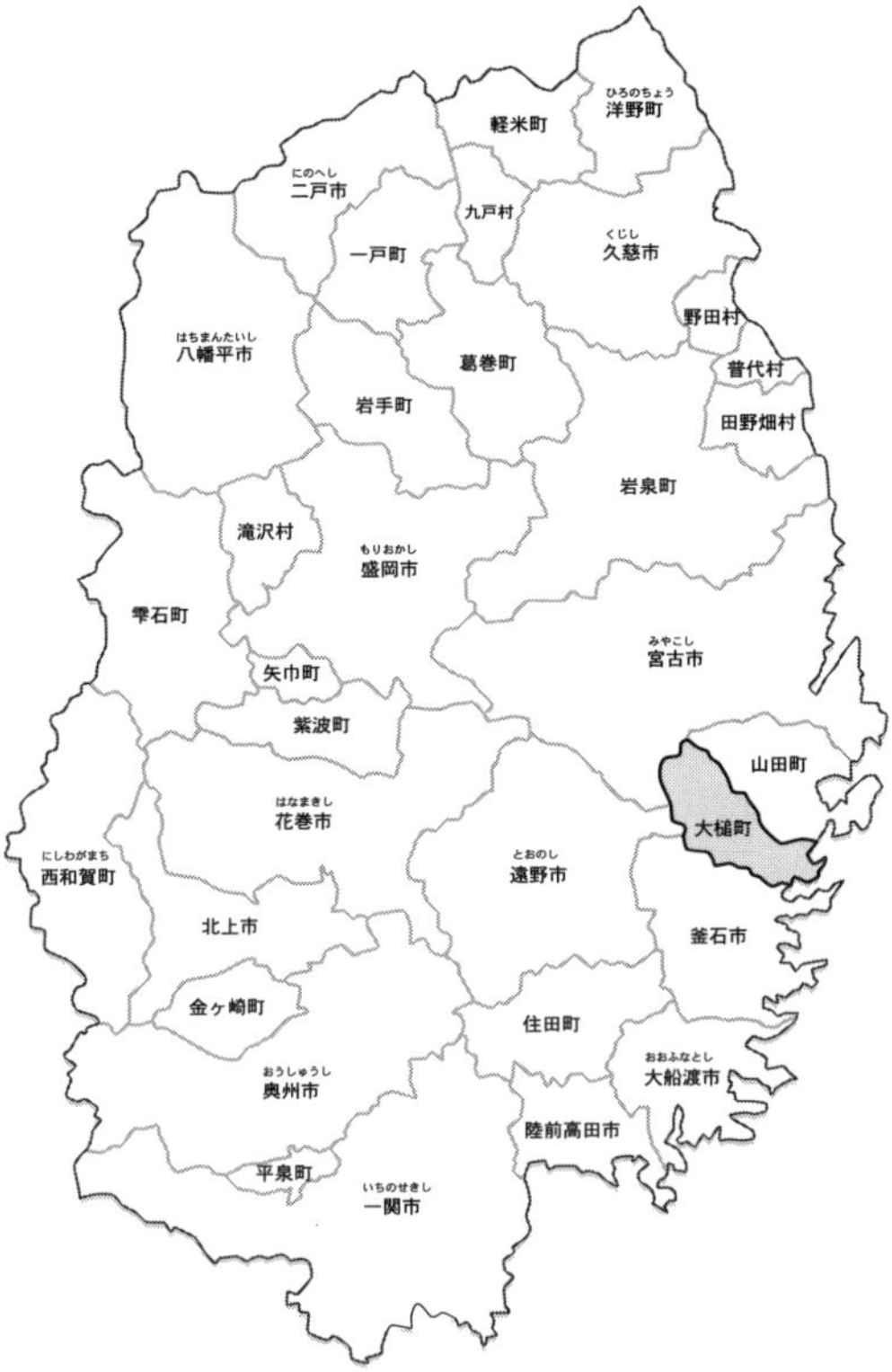

図１　岩手県の市町村位置図
（なお震災時点では 34 市町村だったが、2011 年 9 月藤沢町が一関市に編入され 33 市町村になっている）

このうち、津波被害を受けたのは宮古市、大船渡市、久慈市、陸前高田市、釜石市、大槌町、山田町、野田村の八市町村である。開設福祉避難所数は四七であった。陸前高田市、大槌町、山田町は津波と火災によって市街地中心部はほぼ壊滅状態となり、他の市町村でも市街地中心部に大きな被害があったほか、中心部ではないが釜石市の鵜住居地区、宮古市の磯鶏地区、金浜地区など、地域全体が壊滅的な被害を受けているところが多くある。

盛岡市、花巻市、北上市、一関市はいずれも内陸部で開設数は一八であった。沿岸部のような大きな被害はないものの停電や断水などにより、数日は生活が混乱している。

（3）福祉避難所の開設

①開設の始期（図2）

開設の始期は、六五ヶ所中発災当日の三月一一日開設が最も多く三五、一二日は七で一五日までに全体の七割にあたる四四ヶ所が開設されている。三月末までには九割が開設している。

②福祉避難所開設までの経緯（図3）

震災前の指定が少なかったにもかかわらず、震災後早い時期に福祉避難所が立ち上がったのはなぜか。それは被災の規模があまりに大きく、また被災時刻も関係して、被災住民や福祉サービス利用者が被災しなかった福祉施設等に避難してきたことによる。それが結果として福祉避難所開設に繋がっていったと考えられるのである。それは図3に示すアンケート結果から窺える。これは福祉施設対象の調査である。

福祉避難所としての指定は行政と施設、どちらからの働きかけによったのか。被災直後の状況を考えれば、行政が地域の状況を的確に把握し指定などの対応をすることは難しかったであろう。回答を見ると、五一施設中「避難所からの申し出」によったものが一九あり、「行政からの依頼」の二五を下回ったものの全体の三七%を占めた。避難所側から行政に状況を伝え、福祉避難所として認知させたものが三分の一を超えてあったということは、今次震災後の福祉避難所設置の一つの特徴と言っていいと思われる。

なお、「その他」は次の通りである。

・緊急的にショートステイを利用した避難者の介護サービス費の費用負担の高額化が問題となったため、施設から確認の上、介護サービスとして利用できない避難者を受け入れた施設を福祉避難所として指定した。

・震災直後から、一般避難所では対応しきれない避難者を受け入れしたため、福祉避難所として指定した。

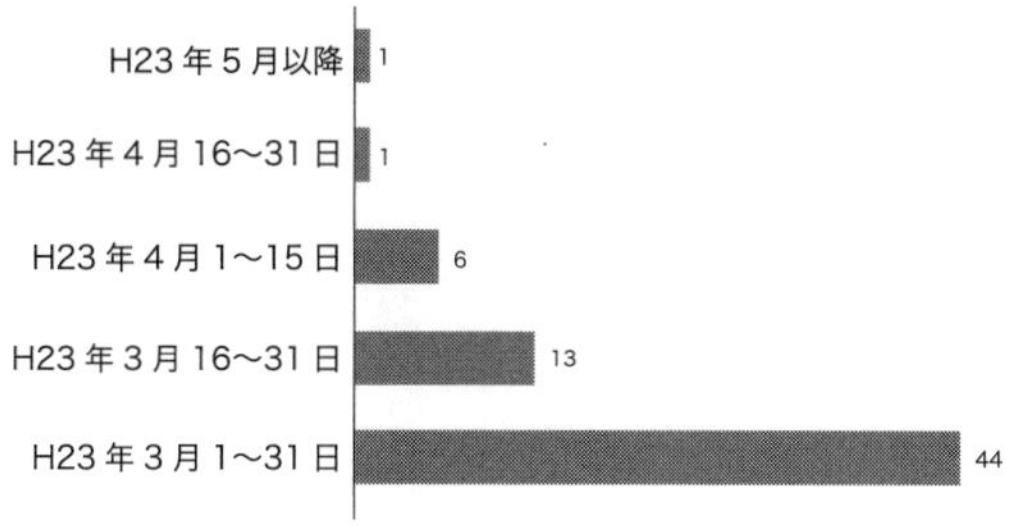

図2　福祉避難所開設の時期

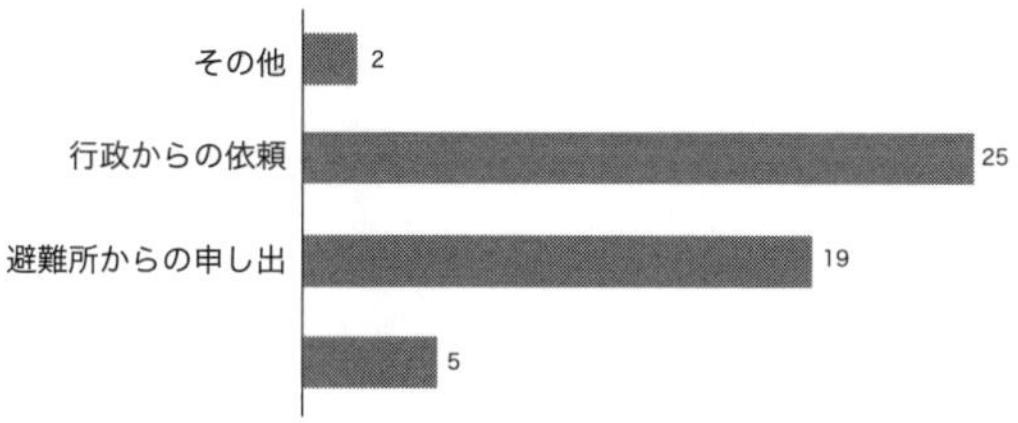

図3　指定までの経緯

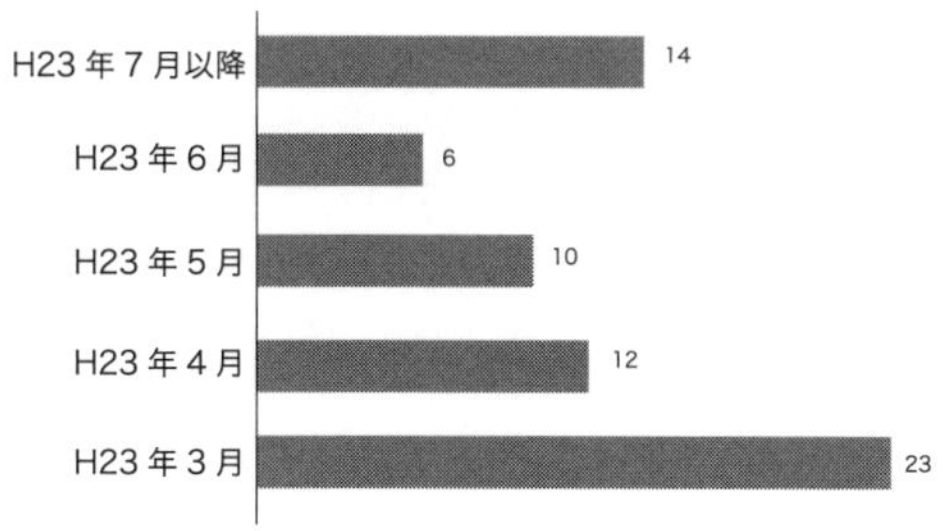

図4　開設の終期

③開設の終期（図4）

開設の終期は、三月中に閉鎖したところが二三、四月末までを加えても三五と六割以下である。七月以降に閉鎖されたものが一四ヶ所あり、開設は長期化したことが分かる。

④平均開設期間と特徴（図5・表1）

六五ヶ所（うち開設はしたが実績がない一施設を含む）の開設総日数は三六二〇日であった。最も短い開設期間は二日、長いものは一六七日である。一二四日（四ヶ月）以上の開設が八ヶ所、九三日（三ヶ月）以上でみれば一四ヶ所ある。一ヶ所あたりの平均は五五・七日だから二ヶ月に近い開設期間であった。

市町村毎に見たときに最も開設期間が長いのは北上市で一二一・五日、次いで釜石市が一〇八・六日、3番目は盛岡市で九九・八日となっている。沿岸地域では山田町七六・三日、大槌町五六・一日、宮古市四一・七日、大船渡市四〇・六日である。

沿岸部に比べ、内陸部の北上市、盛岡市では旅館等の宿泊型施設が福祉避難所となり長期に開設されている。救助者の属性については不明な施設が多いが、子供のいる家族を多く受け入れた施設もあり、応急仮設住宅に戻ることではなく内陸部で仕事と住居を探した例もいくつもあったということである。被災地域では要支援者を全て受け入れるだけの施設がなく、また老人施設等では生活が難しい被災者を内陸部の宿泊型施設等が担ったということで、これは被災沿岸部と内陸部の市町村間の連絡・連携がうまく図られた結果ということもできるだろう。このような広域的な（必要に応じては都道府県を越えた）連携は、今後の災害時の避難体制を考える上で重要な課題となるであろう。

いずれにしても、七日から一四日程度という福祉避難所の開設想定とはかけ離れた実態であり、福祉避難所となった福祉施設等は相当な負担を感じながらの運営であったと思われる[2]。

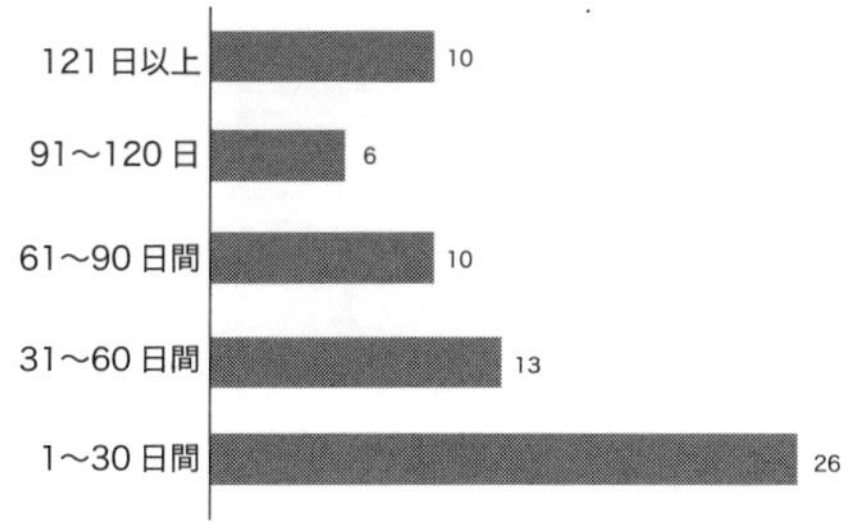

図5　平均開設期間

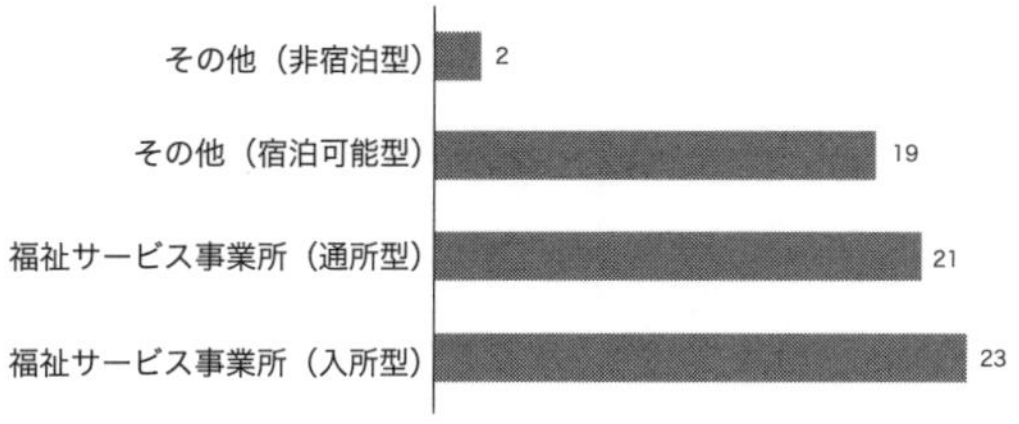

図6　福祉避難所となった施設の本来の業態

⑤福祉避難所となった施設の本来の業態（図6）

六五ヶ所中福祉サービス事業所（入所型）が二三ヶ所、同（通所型）が二一ヶ所で福祉施設は合わせて全体の六八％を占めた。福祉施設以外では公共宿泊施設や旅館など宿泊型の施設が殆どを占めている。

制度上の想定は老人福祉センターや養護学校（当時）など地域の公共的施設が中心で、旅館等の施設は補完的な位置づけであった。しかし、実際には、社会福祉施設に避難者が集まり、福祉避難所になっていったのである。福祉施設が、地域の中では避難場所として一定の認知を得ていたことが窺える。

⑥救援実人員と延べ人員（図7・8・表1）

救援実人員については全ての福祉避難所から回答が得られてはない。最も多いのは三〇人までであり、通所型を含む福祉施設が福祉避難所となっていることと関係していると考えられる。

北上市	水上温泉湯元東館	2011.3.12	2011.8.3	145	1,513	855				658
北上市	高甚旅館	2011.3.12	2011.7.7	118	209	76				133
北上市	北上パークホテル	2011.3.12	2011.7.26	137	584	154		27		403
北上市	くさのイン	2011.3.12	2011.6.5	86	125	22				103
久慈市	久慈駅前デイサービスセンター わがや	2011.3.11	2011.3.12	2	6	6				
久慈市	小規模多機能ホームときわ苑	2011.3.11	2011.3.14	4	31	31				
一関市	特別養護老人ホーム　福光園	2011.3.11	2011.5.27	77	131	131				
一関市	特別養護老人ホーム 福光園アネックス	2011.3.11	2011.5.6	56	356	325			31	
一関市	いこいデイサービスセンター	2011.3.11	2011.3.25	15	154	131	13		10	
一関市	ツクイ一関デイサービスセンター	2011.3.15	2011.3.26	12	100	100				
一関市	特別養護老人ホーム　孝養ハイツ	2011.3.11	2011.3.17	7	17	17				
陸前高田市	陸前高田市交流促進センター（ホロタイの郷　炭の家）	2011.4.5	2011.6.15	72	29	29				
釜石市	特別養護老人ホーム アミーガはまゆり	2011.3.11	2011.5.31	82	167	167				
釜石市	老人福祉センター滝の家	2011.4.1	2011.7.31	122	1,730	1,730				
釜石市	ふれあい交流センター清風園	2011.4.1	2011.7.31	122						
大槌町	特別養護老人ホーム　三陸園	2011.3.11	2011.8.11	154	325	325				
大槌町	はまぎくディサービスセンター	2011.3.18	2011.4.18	32	193	193				
大槌町	特別養護老人ホーム らふたぁヒルズ	2011.3.11	2011.3.15	5	97	27		4		66
大槌町	あかね会　ケアプラザおおつち	2011.3.11	2011.5.12	63	5,749	862	287	575		4,025
大槌町	特別養護老人ホーム　城山の杜	2011.3.11	2011.3.31	21	50	50				
大槌町	障害者支援施設 四季の郷	2011.3.11	2011.5.11	62	☆ 1,342					
山田町	特別養護老人ホーム　平安荘	2011.3.28	2011.5.31	65	1,301	801	65		435	
山田町	小規模多機能型居宅介護事業所 眺望	2011.4.8	2011.5.31	54	621	392	44		185	
山田町	旧ホテル陸中海岸	2011.4.8	2011.5.31	54	290	245			45	
野田村	ことぶき荘デイサービスセンター	2011.3.11	2011.3.28	18	118	118				
野田村	国民宿舎えぼし荘	2011.5.31	2011.6.29	30	68	29				39
				3,620	26,681	■ 10,934	■ 2,667	■ 659	■ 804	■ 5,811

「市町村調査」「福祉避難所調査」をもとに、岩手県がこれまで行った調査を参考にして集計した。

※＝各対象について救助しているが人数は不明　☆＝この福祉避難所分の内訳が不明　■＝内訳毎に数値が分かるものの計、一致しない

表１　東日本大震災における福祉避難所の設置状況と救助人員等

市町村名	名称	開設期間		開設日数（日）	被救助延べ人員（人）	内訳				
		開設日	閉鎖日			高齢者	障がい児・者	幼児・妊婦等	高齢の家族等	その他
盛岡市	つどいの森こもれびの宿	2011.3.28	2011.9.10	167	2,864	※	※	※	※	※
盛岡市	ユートランド姫神	2011.4.5	2011.8.1	119	☆　904					
盛岡市	特別養護老人ホーム カーサ南盛岡	2011.3.18	2011.4.25	39	39	39				
盛岡市	ひだまりショートステイ	2011.3.22	2011.5.22	62	62	62				
盛岡市	介護事業所　恒和荘	2011.3.23	2011.6.22	92	279	279				
盛岡市	グループホームほっとくりやがわ	2011.3.25	2011.6.30	98	196	98			98	
盛岡市	サンセール盛岡	2011.3.22	2011.4.12	22	82			52		30
宮古市	宮古市社会福祉協議会	2011.3.11	2011.5.19	70	284	230	54			
宮古市	特別養護老人ホーム　紫桐苑	2011.3.11	2011.4.13	34	190	190				
宮古市	小規模多機能あすなろ	2011.3.11	2011.4.13	34	51	51				
宮古市	株式会社かがやきライフ本社	2011.3.11	2011.3.20	10	45	45				
宮古市	通所介護事業所 かかやきディサロン	2011.3.21	2011.3.24	4	14	14				
宮古市	特別養護老人ホーム　慈苑	2011.3.11	2011.4.15	36	49	49				
宮古市	千徳デイサービスセンター	2011.3.14	2011.4.13	31	376	376				
宮古市	特別養護老人ホーム　心生苑	2011.3.17	2011.4.24	39	516	406				110
宮古市	宮古介護老人保健施設　桜ケ丘	2011.3.21	2011.3.30	10	30	15				15
宮古市	ふれあい荘デイサービスセンター	2011.3.11	2011.3.26	16	131	131				
宮古市	自立更生会 宮古アビリティセンター	2011.3.11	2011.3.14	4	23		23			
宮古市	若竹会わかたけ学園	2011.3.28	2011.7.21	116	54		54			
宮古市	若竹会自立生活支援センター ウイリー	2011.3.11	2011.8.11	154	304		304			
宮古市	若竹会 SELP わかたけ	2011.3.11	2011.3.27	17	87		87			
宮古市	若竹会ワークプラザみやこ	2011.3.11	2011.3.14	4	28		28			
宮古市	NPO 法人あおば会 グループホームせせらぎ	2011.3.29	2011.6.25	89	75		75			
大船渡市	丸森デイサービスセンター	2011.3.11	2011.3.19	9	48	48				
大船渡市	うえのケアサービスセンター	2011.3.11	2011.3.12	2	4	4				
大船渡市	JA おおふなと デイサービスセンター日頃市	2011.3.11	2011.3.14	4	19	19				
大船渡市	岩手高齢協すずらん	2011.3.11	2011.3.19	9	44	44				
大船渡市	気仙デイサービスセンター	2011.3.11	2011.4.5	26	449	449				
大船渡市	老人保健施設 気仙苑デイケアセンター	2011.3.11	2011.4.19	40	535	535				
大船渡市	介護老人保健施設　気仙苑	2011.3.11	2011.4.19	40	462	438				24
大船渡市	地域密着型介護老人福祉施設 「ひまわり」	2011.3.12	2011.3.22	11	34	34				
大船渡市	特別養護老人ホーム　富美岡荘	2011.3.12	2011.8.25	167	☆　696					
大船渡市	小規模多機能ホーム　「後ノ入」	2011.3.11	2011.3.18	8	68	68				
大船渡市	小規模多機能ホーム　「平」	2011.3.12	2011.3.31	20	83	83				
大船渡市	県立福祉の里センター	2011.3.11	2011.7.30	142	1,835		1,633			202
大船渡市	NPO 法人けせん・まちの保健室	2011.4.26	2011.7.25	92	395	395				
大船渡市	地域密着型介護老人福祉施設 蔵ハウス大船渡	2011.3.11	2011.7.15	127	0					
花巻市	花巻温泉	2011.3.11	2011.4.17	38	17	14		1		2
花巻市	療養通所介護事業所　かえん	2011.3.11	2011.3.13	3	3	2				1

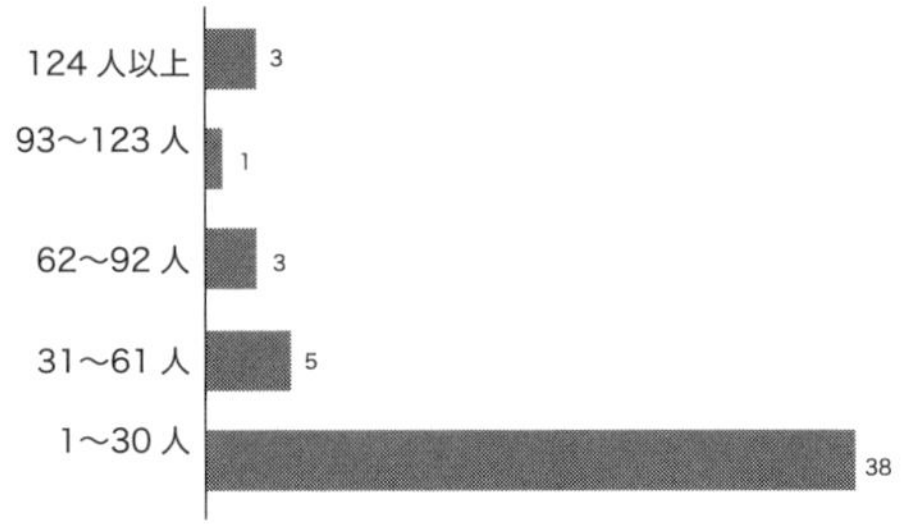

図７　救助実人員

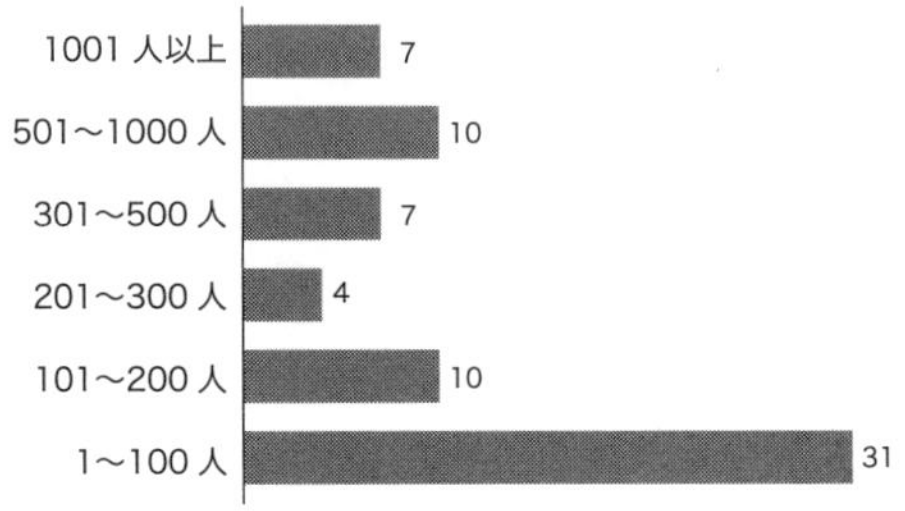

図８　救助延べ人員

救援延べ員は、市町村及び福祉避難所から出された数値と、岩手県がそれまで何度か行った調査結果の数値を照合することにより、表1の通り二万六六八一人という数を確認することができた。時間経過もあり、福祉避難所には困難な作業を強いることになったが、それでも不明な部分は残った。福祉避難所によっては給食の延べ数などから再確認したところもあるようだ。

これを人員階級別に区分すると、一〇〇人までが三一と最も多く全体の約半数であるが、一方、五〇〇人から一〇〇〇人までが一〇、一〇〇〇一人以上は七で合わせれば全体の四分の一を超えている。

⑦被救助者の属性毎の数

二万六六八一人の属性別の内訳は、四つの福祉避難所について確認できないが、他の六一施設分を合計すると次の通りとなった。

高齢者一万九三四人、障がい児・者二六六七人、幼児、妊婦等六五九人、高齢者の家族等八〇四人、その他五八一一人、計二万八七五人（これらに含まれない四施設分延べ数は五八〇六人）。

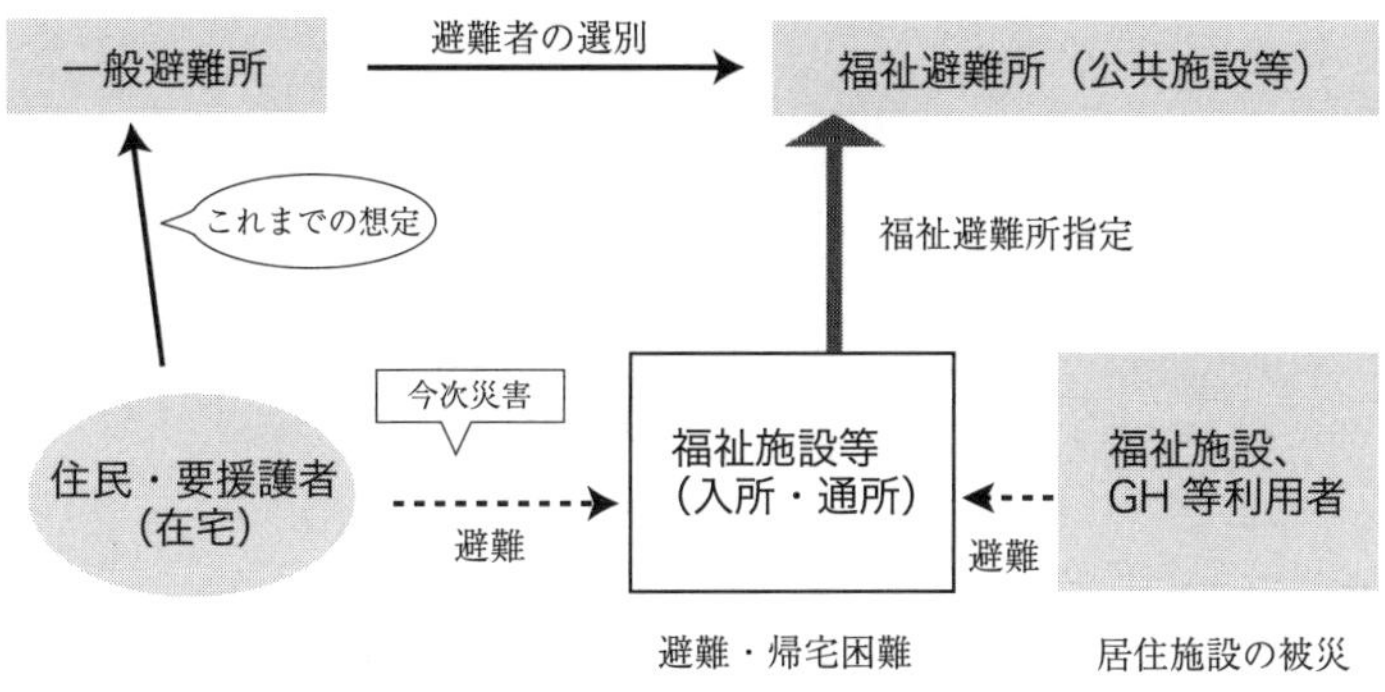

図９　福祉避難所が救援した要援護者

六一ヶ所の属性別状況からみて、「高齢者」は、集計していない五ヶ所にも相当数含まれていると見込まれるから、全体の約半数は高齢者であったと考えていいだろう。「障がい児・者」、「幼児・妊婦等」については、受け入れた施設数が少なく、特定の施設に集中している。また、障がい児・者については、障がい別の内訳を把握する必要があるのだが、今回の調査では属性毎の内訳の把握さえ困難な事情があったので、できていない。「その他」は、高齢者の次に数が多い。報告書作成後の聞き取り調査では、乳幼児と家族、一般避難者をあげる福祉避難所があった。

筆者が聞き取りをした規模の大きい特別養護老人ホームには、灯りを頼りに、高齢者だけでなく地域の一般被災者も数多く避難してきていた。受け入れの情報が広まることによりさらに多くの避難者が集まってきて、定員一〇〇人の施設で一時は五〇〇人以上が生活したという。そのような状況では避難人員の正確な把握さえ難しく、属性ごとの把握はさらに困難であったろう（そもそも対応する職員の数が限られ、労力は限界状態にあったのだから）。

⑧福祉避難所が救援した要援護者（図９）

ここでは、これまでのまとめとして福祉避難所が救援した要援護者について、主な経路を整理するとともに、社会福祉施設等が福祉避難所になっていった特徴的な経過も図示しておきたい。

まず、救援対象となった高齢者等がどのような要因・経路から福祉避難所で救援を受けるようになったのか。在宅者と福祉サービス利用者に分けて、主なものをあげてみたい。

ア　在宅者の場合

・被災による住居の喪失や倒壊

これは津波や火災によって住居が失われ、又は倒壊、損壊によって居住場所を失ったものである。沿岸地域では地震には耐えたものの、その後の津波によって流され、倒壊し、また浸水したことにより居住できなくなった住宅が数多くある。

・被災による介助者喪失、不在

津波から逃げ遅れたなどにより、介助者が死亡、行方不明、負傷などにより、一時的なものも含め不在となったことから、居宅での生活が困難となったものである。

・被災による住居での生活困難（ライフラインの途絶等）

地震と津波によって停電、断水、都市ガスの供給不能など、いわゆるライフラインは相当日数にわたり供給されなかった。また、道路網も寸断され、食料、ガソリン、灯油その他生活必需品の供給も暫くはなされなかった。三月とはいえ、岩手県内は日中の気温は一〇度に届かず、時に雪が降ることもあるなど、まだ冬の終わりという時期であり、ライフラインと食料等が切れた中での居宅生活は、特に高齢者等には厳しいものであった。

・一般避難所における体調不良等

自宅から身近な一般避難所に逃げたものの、体調不良、心身の状況等によってそこでの生活が困難と判断されて、介護や看護等の専門人材がいる福祉避難所に移ったものである。震災直後には判断機能はすぐには働かないし、そもそもどこの避難所にどのような人が避難しているかの行政の把握には時間を要した。また、どこに福祉避難所が開設され、対象や受け入れの可能性はどの程度あるかなどの情報が共有されるまでにはさらに時間を要したと思われる。そのようなことから、ある程度の期間、一般避難所での生活を余儀なくされた高齢者、障害者が相当の数いたことだろうし、自閉症児がいる家族など、避難所生活を断念して自家用車等で夜を過ごしたことが報道されてもいた。

災害救助法が想定していた「一般避難所での生活が困難で特別の配慮を要する者を、選別して福祉避難所へ」という経路は、今次震災のような大規模災害の場合には、人的な対応力や医療機関、福祉避難所等の受け皿の確立とそのことに関する情報の共有がなければ円滑には進まないことが、今回の経験からは考えられる。

イ　福祉サービス利用者の場合

・入居型福祉施設、住宅型福祉施設利用者の場合

津波の被害は一部の特別養護老人ホームやグループホームにも及んだ。これらの施設入居者は、近隣の同種施設、あるいは同一法人内の他施設に移送されてとりあえずの生活の場を確保した。

施設の側では、津波の襲来は午後三時半頃であり、夕刻が迫るなかで移送先の確保と移送は素早く行う必要があったであろう。当然ながら外部からの支援は望めず、自力での取り組みであった。利用者の身体的負担も大きかったと思われる。移送先の施設が後に福祉避難所となった。

グループホーム（GH）は障害者が地域の中で暮らす拠点であり、町中に作られているものが多い。震災ではそれらが津波の被害を受けた。宮古市の社会福祉法人は、市の中心部で浸水した複数のGH入居者を同一法人内の他のGHや通所型施設に移している。

・通所型施設利用者の場合

地震、津波の発生は通所型施設では帰宅時刻に重なっている。帰宅バスに乗って施設を出たものの、運転手が、巡回経路方面が津波に襲われていることを知り引き返した例がある。また、早い時点で利用者の帰宅は困難と判断し、宿泊を伴う避難先となることを決断した施設もある。通所型施設の利用者はこのようにしてその施設で寝泊まりするようになった。当日は通所していない利用者が、被災後に避難してきた例もあるようだ。

また、福祉避難所となった福祉施設の側から福祉避難所になっていった経緯を見れば、図9のように整理することができるだろう。

すなわち入所型福祉施設では、（ア）一般避難所的に地域住民の避難を受け入れ、（イ）被災して運営ができなくなった他施設の利用者を受け入れ、（ウ）さらに市町村から依頼された者や住居を失った従業員の家族等なども受け入れて、福祉避難所となっていた。

また通所型施設では、帰宅困難となった利用者を受け入れて宿泊体制をとり、福祉避難所となっていった。

⑨福祉避難所職員とその家族の被災など

福祉避難所となった福祉施設は、地震と津波による被災は免れたが、通常の状態で業務が行えたわけでは全くない。その要因であるライフラインの不通、食料等の供給途絶は先に述べた。付け加えておかなければならないのは職員とその家族の被災であり、利用者とその家族の安否確認である。

被災した職員数の調査に回答した二四施設のうち職員に被災者がいたのは一八であった。勤務中に自宅等が被災した職員の多くは、直後には被災の有無を知ることができず、その後被災を知ったとしても、避難者が集まってきた施設から離れるわけにいかず、家族がいる職員はその安否を気にかけながら不眠不休状態での勤務を続けた。利用者とその家族の安否確認もまた急を要する業務であったが、被災地域の安全確保が不十分で情報も乏しいなか、施設内の業務だけでも人手が足りない状況下、厳しい対応となったようである。

4　岩手県における福祉避難所の運営状況と課題

この節では、被災初期（被災から概ね一〇日間）における福祉避難所の運営状況について、物資、救援者の属性などについてどうであったか、アンケートで結果から述べておきたい。

（1）ライフラインの被災状況と代替策

上水道は、三月中旬までに復旧したのが約四割、三月末までには八割程度で復旧している。代替策として最も多かったのは地下水や井戸水の利用で、市町村による給水が続いている。数は少ないが、近隣の河川から水を汲んで生活用水として使用したという施設もある。

電気は、回答施設の七割までが三月一五日までに復旧している。しかし地域によっては四月下旬まで通電しなかった施設があり影響は大きかった。代替策としては発電機を調達して利用した施設が最も多い。明かりの確保として蝋燭やランプ、懐中電灯、自動車のライトが使われた。

ガスは、プロパンガス設置の施設が多かったせいか、長期の被害は少ない。代替策としては小型ボンベが多いが薪も使われている。

電話の復旧は、三月下旬までに六割程度、四月以降にずれ込んだ地域も四割ある。代替策としては携帯電話（職員私用含む）のほかに衛星電話、無線などが使われた。行政や医療機関との連絡、職員とその家族、利用者とその家族の安否確認など、通信機能の必要性は高かったが、衛星電話などは時間を経てから利用できたもので、被災直後は職員が動き回ることしか方法がなかったようだ。

（2）暖房、厨房用燃料（図10）

暖房、厨房用の燃料は、被災直後に関しては「燃料はあった」という施設が多かったが、「問題なく使用できた」施設のなかには、職員が自宅から灯油や反射式ストーブ、石油コンロ等を運んだことによって使用できたところが含まれている。そのような調達ができない場合「燃料はあったが電気がなくて使えなかった」、「燃料はあったが器具がなくて使えなかった」ということになった。燃料は不可欠だが、燃料だけでは役に立たないことが教訓となった。

また、「その他」では「居室はエアコン、調理器具はオール電化のため全く使えなかった」「オール電化の施設のため反射式ストーブを見つけて使ったが、数が足りず寒かった」「灯油もガス（プロパン）」もあったが量が足りず地域で調達した」「暖房は（ボイラーのため）通電まで使えなかったが、通電後は燃料が足りなくて困った」などが報告されている。オール電化は安全面や維持管理上のメリットはあるが、長期の停電の場合にはデメリットが大きく、代替方策を用意しておくことが必要になる。ボイラー暖房も同様だろう。また、被災後数日間は通常の備蓄で対応できたとしても、被災規模が大きくて燃料の供給が得られない場合には一定期間経過後に燃料問題が発生することもあり得る。

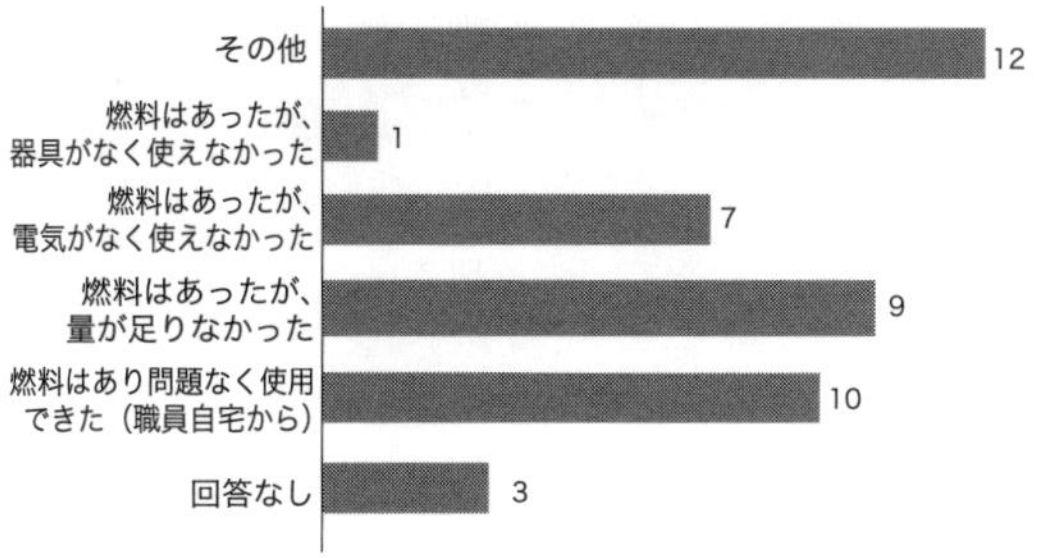

図10　燃料の状況

（3）食料

①食料の備蓄

入所型福祉施設の場合、国の指導により概ね三日分の食料備蓄を行うことになっていた。通所型の場合、昼食の提供だけであることから一日分程度の買い置きはあるにしても、それ以上の備蓄は考えられていなかっただろう。福祉避難所調査では備蓄の有無を聞いているが、回答四二施設中「有」は二七，「無」は一二であった。後者は通所型施設であろう。また備蓄量は「三日」とした施設が最も多く、最大でも七日であった。これはあくまで通常の利用者についての備蓄日数である。このような施設が福祉避難所となったのであり、支援を要する人たちを受け入れれば、程度の差はあっても食料の確保は直ちに切迫した課題となる。

②調達と調理の工夫

福祉避難所となった施設では、様々なルートを通じその調達・確保を図っている。通常の取引先に始まり、近隣の民家や商店、農家などから、盛岡市や遠野市など内陸部まで手を広げている。道路状況だけでなくガソリン不足、人手不足という問題もあり、内陸部でも物資が欠乏していたから調達には苦労したはずである。規模の大きい法人組織の場合は内部での融通が行われたようであり、職員や利用者の家族が自宅から持ち寄る、地域住民から差し入れがある、などの支え合いもあった。

また調理面では、冷凍保存材料を活用し一日二食とする、一食あたりの量を減らすなどの工夫がなされたが、利用者の嗜好（食べることによる健康管理）などを考えればこれも苦渋の対応だったであろう。

被災後二日経過頃からは市町村等を通じた救援物資の配分や自衛隊等による炊き出しなどの支援が始まったが、福祉避難所としての認知（そこに多数の要支援者がいることの認識、）がなければすぐには支援に繋がらないこともあった。行政との連絡が、避難所側からの発信も含めて、しっかりついていることが食料の調達にも大きく影響する。

③最も多かった食事内容と平均的な供給カロリー

ア　最も多かった食事内容

備蓄が限られていて、食料確保の見通しが立たない中では、食事内容は限られてしまうだろう。沿岸部の施設について、記載されたものを例として示す。外部からの供給によったものが多かったのではないか。

・おにぎり、味噌汁、パン

・おにぎり、菓子パン、味噌汁、大根のきんぴら
・おにぎり、雑炊、缶詰、カップラーメン等
・おにぎり、缶詰
・ごはん、味噌汁、お浸し、漬け物
・常時備蓄している缶詰や海苔の佃煮、梅干しなど

イ　平均的な供給カロリー

被災直後における食事のカロリーについて、数値データを求めることには無理があると考えながらの設問であったが、一二施設から回答があった。被災直後の限られた時期の数値だが、いずれも必要な熱量を満たしてはいない。また、施設毎の違いも大きい。

各二施設　六〇〇キロカロリー、一二〇〇キロカロリー。

各一施設　二一四キロカロリー、四五〇キロカロリー、九〇〇キロカロリー、一一〇〇キロカロリー、一二〇〇～一四〇〇キロカロリー、一五〇〇キロカロリー、一三〇〇～一六〇〇キロカロリー、一六〇〇～一八〇〇キロカロリー。

（4）居室として使用した屋内スペース

福祉避難所となった施設は、入所型の場合は通常の利用者に加えて、通所型の場合は、日中を越えて二四時間全てにおいて、定員を超えた避難者を受け入れることになった。

使用したスペースで最も多かったのは「施設内のホール等広い部屋」で回答数六八中二八だった。次いで「施設内の居室」が二一。これは、多数の避難者があった入所型施設において、空室や短期入所等の居室を当てただけでなく、例えば、一般居室についても本来の入所者を移動させて空室をつくり（つまり入所者はこれまでの倍近い入所者と同じ部屋で暮らすことになった）避難者のスペースを確保したなどのことである。ほかにも会議室から玄関、廊下に至るまでが居住空間として活用されている。全ての施設ではないが、施設空間のほとんどが避難者の居住スペースとなった例もある。

(5) 寝具等

寝具は、回答した四二施設中二九は在庫を保有していたが、通所型など一〇では保有していなかった。在庫量では一六〇人分（入所型）から五人分（通所型）まで幅が広い。そのため、保有寝具で間に合ったのは回答三九施設中一八施設あるが、二一施設は充足できず確保のための方策を講じている。公的な支援、業者からの貸し出しのほかに、ここでも職員、利用者、近隣等身近なところから調達している。

避難者の中には身体の状況等からベッドが不可欠な高齢者等がいる。その充足状況は、回答があった三九施設中、保有ベッドで間に合ったと回答したのは一七で、短期入所や通所介護等の空きベッドを活用している。在庫では間に合わずに独自に確保策を講じたのは四で、方策として業者からのレンタルのほかに、医療器具メーカーや業務を休止したディセンターから提供を受けた、福祉施設から借用した、などがあげられている。また、不足分は確保できず施設内の備品等を活用したのが六、ベッドは使用せず寝具のみで対応したのが一〇であった。

（6）人的支援

福祉避難所となることによって、入所型施設では入所者に加えて避難者への対応が、通所型施設では夜間を含めた二四時間の対応が、福祉施設以外の施設では介助、食事その他の対応が必要となった。施設内の限られた人手では対応に限界があった。外部からの人的支援はどのように行われたのか。

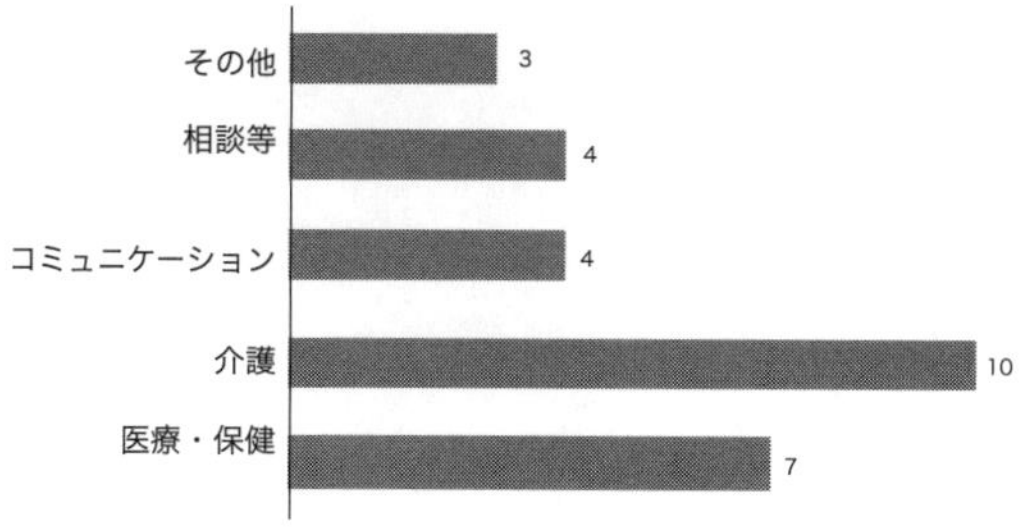

図11　被災初期における外部からの支援内容

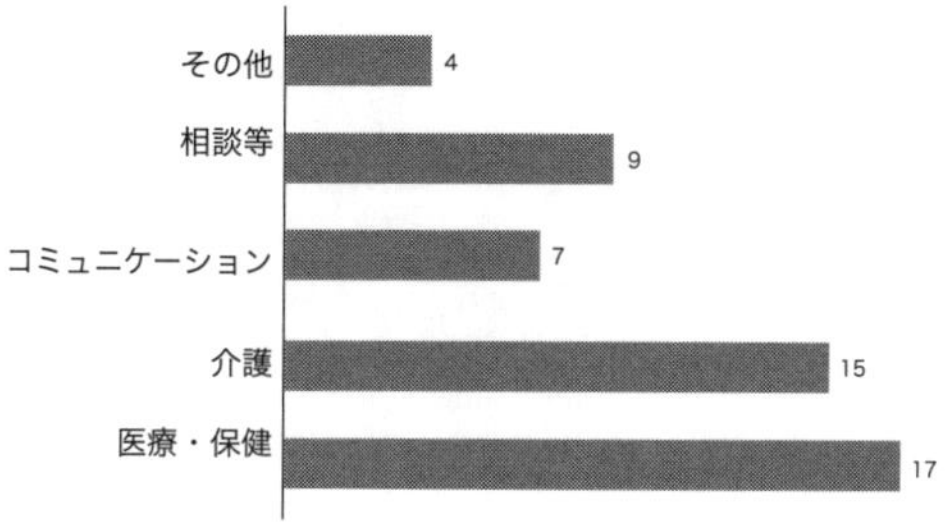

図12　救助対象者に必要と感じられた外部支援

①人的支援の有無と支援を受けた業務（図11）

回答された三九施設中外部からの支援を受けた施設が二五、受けなかった施設は一四であった。

支援を受けた業務は「介護」が最も多く一〇施設、次いで「医療・保健」であった。「コミュニケーション」「相談等」はそれぞれ4施設である。「その他」には調理員、リハビリ職、消防団員などの記載がある。給食量の増加などから調理業務への支援が必要になったものだろう。

「医療」をあげた九施設からは診療科を聞いている。一般診療科が七で歯科をあげた施設が二あった。

②必要と感じられた人的支援（図12）

実際に支援が得られたかどうかにかかわらず、必要と感じられた支援の内容を聞いている。回答のあった五二施設中「医療・保健」一七、「介護」一五、「相談等」九、「コミュニケーション」七であった。回答数からは、支援を受けていない施設においても様々な支援が必要と感じられていたことが分かる。

「その他」では調理員、リハビリ職、ケアマネージャーなどがあげられているが、加えて「救助対象者の見守りがあれば職員により対象者の家族との連絡手段を探すことができた」という記載があり、被災初期に福祉避難所となった施設が抱えた業務の複雑、多様さが窺える。

（7）避難者に対する個別支援

被災初期に、福祉避難所が施設内で行った避難者に対する個別支援である。最も多くあげられているのは「家族との連絡、家族の安否確認」である。家族との連絡が絶たれ、また帰宅ができなくなった利用者、避難者からみれば直ちに取り組んでほしい支援であっただろう。しかし外部からの人的支援が必要な状況において、被災して混乱の極みにあった地域に出て連絡や安否確認を行うのは厳しい業務であったことだろう。

このほかには、相談や話し相手（普段にもましたコミュニケーション）、薬剤の調達、定期的な運動、清潔の保持、体調変化時の医療機関への対応、衣類や排泄用品、暖房器具等の貸与、受け入れ先の調整など多くの項目があげられている。被災の程度や状況を含めて心身状況が異なり、その情報も乏しい救助対象者に対し、限られた人員で、個別化し、丁寧な対応を続けていくことは、言葉には表せない難しさがあったのではないか。

（8）行政との連絡状況（図13）

（実質的に）福祉避難所となっていることについて行政に初めて連絡ができた日について、回答があった二〇施設中、「三月一一日」四施設、「三月一二日」八施設、「三月一三日」二施設、「三月一五日以降」は六施設となっている。連絡の方法としては「口頭」「出向く」など施設側から動いたものが殆どである。被災初期には、行政もまた被災と多方面への対応のため混乱して対応力が限られていただろうから、このような形で福祉避難所が認知されて（認知させて）いったのは、そうなるしかなかった経過であるといえるのではないか。

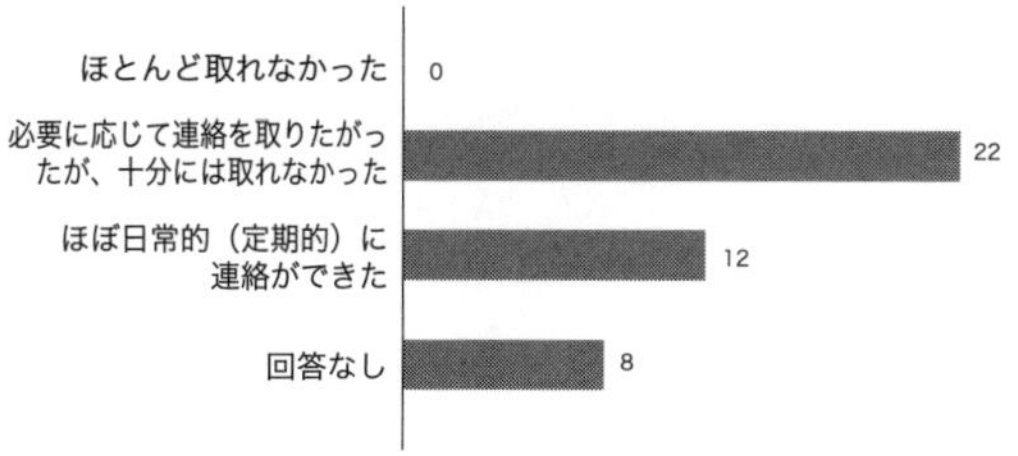

図13　初めて行政と連絡が取れて以降の連絡状況

このような状況であり、行政から初めての連絡があったのはその後になっていて、三月一二日以降が多い。「電話」や「口頭」に加え職員が直接訪問してきた場合もあるが、一部である。

初めて連絡が取れて以降の連絡状況は、回答した三四施設中「ほぼ日常的に連絡ができた」は一二施設で「必要に応じて連絡を取りたかったが、十分にはとれなかった」が二二施設と多い。被災規模やそれに伴う行政の繁忙、ライフラインの復旧状況と関連すると思われる。

これらを併せて考えれば、今次震災における福祉避難所の形成は、行政が指揮、指示、して動きだしたというよりは、まず施設（福祉避難所）が動いてそれを行政が追認、その後も施設（福祉避難所）が独自性を持って運営していったという経過が主であったといえよう。

(9) 福祉避難所の現場では

ここでは、福祉避難所となった施設の活動状況などについて、筆者の聞き取りに基づいて述べることにする。なお、定員等は被災当時のものである。

①特別養護老人ホームA(大船渡市、定員一一一人、短期入所定員二四人)

ア 立地

被災した市街地から車で一〇数分程の、福祉施設等の集合地域として開発された高台に位置する。被災地域とはなっていない。周囲には盲老人ホーム(同一法人経営)、障害者通所施設、児童養護施設、特別支援学校、宿泊型交流施設(次に述べる施設B)、市社会福祉協議会等が入居しプールなども有する交流型施設があり、全体が「福祉の里」と呼ばれている。

イ 震災直後の動き

・大災害となったことを知り、理事者の指示により民放ラジオ局に連絡して、施設では避難者を受け入れていることを流してもらう。また自衛隊出身の職員がおり、経験を活かしすぐに発電機、屋外投光器の確保に走った。吸痰が必要な人が三〇人以上おり、また停電下、施設の所在を被災市民に示すため、これらの機器は不可欠であった。

・このような動きが認知され、多くの一般市民のほか被災した老人関係施設等からも入所者が避難してきた。一時は定員の五倍を超す避難者を受け入れていた。

そのためすぐに食料の買い出しに走った。断水となったため水は井戸水を使用した。

三月一二日の午後、施設内に災害対策本部を設置した。

・一般住民が数多く避難したが、避難所としては指定されていない。福祉避難所としては六月に入ってから四月まで遡って指定されたのであり、当初は福祉避難所としての意識はなかった。

ウ　避難者への対応

・規模の大きい施設ではあるが、会議室やホールだけでなく廊下、食堂など施設全体を使って避難者に対応することになり、文字通り足の踏み場もない状況となった。そのため、隣接する同一法人経営の盲養護老人ホームでも避難者を受け入れた。

・ベッドは近隣のディサービスのベッドを活用し、リース業者から在庫品も借用した。被災していない職員からも毛布等を提供してもらった。それでも不足したので、床にマットレスや布団を敷いて対応した。

・部屋は四人部屋を八〜一〇人程度で利用してもらった。被災して避難してきた他施設利用者には重症者がおり、その人たちへの配慮を優先した。

・職員には家が被災した者もおり、その家族も避難してきていた。被災後一ヶ月ほどは泊まり込みで対応した。家族にはボランティアとして活動してもらった。

避難者の中には認知症など介護・支援の必要な者も数多くいたが、個々人の情報がないため、職員たちは小規模のミーティングを繰り返しながら何とか対応した。発災が日勤時間帯だったから職員の数は夜間よりは多かったとはいえ、数百人に個別に対応することは困難を極めた。

・入居者分の食料備蓄はあったが避難者分はないため、食料は遠方への買い出し、職員等の協力など様々な方法で確保に努めた。最初の一週間程は特に大変だった。給食は首都圏の事業者に委託していたが、道路事情にもかかわらず輸送により確保できたことは幸いだった。
・最も深刻だったのは、暖房や自家発電を賄う油の確保だった。また、ヘルパー車などを緊急車両として指定しガソリンを優先的に給油してくれるよう求めたが、認められなかった。そのため、次の災害に備え、備蓄用としてガソリンスタンドを買い取った。
・ボランティアは三月二一日から受け入れた。介護職員等の派遣を受けた。
・避難してきた被災老人施設入居者は、一〇日間で内陸部の施設に移動した。津波の被害者は三ヶ月程度の避難で移動した。

エ　その他（意見等）

要援護者が避難するときは家族も一緒に来て欲しい。情報が得られるとともに、介護に家族の力を借りることができる。

福祉避難所についての認識は、市にもなかったのではないか。災害時の連絡システム（整備）についてもそのような発想はなかったと思う。

②B施設（県が設置した利用型施設、宿泊設備あり、地元の社福法人が指定管理）

ア　立地

A施設と同じ高台に位置している福祉の里を構成する施設。設置したのは岩手県で、地元の社会福祉法人が指定管理していた。イベント、研修会等に利用される施設で、体育館、宿泊設備がある。職員にはケアのための人材はおらず、夜間の人員配置もなかった。

イ　震災直後の動き

同一法人が経営する通所型障害者施設が被災したことから、その利用者の避難所となった。また、高台にあり宿泊設備も備えていることから一般市民も避難してきた。このことから二四時間対応の避難所となった。

ウ　避難者への対応

・障害者施設からの避難者は当初一〇〇人を超えていたが、三月一五日には約五〇人、二〇日過ぎには二五人となった。その後もゆっくりと減少し、五月下旬には五人程度となったものの七月末まで福祉避難所が続いた。

・障害者と一般市民が共に避難生活を送ることになった。職員は数人であり、障害者ケアの経験や知識が乏しい上に、二四時間対応で避難所運営を行うという初めての極めて困難な状況に直面することになった。

時間経過の中で利用者にはストレスが、職員には疲労が蓄積し、利用者のストレスは施設への不満となって職員に向けられた。解決の方法は無いに等しかったが、一般避難者については自分たちでの避難所運営を依頼し、食事の支度等も任せることにより、障害のある避難者とは区分した。そのことが避難所生活の落ち着きに繋がったという。

③C施設（医療法人立の老人保健施設）

ア　立地

全壊した海沿いの中心市街地から西側に五キロほど入った、畑が点在する集落に立地している。車なら役場などがあった中心市街地までは川沿いの路を一〇分ほどである。施設定員は九六人、ほかにこの地域でディサービス定員三〇人、訪問リハビリテーション、在宅介護支援センター事業所を開設している。職員数は合計で約八〇人。近隣には知的障害者の通所施設もある。

震災前の二〇一〇年八月に町と福祉避難所としての協定を結んでいたが、その後の準備対応などは何もなかった。

イ　震災直後の動き

・強い地震はあったが津波が襲った海岸部からは遠く、被害はほとんどなかった。夜に入り被災地域から多くの一般住民が避難してきた。暖房と三食食べられるという話が口コミで伝わって、被災者が寒い中を自力で向かって来たようであった（床暖房の余熱が続き二日間程度は暖かかった）。

・役場から避難所としての指定（依頼や通知）がなされたわけでなく、成り行きで避難所となった。協定締結当初は二次避難所としての受け入れを想定していたが、実際には一般避難所としての受け入れになった。福祉避難所だったのかどうか、今（聞き取り時点の二〇一一年九月）でも疑問に思う。ただ、被災した老人施設からも入所者が避難してきている。

・市街地にあった県立病院や診療所が被災し機能しなくなったため、当施設は、地域において医師と看護師がいてベッドがあり、病院として機能できる唯一の施設になった（県立病院の医師は中心部の一般避難所等で診察に当たっていたようだ）。そのため一時は被災した低体温患者やけが人などが救急車で送り込まれるなど、医療面の外部対応も求められた。

・当初、施設内は全てのスペースに避難者が寝泊まりした。入所者を集約して居室も高齢の避難者に開放した。数字的な記録はなく受け入れ人員の正確な数は分からないが、食事数の記録があり、通常は毎食約一五〇食程度だが、被災後数日は約六〇〇食にも上っていた。

・建物への被害はなかったが停電や断水は続いていたので、食料や水の確保には大変な苦労をした。食料は、入居者九〇人分で二日程度の備蓄があったがどこにも足りず、近隣の住民から援助してもらい、救援が来るまではそれで凌いだ。食料と衣服の支援が来るまでに一〇日程かかった。その間衣服は着た切りであった。水は一週間後に自衛隊が運んできてくれたが、それまでは、生活用水は地域の川で汲んで運ぶなどした。燃料はプロパンガスを使用していたのでガスは使えたが量が少なくなってきたので、津波で流されてきたボンベを拾って使った。電気が通ったのは四月中旬であった。

・当初は施設の職員のみで対応していた。職員約八〇人のうち四〇人が被災して家に戻ることができず、施設に寝泊まりして働き続けた。厨房業務は外部に委託していたが、被災後は「お互いさま」ということから不眠不休で働いてくれた。その費用は請求されなかった。三月後半にボランティアが入り、県外からの医療チームも来てくれた。

・避難者についての情報は名前、年齢くらいしか確認できなかった。保険証を持たない人も沢山いて、持病や服用中の薬も分からなかった。病気などで具合が悪くなった人には医師、看護師が個別に聞き取りを行っていた。避難者の中に妊婦がおり、出産するということで内陸部の病院にヘリで搬送することになり職員の同行も求められた。ヘリに乗ったものの帰りは送ってもらえず、交通が混乱している中自力で帰ってくるということもあった。避難者の中に乳幼児がおり、ミルクとおむつがなくて困り、内陸まで買いに行かなければならなかった。また、高齢者の看取りの問題も出てきた。幸い、老健施設なので多職種にわたる職員がいて、何とか対応してきた。

・発災三日目までは一般避難者の面倒も見ていたが、四日目に副施設長が判断し「ここは要援護者の避難所である」旨を一般避難者に話した。それにより一般避難者は、自分たちのことは自分でやろう、ということになって、その後は自分たちで避難所を運営していた。　避難者は発災後一〇日目でおおよそ半分となり、四月末には九割が他の避難所等に移っていった。コミュニティができていたので移動したくなさそうな人も見られた。残った一割はほとんどが高齢者で、六月末までに他に移動した。

・行政との関係では、職員が数回巡回に来たが、専任者の配置はなかった。そのため必要な情報がなく、福祉避難所としての費用の取り扱いなどのことも分からなかった。後になって請求書や領収書が必要だといわれたが、ほとんど取っておらず、費用の精算がされなかった。町の幹部に専任者の配置を求めたが、逆に「何とか頼む」と言われてしまった。

(10) 福祉避難所運営上の課題

これまで述べてきたように、被災地域で福祉避難所となった施設のほとんどは、福祉避難所としての意識も準備もないままに多くの避難者を受け入れ、福祉避難所になっていった。それは、電機や水などのライフラインが断たれ、食料も乏しくなっていく中で、被災者となった者も含む職員たちの文字通り不眠不休の活動で担われたものであった。

ここでは、その活動を振り返って我々の調査に寄せられた報告・意見の中から「福祉避難所としての運営上の課題」と捉えられたものについてまとめて整理しておきたい。

①必要な備蓄

まず物資の備蓄である。被災前は、食料は数日分の備蓄（買い置き）はあっても、それ以外の物資には備蓄という意識自体ほとんどなかったようである。新しい課題である。

ア　食糧・水

避難者分を含め三日から七日程度が必要とされている。食料は避難者の健康状態に合わせたもの（経管流動食を含む）や乳幼児用食料品（粉ミルクなど）があげられ、水は飲料水のほかに生活用水（トイレ用、清掃用その他）の確保が不可欠とされている。

イ　燃料・暖房器具等

暖房等の燃料は、タンクに残量があっても停電のためボイラー等が使えなかった。そのため発電機の必要を挙げる施設が複数あった。冷蔵庫や暖房、照明等を最低でもまかなえる容量、という指摘がある。発電機には燃料としての油も含まれている。ガソリンは移送などの車両の運行や職員の通勤に必要で、備蓄することはできないから災害時緊急車両として優先配分できないかという声である。灯油、軽油もあげられている。暖房器具は、電気を使わない反射式ストーブが多くあげられた。暖房だけでなく調理にも使うことができる。ほかに、蝋燭、ホッカイロ、乾電池などがある。

ウ　衣類・寝具

寝具は想定避難者分が必要とされ、衣類は避難者用の衣服、下着、乳幼児用の衣類などである。

エ　その他

医薬品、排泄用品（オムツ、清拭材等）、介護用品、生理用品などがあげられている。

②備蓄の方法など

被災時の経験を踏まえ、新たに備蓄庫を新設した施設もある。ただ、施設等の規模や立地にもよるが、単独で物資を購入し備蓄に対応することは困難（特に燃料等では）との声が多く、行政の支援（費用負担や備蓄基地の整備など）、地域内での福祉避難所間分担、業者との物資供給協定の締結などが求められている。福祉避難所だけでなく一般避難所向けの備蓄体制構築と併せて考える課題であろう。

③救助対象者の属性ごとの対応課題

避難者に関する情報（持病、通院・服薬状況、病歴等）がないか乏しいこと、多数の避難者に限られた職員が対応している中では聞き取りも難しいので対応に苦慮したことが、避難者の属性を超えて述べられている。高齢者については、認知症高齢者について福祉避難所生活の中で認知度が進む、帰宅願望の昂進、不穏行動の出現などがあり団体生活への不適応が指摘されている。また、認知症高齢者に限らず、心身機能の低下が早いことから環境整備の重要性も述べられている。

障害者については、精神障害者について病状の把握や服薬管理、通院等医療の確保が対応課題とされている。難病患者については、在宅酸素の患者のケアに困ったなど対応方法が分からないことや器具等の確保が、また乳幼児については、ミルクや離乳食、紙おむつなの調達、玩具の用意などが対応課題とされている。

福祉避難所だけでは解決、対応できないものもあり、行政による情報提供だけでなく家族、ケアマネ等関係者の協力を得ることも必要とされている。

④日常業務では対象としていない避難者への対応

対応上の困難としては、避難者に関する情報がないこと、薬の確保、風邪など病気の者を受け入れた場合の介護及び通院等があげられている。情報不足については聞取り等で補ったという施設があり、薬については職員が自転車で駆け回って確保等している。また、行政が日常業務の対象者を避難させるよう調整したので対応に困難を感じなかったという報告があり、一方、避難者対応は全て外部のボランティアに任せたという施設もある。また、対応困難な避難者を次の避難所に移すための連絡網などが必要という意見がある。

日常業務で対象としていない者への対応だけでなく、業務時間帯の延長（通所型の場合、二四時間対応が必要となり職員配置をどうするかという問題が生じる）、通常業務利用者と避難所利用者との対応の区別（介護施設の場合、介護報酬対象者とそうでない者への対応は同じでいいのか）なども述べられている。このことについては、避難生活が長引いた場合、有料（利用料がある）である通常業務利用者と避難者について同様の対応とすることは難しい、という意見があった。関連して、費用負担が明確ではなかったので、避難させても収入がどうなるか不安があったという記載もある。

⑤避難者から見た人的支援の必要性

図11で見たように、福祉避難所となった施設の一部では被災初期から介護、医療・保健関係者などが支援に当たっていたが、支援を得られていない施設も多くある。調査では、救助対象者との関係で必要と考えられた人材について意見を求めている。

被災初期においては医師、看護師、保健師が多く、介護職員が続いている。不特定多数の避難者を受け入れた場合、その健康状態の把握と健康管理がまず必要だったということだろう。インフルエンザが疑われる場合など、速やかな対処が不可欠な場合もある。精神科医、理学療法士を挙げる施設もあった。また、通所型施設の場合、通常は日勤だけの看護師も二四時間対応が必要となることから、ローテーション上不在となる時間帯について補充を求める意見があった。また、災害時要援護者の避難に関して統括し、指示する人（部署）、二次避難所としての福祉避難所の設定を前提に、一次避難所からスムーズに移動できるために把握、調整する人が求められている。

一週間から一〇日程度経過した時期においても初期と同様に医師（精神科医師、歯科医師を含む）、看護師、保健師、理学療法士等の医療スタッフの支援が必要とされている。理学療法士は避難者に適切な運動や活動を促すことで身体的な二次災害を防いでいく役割であろう。これらは常駐が難しい場合でも定期的な巡回が求められている。介助者の必要も初期と同様である。また、状況が落ち着きを取り戻してくるなかで、在宅復帰に向けて社会福祉士等ソーシャルワーカーとして避難者の生活支援に関わる職種、義肢装具士が新たにあげられている。帰宅できたとしても住居の状況だけでなく地域環境や人的つながり、必要な社会資源の存否その他、生活環境が大きく変わった避難者が数多くいたであろうから、関係する職種の連携した対応が必要な場面だったと思われるが、現実には難しかったようである。地域全体を見渡して支援者を適切に振り分ける職（部署）の必要も指摘されており留意したい。

⑥人的支援の仕組みづくりについての意見等

福祉避難所として指定を受けるとすれば、市町村、地域として福祉避難所に対する人的支援の仕組みをどう作っていけばいいかという問いについての意見記述である。

人的支援だけではなく、物的支援や情報提供などを含めた支援全体の仕組みをどう構築するかが基本的に重要とされている。そして、支援の仕組みは災害の規模によって異なってくるが、今次震災のように規模が大きい場合、地域内での支援は不可能だから早期に外部からの支援を受けられる仕組み作りをすべきという意見が複数あった。そのためには、「他地域、県外等について県が中心となって協定をつくり、具体の協力要請は各施設が直接連携先と行う」など、「実効性のあるものの構築」が必要と述べられている。

また、市町村においては、行政、福祉施設等の協議の場を設けて、福祉避難所としての各施設の役割とそれに対する人的、物的支援の必要性を明確にしておき、災害時にそれが機能するよう維持していくことが求められている。

その他の意見としては、福祉避難所を二次避難所と位置づけ、上記のような仕組みの中で受け入れと支援の必要を明確にする、市町村がOBを活用し各福祉避難所の担当となってもらう、などがあった。また、同業者からの支援は効果的、効率的であること、調査時点で、沿岸地域の高齢者施設では人的支援についてのネットワークづくりが進んでいること等の記述があった。

⑦福祉避難所となる場合の対応可能避難者等

入所定員一〇〇人程度の福祉施設にその数倍もの住民が避難してきたという今回の事態は例外的としても、福祉施設が福祉避難所となる場合の対応可能範囲を確認しておくことは今後にとって意味が大きいと思う。この調査では対応可能人員、期間などを施設に聞いている。

ア　受け入れ可能人員（図14）

まず受け入れ可能人員である。回答があった三〇施設のうち二〇が二〇人以下としている。二一人から五〇人までが六である。ここでは施設規模との相関は示しておらず、また、施設側の受け入れイメージ（どのような環境で受け入れるか）によっても人員数は違いが出る可能性はあるが、二〇人以下が三分の二という結果は、おおよそ入所定員の二割以内程度を受け入れ可能人員の上限と考えておく必要があるということであろう。

イ　受け入れ可能対象者（図15）

対象者の属性では、二八施設中高齢者をあげた施設が二三と約八割を占め、障害者は三、妊産婦一、こだわらない二という結果であった。調査対象に高齢者施設が多いのでこの結果は当然といえるかもしれないが、高齢者以外を受け入れる施設を確保する難しさが窺える結果である。

ウ　受け入れ可能期間（図16）

受け入れ可能期間は一〇日までが二七施設中一二、一一日から二〇日までが三、二一日から三〇日までが七と

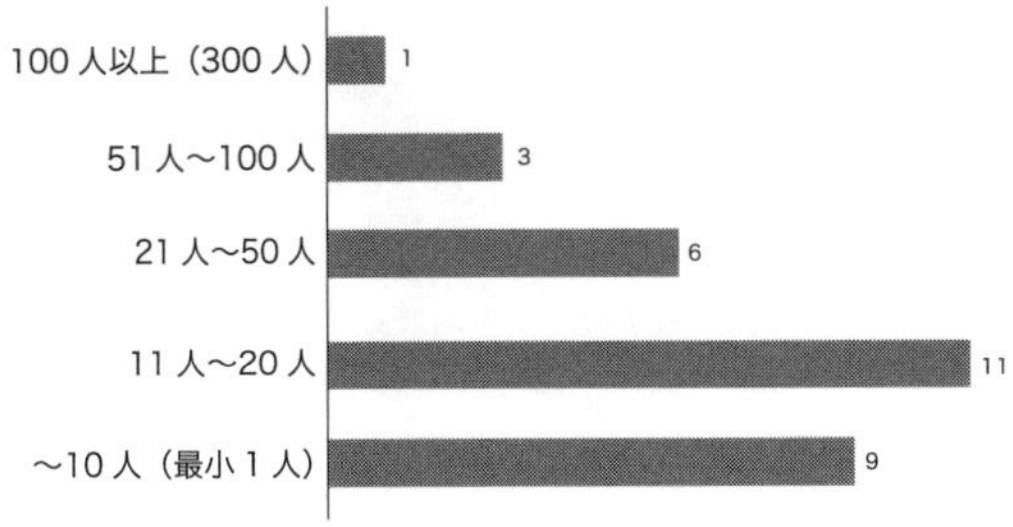

図 14　受け入れ可能人員

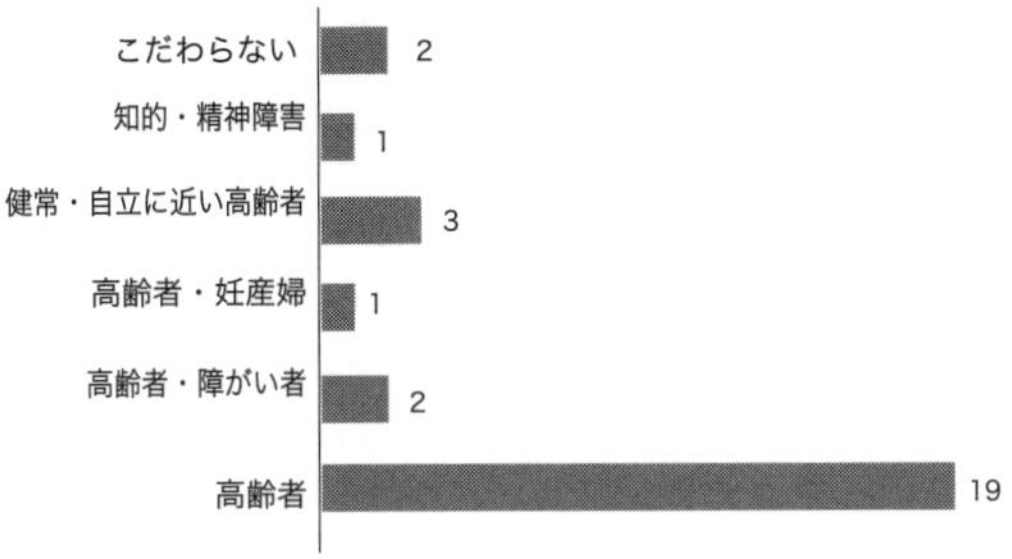

図 15　受け入れ可能対象者

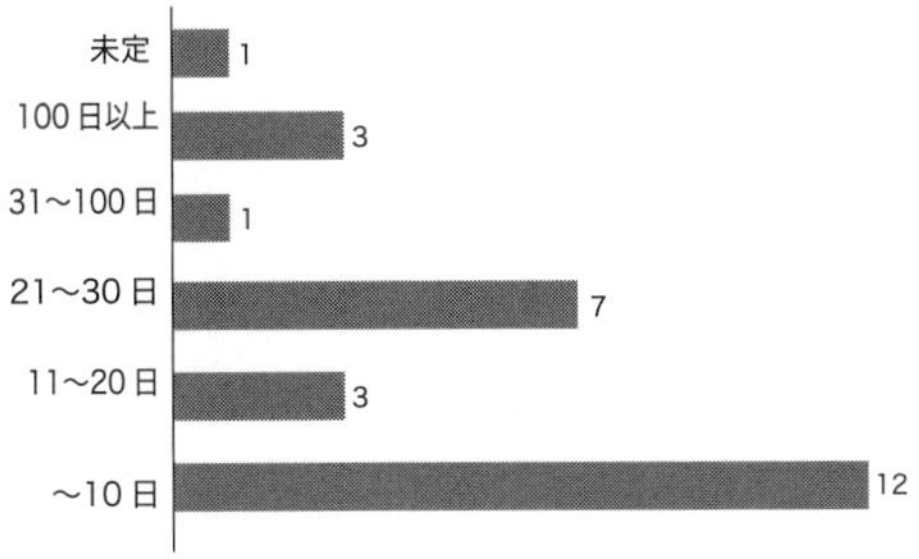

図 16　受け入れ可能期間

なっている。一〇〇日以上可能とする施設も三あるがほとんどは一ヶ月以内である。福祉避難所の開設期間は原則一週間、長くても二週間程度とされているから、そこまでにはおおむね対応可能だが、開設期間が延びていく場合には次第に運営の困難さが増してくるであろうことを考えておく必要がある。

5　福祉施設を福祉避難所とする場合に考えておくべきこと

本節では、これまで述べてきた岩手県における福祉避難所の経験をもとにして、福祉施設を福祉避難所として指定するにあたり考えておくべきこと、また、福祉施設が福祉避難所となる場合に備えるべきことなどについてまとめておきたい。

(1)　岩手の経験から伝えおきたいこと

・福祉施設は、福祉避難所を開設する場合地域における最も有力な社会資源である。それは建物（安全性が備わった）、介助等の人的体制、食料の備えなど一定の基盤があるからである。そのため、福祉避難所としての指定や認識が浸透していない時期に発生した東日本大震災時には、一般避難所的に多数の避難者を受け入れることになり、その延長上で福祉避難所として機能することになった。

・しかし福祉避難所は、一般避難所において特別な配慮を要するとされた避難者（「要配慮者」）のための施設で、避難者の状態、状況に応じ個別の支援を行うことが必要とされる場である。たんに空間を提供するだけではない。従って福祉避難所としての業務は、福祉施設の本来業務に付加される業務となる。

その遂行には、福祉避難所としての事前指定とそれに伴う住民への周知、想定される避難者についての個人情報などとともに、建物、人的体制、物的支援（備蓄を含む）について、福祉避難所としての規模、受け入れ対象者の想定等に対応した備えが必要である。

・これらの備えは、福祉施設単独では困難なものが多い。行政が主導し、地域内での福祉施設間連携、圏域や県内、必要に応じては県域を超えた連携の仕組みを構築し、備える必要がある。同時に、福祉避難所となる施設においても日常の防災対策の一環として、可能な取り組みを進めていく必要がある。

（2）平常時の取り組みに関して

今次震災前、岩手県内における福祉避難所の事前指定は四市町一八ヶ所であった。指定はしたが、震災発生に備えた具体の取り組みはなかった。

二〇一三年七月、災害対策基本法が改正され「避難行動要支援者」名簿の策定が市町村長に義務づけられ、指定避難所の指定などが規定された。また、避難所の運営に関しても、避難者の生活の質に配慮した対応が求められることになった（本章第2節参照）。これらにより平常時に市町村が行うべき取り組みが明確化された。福祉避難所が災害時において円滑に機能できるため、平常時に行っておくべき取り組みについて述べておきたい。

①災害時に援護を必要とする者（「要配慮者」）の把握（市町村）

福祉避難所開設の基本は、災害対策基本法に規定する「要配慮者」の把握である。そのためには避難行動要支援者名簿の作成が基本的かつ不可欠な手段になる。

要配慮者は、災害対策基本法第八条第二項第一五号において「高齢者、障害者、乳幼児その他の特に配慮を要する者をいう」とされ、福祉避難所の対象と想定される者である。また、「避難行動要支援者」は同法第四九条も一〇において「要配慮者のうち、災害が発生し、又は災害が発生するおそれがある場合に自ら避難することが困難な者であって、その円滑かつ迅速な避難の確保を図るため特に支援を要するもの」と規定され、要配慮者とは区別された（狭い）概念である。

ただ、要配慮者の把握のためには、まず市町村長に義務づけられている「避難行動要支援者名簿」を確実に作成し、それを基礎に各種データ等を斟酌して要配慮者の把握を進めることが実際的であろう。

また、把握された要配慮者は属性別、居住地域別に整理して、福祉避難所との対応関係を明確にしていくことが必要となる。

②福祉避難所の指定（市町村）

要配慮者の把握と並行して福祉避難所の指定を進めていかなければならない。本来、①で述べた「要配慮者」の見通しの上で必要な指定を行うべきものであろうが、災害がいつ起きるかわからないことから、備えとしての指定は進めなければならない。ただし、指定に当たっては、福祉避難所として受け入れる要配慮者の属性、地域の範囲、人数等を福祉施設と協議の上明確にしておくことが望まれる。このことで、福祉施設側では通常業務との重なりによる業務量の増加や必要となる人的配置などを一定程度見通すことができる。

指定により期待できる効果としては、第一に福祉避難所であることの意識付けや訓練、物資の備蓄等の準備を行えること、このことを前提として、第二に災害時において行政からの指示や連絡がなくても福祉避難所の開設と運営が自主的に行えること、第三に配慮を要する住民に避難先として周知できること　などが考えられる。災害の規模によっては行政の機能が損なわれ、適時適切に連絡や調整が行えない可能性があるから、福祉避難所となった福祉施設が自らの判断で要配慮者に対処できるようにしておくことが大事なのである。

また、要配慮者の属性や数が見えてくれば、市町村域内の福祉施設等では対応しきれない部分が出てくると思われる。例えば乳児と妊産婦、難病や一部の身体障害など。これらについては複数の市町村による広域対象の、あるいは全県対象の指定が必要になる場合もあるであろう。県の媒介などにより協議の場をつくり隙間のない対応を考えておきたい。

③地域における連携、備蓄、人的支援の仕組みなどの構築（福祉避難所・市町村）

指定を受けた福祉避難所は、受け入れが見込まれる要配慮者の数等に応じ新たに必要となる人的、物的支援を数量化し、確保の方策を講じなければならない。その際、市町村間、都道府県間の連携（協定化）等行政による支援の可能性を踏まえつつ、地域内の施設等、同一法人内の施設等、同一業界内（広域、県内、県外）での相互連携による支援の仕組みを自主的に構築していくことが望まれる。併せて、地元町内会や近隣の住民、企業等に対し福祉避難所業務への理解と協力を求め、避難訓練等の合同開催など協働の実績を積み上げていくことも必要であろう。

市町村においては、個々の福祉避難所における備蓄等の対応可能性を判断し、上述のように市町村内から広域、県域に至る連携・支援の仕組み構築を進め必要な物的、人的な支援が得られるやすいようにしていく必要がある。

④福祉避難所として機能するために必要な備蓄等（福祉避難所）

指定を受けた福祉施設は、福祉避難所の開設に必要な設備、機材、物資（寝具等）等を確認し、その確保を図るとともに、受け入れる要配慮者の居住環境を整えるため必要施設建物の改修等を、市町村と協議しながら計画的に進めていく必要がある。

物資の備蓄、確保方策については、必要な備蓄量を検討のうえ、自力で可能な部分と市町村や他施設等と連携することが必要な部分を整理し取り組みを進めたい。特に、東日本大震災時には停電により、暖房や食事をはじめ外部との連絡に至るまで業務全体が大きな被害を受けたことから、電源喪失時への備えについて市町村と十分に協議、協力しながら、準備しておきたい。

施設の防災訓練や福祉避難所の運営を想定した訓練に近隣、自治会等の協力を求めること、地域の防災訓練への参加については先に述べたとおりである。

⑤要援護者の移送手段の確保（市町村との役割分担）

避難が必要となった場合、要配慮者はどのような方法、経路で福祉避難所に辿り着くのだろうか。これも市町村との協議が必要な問題であり、受け入れる要配慮者が特定されている前提の問題であるが、自宅から直接避難してくる場合、地域の一般避難所から移動してくる場合のいずれであっても、要配慮者個々がどのような移動方法（家族が連れてくる、運送業者に依頼、福祉施設が協力する、地域のボランティアの協力によるなど）によるのかを、福祉避難所では把握しておく必要がある。個別支援計画の一部と考えるべきであろう。

⑥通信手段の確保（市町村・福祉避難所）

福祉避難所と市町村（担当課または災害対策本部）との通信回路が確保されているか否かは、人材や物資の早期の配分、医療機関など他での支援が必要な要配慮者への早急な対応、被災情報や福祉避難所の状況伝達などに直ちに影響する。

直通の通信回路（方法）の確保を始め、福祉避難所を担当する職員の明示、福祉避難所への職員（地域に在住するＯＢなどを含む）の常駐など、通信・連絡手段の確保について市町村との協議に基づき準備を進めていくことが必要である。

（３）災害発生時、福祉避難所となった福祉施設の問題

福祉避難所として指定されていれば、災害発生時には、通常業務と併せ一時に多量の業務が発生する。それはどのような状況なのか、東日本大震災をもとにこれまで述べてきたところを以下で整理しておきたい。

①福祉避難所としての業務の発生

ア　避難してきた要配慮者に関する心身状況把握等

福祉避難所として直ちに行わなければならないことは、避難してきた要配慮者について、心身状況の把握と記録、必要な応急措置の実施、所持品の確認、居室の割振り、寝具・衣類等の配給などであろう。これらは短時間に行わなければならず、多くの要配慮者が避難してきた場合にはかなりの業務量になるであろう。

また、災害の衝撃と環境変化などから精神的に不安定になる者も出てくるであろう。その精神的安定のため

の個別対応や家族との連絡などが必要な場合があるだろう。

勤務態様とすれば、特に避難初期には随時の受け入れ含め二四時間体制をとることになると思われる。

イ　行政、家族等との連絡

市町村に対しては、施設と入所者・利用者の被災状況、本来業務の状況、福祉避難所としての活動を開始したこと、受け入れ要配慮者の数、状況、他での支援が必要な者についての情報などを連絡することが必要である。また、人的、物的支援の必要性がある場合は要請することになる。

家族への連絡はアで述べたような場合を除き、人的な問題等から限定的にならざるを得ないと思われるが、要配慮者本人の病状や服薬状況などを確認するため医療機関等と連絡を取る必要は出てくるだろう。

ウ　必要な物資の調達、人的支援の確保等

行政への要請だけでなく、法人内支援、施設協議会、協定締結企業等への支援要請が必要となる。併せて被災直後には買い出しや近隣からの調達など、職員の労力を多く割かなければならない事態の発生が想定される。

②本来業務との重複

ア　職員の長時間、過重勤務

当然のことだが、これらの福祉避難所業務と施設としての本来業務は重なって存在する。しかし対応する職員は、特に初期には本来業務の職員だけであり、長時間・過重な勤務が続く。時間経過とともにローテーションの維持は難しくなり、過重な業務により職員の疲労は蓄積する。また、通所型施設が福祉避難所になった場合、昼間対応職員だけで二四時間体制をとらなければならず、一人だけしかいない看護師業務などは職員の善意と頑張り頼みの状態になる。これらのことから本来業務への影響は避けられず、福祉避難所の円滑運営のためにも早期に人的体制の支援が図られなければならない。

イ　本来業務利用者の健康問題

要配慮避難者にとって、福祉避難所への移動は生活環境の大きな変化だが、本来業務利用者にとっては居室の移動、共有空間の避難者による占有など居住環境の大きな変化（悪化）である。職員との関わりも減ることになろう。これらのことから日常生活が変わり、ストレスの蓄積や運動不足など心身の健康への影響が懸念される。

ウ　安否確認など災害対応業務の発生

通所型施設においては利用者の、入所型施設においても利用者家族の安否確認が本来業務として出てくる。また先述のとおり、食料や医薬品等の物資確保など、施設外での業務の増加が予測される。東日本大震災は津波災害だったことから、被災地域の市街地は損壊し外での業務自体が非常な危険を伴っていた。

エ　職員・家族の被災

被災地に立地する施設では職員も数多く被災者となる。東日本大震災では、自宅と家族が被災したことを知りながら施設にとどまり不眠不休で業務に従事した職員が何人もおり、そのことは前にも述べた。家族の安否が不明という不安の中で必死に業務を遂行した使命感の高さには畏敬の念を覚える。しかしいつまでもそれに依存するわけにはいかないだろう。福祉避難所を立ち上げる状況には職員の被災もあるのだということを読み込んだ支援の体制を考えておくべきであろう。

6 おわりに

東日本大震災時、岩手県における福祉避難所の開設、運営状況という小さな窓から、福祉施設が福祉避難所になるとはどういうことなのかについて考えてきた。

福祉避難所として想定された施設は公民館、学校などの公共施設で、そこに避難した要支援者一〇人に一人の生活支援員が配置されることになっていた。しかし震災発生後に福祉避難所になっていったのは多くは福祉施設であった。通所型施設までが二四時間体制の福祉避難所となった。

先に述べたように、福祉施設がもっている人的、物的な機能と使命感、さらに、多くの福祉施設が日常的に地域との接点をもち積極的に交流を図ってきたことから考えれば、これは当然の結果といっていいのではないか。そうであれば、もちろん災害の規模等により異なる状況になることも想定はできるにしても、福祉避難所にとって福祉施設は最も重要な社会資源であるということから今後に向けた議論を始めざるを得ないのではないか。全国的に見ても福祉避難所の指定を受けている施設は福祉施設が多い。

しかし岩手の経験が教えているのは、震災時の福祉避難所は福祉施設職員の献身的かつ過重な働きによってなんとか運営できたということである。被災直後の混乱状況は、受け入れ人数の制限などという合理的な判断が入り込む余地さえなかった。人手が足りず食料その他の物資も欠乏した。

繰り返しになるが、現在においては福祉施設が福祉避難所として最も需要な社会資源である。しかしそれを福祉避難所にしていくためには様々な用意が必要であり、そのことについて述べてきた。筆者は「どのような人をどのぐらいうけいれるか」をはっきりさせることが用意のスタートだと考えている。そこから福祉施設における業務量、対応する体制、外部からの人的、物的支援の必要性が見えてくる。そのため、災害対策基本法に規定された「避難行動要支援者名簿」の作成などにより要配慮者の把握を進めていかなければならない。災害はいつ、どのように、どんな規模で起きるかが分からない。自然の力には比べるべくもないが、出来るだけ合理的な備えをしておきたいと思うのである。

【注】

1 市町村長が行うこととされた業務は、法第二三条第一項第一号から第三号まで、第五号、六号及び第八号から第一〇号までに掲げる救助であるが、第一号（応急仮設住宅及び避難所の設置）については避難所の供与に限ることとされていた。

2 国では三月一九日付けの通知により、福祉避難所の開設期間を二ヶ月まで延長することを認めている。大規模災害の場合、被災者は住居だけでなく介助（介護）者なども失っており、応急仮設住宅など次の住まいと生活を支援する者が確定しなければ動きようがない。

【参考文献】

青木千帆子・権藤真由美 2011「『福祉避難所』成立の経緯」障害学会第八回大会。http://www.arsvi.com/2010/1110acgm.htm から。

内閣府 2016「福祉避難所の確保・運営のガイドライン」：4

第2章

岩手県における震災五年後の福祉避難所

細田重憲

第1章では東日本大震災時に開設された福祉避難所の開設、運営状況について、二〇一二年度に岩手県と共同で行った調査をもとに報告し、福祉施設が福祉難所となる場合の問題、改正災害対策基本法に基づく「避難行動要支援者名簿」等による要配慮者の把握が、福祉避難所指定、運営の基本になることなどを意見として述べた。

第2章では、震災後五年が経過した二〇一六年三月に岩手県が市町村を対象として行った「福祉避難所及び避難行動要支援者等に係る取り組み状況」調査（以下「本調査」という）をもとに、岩手県における福祉避難所の指定状況、「災害行動要支援者名簿」の作成状況と福祉避難所との関係性などについて報告し、第1章で提示した意見等がどのように反映されてきたのか、現状における課題は何か、などについて意見を述べたい。

本調査には岩手県内三三市町村（全市町村）から回答があった。

本調査は以下の大項目により構成されている。本稿では上記に該当する1及び2を利用している。

1　福祉避難所について

2　避難行動要支援者名簿の作成等について
3　福祉マップ（住民支えあいマップ）について
4　その他の取り組み

なお、本調査について、筆者は集計結果に基づき本原稿を作成することを申し出て了解され、質問設定等に関わっている[1]。また、調査票の配布と回収、本稿で使用した調査結果の数値にかかる集計のほとんどは岩手県保健福祉部地域福祉課が行っている。ただし筆者が補正し、または追加的に集計した項目もある。以下において意見にわたる部分は筆者の私見である。

1　福祉避難所について

（1）福祉避難所の指定は進んでいるか

福祉避難所として指定・協定を行っている社会福祉施設等の有無（三三市町村）

①指定・協定締結の有無

ある　二六（施設数二六九）
なし　七

②指定・協定を行っていない場合、今後の協定締結の見込み

ある　五（二〇一六年度中で時期明示四、未定一）
なし　二（いずれも締結を検討しているが時期は未定）

福祉避難所としての指定・協定の締結は、東日本大震災前が四市町、震災時が一二市町村であったから、本調査時点では市町村数は大きく増えたことになる。しかし全体の二割強に当たる七市町村が指定・協定締結をしておらずその地域的内訳は内陸部五、沿岸部二である。被災した地域でも未指定・未締結がある。

岩手県の代表的日刊紙『岩手日報』は二〇一六年五月二八日付けの一面記事でこの状況を「福祉避難所指定進まず、七市町村ゼロ、人員や備蓄調整が難航、県内災害弱者支援に課題」という見出しで取り上げているが、②で示すように、七市町村のうち五つは二〇一六年度中に指定・協定締結予定であり、残る二つでも検討は進められている。五年という歳月を考えれば遅いという印象は否めないが、見通しはできているということもできる。指定は備えの始まりだから早期に指定・協定の締結を行うべきだろう。

③指定・協定施設数と種別

施設数　二六九
施設種別　高齢者施設　一九四
　　　　障害者施設　四六
　　　　児童福祉施設　一七
　　　　その他の社会福祉施設　一一

公的宿泊施設　一

指定・協定施設数は二六九で震災時六五の四倍強となっている。施設の種別では公的宿泊施設一を除き全て社会福祉施設である。特別支援学校、小・中・高校及び公民館の指定はない。震災時の経験からだろうか、社会福祉施設への傾斜が見て取れる。

社会福祉施設の種別では高齢者施設が一九四で最も多く七二％を占める。障害者施設は四六、児童福祉施設は一七、その他の社会福祉施設は一一となっている。いずれも通所施設を含む。このうち児童福祉施設は保育所で一市が一五ヶ所、一市一町が各一を指定している。これも震災後の変化といえる。ただまだ二市一町にすぎない。その他の社会福祉施設としては社会福祉協議会、総合福祉センターや老人福祉センターなどが指定されている。

④属性別受け入れ施設数（n＝二六九）

高齢者　一一二
障害者　二六
乳幼児　一八
区分なし　九一
未記入　二二

要配慮者の属性別に受け入れ可能施設の数を示している。高齢者の受け入れ施設が多いことは③から分かるが、ここでは「区分なし」が九一あることに注目しておきたい。

五市五町二村においては指定・協定の全施設が「区分なし」となっている。指定・協定数が数ヶ所の町村だけでなく、十数ヶ所、最も多くは二九ヶ所を指定している市も全てを「区分なし」としている。地域には様々な要配慮者がいるのだが、社会資源は施設種別という形でそのすべてに対応することはできない。第1章で見たように、現状からは受け入れ対象は高齢者中心となってしまう。とすれば、地域性を重視し福祉避難所の間口を広げておくことには意味があると考えられる。ただ、より専門的な関わりが必要となった場合、あるいは初めからそのような関わりが必要な要配慮者にはどのように対応していくのか、検討課題であろう。

(2) 福祉避難所としての受け入れ可能人員は把握されているか

第1章で、福祉避難所が円滑に機能するためには、受け入れ対象者の属性や受け入れ可能人員について平常時に把握し、取り決めておくことが望ましいと述べた。その状況はどうなっているだろうか。

①受け入れ可能人員の把握

指定・協定を締結している二六市町村のうち、

受け入れ可能人員を把握している　一二

把握していない　一四

②受け入れ可能人員把握の方法（①で把握している一二市町村）

協定に定める人数　一

事業者の見込み　六

自治体の見込み　五

③把握している市町村における属性別受け入れ可能人員（合計一八一四人）

高齢者　五市町三七施設　四九六人

障害者　三市一一施設　七九人

乳幼児　一市一施設　二〇人

区分なし　九市町村六二施設　一二一九人

福祉避難所における受け入れ可能人員の把握は一二で、まだ市町村の半数に達していない。指定・協定締結に漕ぎ着けること自体が高いハードルとなっている市町村もあると思われる。把握している市町村においては、②のように把握の方法もそれぞれであり、③のように属性別に分けてみれば、「区分なし」を考慮しても地域における要配慮者の数からはかなり離れた数字になっているといえよう。

ただ、把握していない市町村がこの問題に気付いていないわけではない。県内で最も多く四三ヶ所を指定している盛岡市からは次のようなコメントが寄せられている。

「限られた収容定員に対し、どのような優先順位（障害の有無、世話ができる家族の有無等）で対応していくかは、その際害時点での対象者の状態・状況を複合的に考慮し判断するため、平常時に施設（福祉避難所）の収容定員や対象者の基準を一律に設定することは難しいと思われる。」（調査項目I－（8）「福祉避難所の設置・運営に関して、貴市町村で話題となっていることや懸念していることがあれば、記載してください」との設問についての回答）」

盛岡市の避難行動要支援者名簿掲載人員は約二万七六〇〇人であり、四三ヶ所であってもその全てに対応するという想定は現実的ではないであろう。いくつかの福祉避難所が被災して機能できない場合もあり得る。その意味でこのような考えは理解できる部分がある。ただ、災害の規模が大きくなれば、行政が対象者の状態・状況を総合的に判断し、避難先を指定するという対応は難しくなる場合もあり得る。東日本大震災でも熊本地震でもそのことを経験しているのだから、それを前提に考えておくべきではないか。当然のことだが、盛岡市だけの問題ではない。

（3）福祉避難所の対象者の範囲はどのようになっているか

市町村では福祉避難所が対応すべき要配慮者の範囲を定めているかどうか、その場合、避難行動要支援者名簿（以下では「名簿」と略記する場合がある）との関係をどのように考えているかを質問した。回答を求めたのは（1）で指定・協定締結があると答えた二六市町村である。

①福祉避難所の対象者の範囲を定め、その対象者を把握しているか。

1）対象者の基準があり、対象者を把握している　三
2）対象者の基準はあるが調査（確認）は未着手　五
3）対象者の基準はあるが、調査（確認）の予定はない　一二
4）対象者の基準作成、調査（確認）の予定はない　六
5）その他　〇

対象者についての基準があるのは二〇市町村だが、基準があり対象者を把握しているのは紫波町、大槌町、山田町の三町だけで他の一七は対象者を確認できていない。三町はいずれも名簿掲載者をそのまま福祉避難所対象者としている（②のアに該当）。

②上記①において1）から3）と答えた場合、福祉避難所の対象者の範囲（基準）をどのように定めているか（回答市町村数二〇、以下のア～カについて複数回答）。

ア　「名簿」に登録された住民
名簿に登録された住民を対象としているのは半数の一〇市町村で、このうち名簿だけを基準にしているのは四で町村部だけである。要配慮者個々人の状況が把握しやすく、名簿に反映できるということだろうか。

イ　「名簿」登録の有無に関わらず高齢者、障がい者など福祉避難所の対象と想定されている住民

市町村数は八で市部が多い。対象の範囲は最も広いと思われるが、アとの重複選択が五ある。名簿の上乗せ、横出しというイメージであろうか。

ウ　「名簿」登録の有無に関わらず指定した福祉避難所の通常業務における施設（事業所）利用者（登録者含む）

エ　「名簿」登録の有無に関わらず指定した福祉避難所の通常業務の対象者（高齢者施設であれば高齢者（地域住民を含む））

この二つは福祉避難所となる施設の通常業務における利用者・対象者を対象とするもので、福祉避難所の施設種別に大きく規定される。特定の属性に偏ることが懸念されるが、この項目を選択した市町村は他の項目も全て選択している。

オ　「名簿」登録の有無に関わらず一般避難所において福祉避難所の対象者と判断し、報告があったもの

この選択肢は一一と最も多い。一般避難所において福祉避難所対象者と判断し、報告があった者を対象とするのは福祉避難所の基本だが、東日本大震災の経験ではこのような段階を踏むことはむしろ少なかった。災害の規模や態様によることではあるが、オを単独選択している五市町村ではこのことに留意して他の道筋についても検討しておく必要があると思う。

表１　市町村別福祉避難所対象者の範囲

市町村	福祉避難所対象者範囲（基準）					
	ア	イ	ウ	エ	オ	カ
盛岡市		○				
宮古市						○
北上市					○	
久慈市	○	○			○	
遠野市	○	○	○	○	○	
陸前高田市	○	○			○	
釜石市		○				
八幡平市					○	
奥州市					○	
滝沢市					○	
雫石町	○				○	
紫波町	○					
住田町						○
大槌町	○					
山田町	○					
普代村	○	○	○	○	○	
野田村					○	
九戸村	○					
洋野町		○				
一戸町	○	○	○	○	○	
合計	10	8	3	3	11	2

設問の選択肢

ア「名簿」に登録された住民
イ「名簿」登録の有無に関わらず高齢者、障がい者など福祉避難所の対象と想定されている住民
ウ「名簿」登録の有無に関わらず指定した福祉避難所の通常業務における施設（事業所）利用者　（登録者含む）
エ「名簿」登録の有無に関わらず指定した福祉避難所の通常業務の対象者　（高齢者施設であれば高齢者（地域住民を含む））
オ「名簿」登録の有無に関わらず一般避難所において福祉避難所の対象者と判断し、報告があったもの
カ　その他

カ「その他」

一市一町が選択した。宮古市ではオを基本にして、その「要援護者の親族等で、福祉避難所において当該要援護者と共に生活することにより、当該要援護者の安定した避難生活の確保に寄与する者」と、親族等を加えている。また住田町は「町が指定した要援護者、その介護者等」という規定である。家族や介護者を一緒に受け入れることは、要配慮者の状態把握や安定に資するとともに、介護等への参加により福祉避難所側の労力軽減などにも繋がることが経験的に明らかになっている。

以上のように、福祉避難所の対象者に関する基準は、指定・協定締結済みの二六市町村中二〇市町村において設定されており、上記オ（一般避難所において福祉避難所の対象と判断された者）が最も多くア（避難行動要支援者名簿に登録された住民）、イ（災害対策基本法に規定する高齢者、障がい者などの「要配慮者」）順である。ただ複数を選択している市町村が多いので、おおよそ「要配慮者」の範囲が基準となっていると考えていい。

名簿との関係でいえば、アのみを選択したのは四町村で、うち三町は基準があり対象者を把握している紫波町、大槌町、山田町である。後でも述べるが、この三町は名簿に基づき個別計画を策定済であり、それが対象者の把握となっている。

福祉避難所の対象は「要配慮者」と緩やかに規定されている。筆者は、市町村において福祉避難所が受け入れなければならない数を検討していく場合、「要配慮者」を絞り込んだ「名簿」をツールとして活用することが最も効果的だと考えている。その意味で三町の取り組みは先行例として学ばれていいと思う。

表２　福祉避難所に関し既に取り組んでいるもの

市町村名	福祉避難所に関し既に取り組んでいるもの									
	①	②	③	④	⑤	⑥	⑦	⑧	⑨	⑩
盛岡市	○	○					○		○	
宮古市	○					○				
北上市	○		○							
久慈市	○		○		○		○			
遠野市	○	○				○			○	
一関市					○	○				
陸前高田市	○		○			○	○			
釜石市	○									
二戸市										
八幡平市	○		○			○				
奥州市	○				○		○		○	
滝沢市						○				
雫石町	○				○	○	○		○	
岩手町	○		○				○			
紫波町	○	○								
矢巾町	○	○			○		○			
住田町	○		○							
大槌町	○		○							
山田町	○		○							
岩泉町	○									
普代村	○	○	○		○	○	○		○	
軽米町	○									
野田村						○				
九戸村						○				
洋野町	○		○							
一戸町	○									
合計	21	5	10	0	6	10	8	0	5	0

設問の選択肢

①福祉避難所に関して地域防災計画に規定
②福祉避難所をパンフレット等で要配慮者やその家族を含む地域住民に周知
③福祉避難所の環境整備（現在進めているものも含む）
ア、物資の備蓄　イ、非常用発電機の配備　ウ、被害時の行政や施設間の通信手段の確保・確認
エ、救助対象者の受入れスペースの確保・確認　オ、バリアフリー化　カ、その他
④福祉避難所に指定・協定を締結した法人（施設）と定期的に会議を開催
⑤福祉避難所の運営体制などを整備
ア、福祉避難所の運営指針やマニュアルなどを作成　イ、救助対象者の個人情報の取扱いについて規定
ウ、福祉品難所の収容人数、提供可能な支援内容の把握　エ、福祉避難所の運営や救助対象者へのケアなどへの人的支援体制を整備　オ、その他
⑥福祉避難所の運営に関して、市町村が行う支援内容を決定　 ア、職員等人材の派遣・あっせん　イ、食糧、燃料費等物資の優先配分　ウ、医薬品の調達　エ、車両等の供与　オ、その他
⑦福祉避難所開設後の運営状況の把握や福祉避難所への移送（受入れ）について調整する体制を整備
ア、地域防災計画に福祉避難所の担当課を明示し、受入れ調整や福祉避難所の運営に対応　イ、職員（職員以外の者を含む）が福祉避難所に常駐又は巡回し、運営支援や情報 取集を担当　ウ、開設後に定期的な情報交換の機会を設定、エその他
⑧福祉品難所での受入れについて、市町村間や地域間の広域的な連携体制を整備
⑨地域と連携した取組を実施
ア、地域での防災訓練等に福祉避難所が参加　イ、福祉避難所運営への地域の支援体制を整備　ウ、その他
⑩その他

（4）指定した福祉避難所の設備等の充実のため何に取り組んでいるか（「指定・協定締結」がある二六市町村からの回答）

東日本大震災時に福祉避難所となった施設からは、平常時における備蓄、物資確保のための方策、開設時における人的支援等の仕組みづくりなど、市町村等に対し多くの意見、要望が寄せられた。福祉避難所の指定数は四倍以上になったが、福祉避難所機能の充実のため市町村はどのような方策を講じているか、その内容である。

ここでは表2で選択肢としてあがっているもののうち、③、⑤、⑥、⑦、⑨について取り上げておきたい。

・選択肢③　福祉避難所の環境整備

取り組んでいるのは一〇市町村である。このうち「ア物資の備蓄」「イ非常用発電機の配備」が五で、他の項目は二または三である。全体としてはまだ手がついていない状況といえる。

先に紹介した岩手日報の記事には、備蓄が進まない理由として市町村側から「水や食料の備蓄経費をどちらが負担するのかなど調整に時間を要する」と述べられている。市町村が主導して備蓄を進めることには踏み込めない状況にあると思われる。本調査においてはⅠ－（9）「福祉避難所に係る取り組みを改善、充実するため国や県が今後考えていくべきこと」への意見として、「食料、寝具など備蓄品をそろえるための財政支援、保管のための倉庫等の財政支援」、「長期的な備蓄に向けた財政支援」があげられており、現状がなかなか進まないのは予算面の制約に理由があると考えられる。

筆者が聞き取りを行った大槌町では、二〇一四年度に指定福祉避難所に対し環境整備等の費用として五〇万円を支給しているが継続的な支援にはなっておらず、震災時に多くの避難者を受け入れた特別養護老人ホーム等を経営する社会福祉法人堤福祉会では、自力で備蓄倉庫を建設して大量の物資を備蓄していた。また発電機等の非常用機器も独自に調達していた。

・選択肢⑤　福祉避難所の運営体制の整備

六市町村で取り組まれている。ここでは「ア福祉避難所の運営指針やマニュアルなどを作成」が四で「イ個人情報の取り扱いの規定」「ウ収容人員、提供可能な支援内容の把握」が各一である。指定後の運営体制の整備がまだ施設任せになっていることが分かる。この設問の後に今後取り組みたい項目を尋ねているが、運営体制の整備関連が四と最も多かった。

・選択肢⑥　福祉避難所の運営に関し市町村が行う支援内容を決定

一〇市町村が取り組んでいる。「ア福祉人材の派遣、あっせん」が最も多く八，次いで「イ食糧、燃料等の優先配分」が七で、「ウ医薬品の調達」は二、「エ車両用の供与」は一、「オその他」は三となっている。その他は、介護支援者の確保に努める、経費負担、対象者の移送・物資の確保等を規則で定めている、であった。

・選択肢⑦　開設後の運営状況の把握や移送（受け入れ）について調整する体制の整備

八市町村が選択している。「ア地域防災計画に福祉避難所の担当課を明示し、受け入れ調整や福祉避難所の運営に対応」が五、「イ職員等が福祉避難所に常駐又は巡回し、運営支援や情報収集を担当」が四、「ウ開設後に定期的な情報交換の機会を設定」と「エその他」は各二であった。その他は、福祉避難所への移送に係る調整、移送後は適宜状況を聴取する、日報等により開設状況を報告するようマニュアルに記載している、である。

・選択肢⑨　地域と連携した取り組みの実施

五市町村が取り組んでいる。「ア地域での防災訓練等に福祉避難所が参加」が五、「イ福祉避難所運営への地域の支援体制を整備」が一である。

表からも分かるように、掲げた選択項目について全体的に取り組みを進めているという市町村はまだ少ない。予算上の制約もあり、必要性が大きいと考えるところから手をつけているということだろう。しかし、指定した以上は福祉避難所として十分に機能が発揮されるよう、市町村は積極的に条件整備を進めていく責務があるのだから、指定した福祉施設等とよく協議し、そのニーズをしっかり踏まえて対応を急いでほしいと思う。

(5)　福祉避難所の設置・運営に関して、市町村で課題となっていることや懸念していること（自由記載・表3）

この設問には一三市町村から回答があった。本文にすでに示し重複するものもあるが現実に市町村が課題としていることなので表3としてそのまま示しておきたい。

盛岡市の意見（前半部分）については既に触れたが、予めきっちりとした対応を定めデータ等を用意しておいても、災害を経た後には要配慮者の状況も変化するという陸前高田市の意見も現場で担当する職員の懸念を表していよう。

表３　福祉避難所の設置・運営に関して、市町村で課題となっていることや懸念していること

市町村名	自由記載
盛岡市	限られた収容定員に対し，どのような優先順位（障がいの有無・世話ができる家族の有無等）で対応していくかは，その災害時時点での対象者の状態・状況を複合的に考慮し判断するため，平常時に施設（福祉避難所）の収容定員や対象者等の基準を一律に設定することは難しいと思われる。当市では「福祉避難所」として主に市内の社会福祉施設にご協力いただいている。本来の利用者（施設入居者）と災害時に急きょ収容する要配慮者との間でトラブルが起きないように配慮する必要がある。
大船渡市	・大災害発生時に、福祉避難所へ市職員を常駐させることができない。
	・受入施設側で、限られた職員のみでは、受入を継続することが難しい。
	・東日本大震災時に、車両ガソリンの確保できず、施設車両の運行に支障があった。また、職員の通勤に支障があったため、福祉避難所となった場合に、優先的にガソリンの給油が出来るよう配慮を求められている。
北上市	・一般避難所と福祉避難所にいく人の振り分け
久慈市	・災害時の運営に携わる人員の不足
遠野市	・物資の備蓄
陸前高田市	・福祉版的なトリヤージが円滑にできるか不安
	・災害がきっかけで心身のバランスを崩す方もおり、これまでのデータのみでは対応は決してできない。
	・経験や予後予測ができ、２名組で対応が好ましい。
二戸市	・福祉避難所を周知して広めた場合、災害時に福祉避難所に避難した一般避難者の扱いをどのようにするのか。
八幡平市	・発災初動時において、高齢者福祉施設の施設職員が入所者以外の外部からの避難者に対応できるのか、人手があるのかが懸念される。
岩手町	・一般の公共施設を福祉避難所として指定する場合の運営体制（人員）等をどのように考えるべきか
矢巾町	・(懸念事項) 災害発生時に福祉避難所が１次避難所となり機能不全に陥ること
大槌町	・協定は締結しているものの運営等についての具体性に欠ける
	・高齢者施設が多く乳幼児等の受け入れ施設との協定締結に至っていない
野田村	・障害児、妊産婦、乳幼児にかんして専門のスタッフがいないこと
九戸村	・施設側の人的体制、支援要因の確保
	・避難者の属性（高齢者、乳幼児、難病患者）ごとの対応

表４　福祉避難所に係る取り組みを改善、充実するために、国や県が今後考えていくべきこと（自由記述）

市町村名	自由記載
盛岡市	障がい者を収容する福祉避難所について，特別な設備（オストメイト等）や物資（酸素ボンベ等）がある施設に協力を依頼をすることとなり，市町村によっては収容希望者数（要配慮者）に対して受け入れ可能数が不足する市町村があると思う。周辺市町村からも協力が得られなかった場合，どのように対応するのか。障がい者の施設によっては，災害時の福祉避難所として協力を依頼しても，施設入居者自身が状況の変化に弱い障がい者であるため，外部の人（避難する要配慮者・障がい者）を施設に受け入れることはできないと断られることもある。国・県が福祉避難所として利用できる（協力してもらえる）と予測している数と実際の難しい収容状況に差があるように思われるが，どのようにしていくのか。福祉避難所や要支援者対策に係る研修会について，県を越えて広域で開催してほしい。人口規模・地域特性（マンションが多い，地縁が弱い）等の条件により各自治体ごとで対応可能な手法が違う。県内市町村だけの事例発表研修会に限界を感じる。
大船渡市	・食糧、寝具や発電機等の備蓄品をそろえるための財政支援。
	・備蓄品を保管するための倉庫等の財政支援。
久慈市	・長期的な備蓄品の備蓄に向けた財源の確保（賞味期限や耐用年数が経過したものに対する補充）
陸前高田市	・データは常に更新する必要があり、加えてそのデータが本人を判断できる尺度となりえるものか疑問。
岩手町	・福祉避難所の環境整備に対する支援拡充
大槌町	・環境整備に関する補助
野田村	・専門の職員を配置することが出来ないために、福祉避難所のハードルが高まっている。
九戸村	・人的支援体制の整備

一般避難所における要配慮者の振り分けが適切に行えるかどうか（対応人材の確保を含めて）、福祉避難所に避難した一般避難者への対応、福祉避難所が一般避難所化して機能不全に陥る恐れをどのようにして防ぐかなど、一般避難所との関係については課題が多い。

災害時に機能できる人材の確保、物資の備蓄などは、一定規模の災害を想定して対応を考えていくべきであろう。

福祉避難所となる施設は高齢者対象が多いことはすでに見た。児童（乳幼児）については、少数だが保育所の活用が始まっているからこれに学びつつ、市町村域を超えた対応などを検討していく必要がある。難病等も同様である。

（6）福祉避難所に係る取り組みを改善、充実するために、国や県が今後考えていくべきこと（自由記載・表4）

これについても（5）と同様である。表4として全体を示しておく。

盛岡市が提起している、市町村における福祉避難所としての利用可能数と要配慮者数との差（属性によるものも含む）は、規模の大きい災害が発生すれば直ちに現実化する（属性によっては既に現実化している）問題であり、市町村単位では解決がつかない。広域的、複合的な連携の仕組みが必要であり、都道府県において検討、調整すべき課題である。また、人口規模や地域特性等を考慮した県を越えた研修会の開催は傾聴に値すると思う。他に財政的支援や人的支援が求められ、データ更新が実際に利用に繋がるかという疑問も示されている。限られた人員で業務を遂行していることが多いであろうから、事前対応に万全を期すということが非常に難しく感じられるのだと思う。

2　避難行動要支援者名簿の作成、個別支援計画の策定について

第1章において、避難行動要支援者名簿（以下「名簿」と略記する場合がある）の作成が福祉避難所の必要数、個々の福祉避難所における受け入れ人員数等を決めていく場合基本的に重要だということを述べた。しかし前節（3）で確認したように、実際には名簿に関わらずに福祉避難所の対象基準を決めている市町村が多い。福祉避難所にとって名簿はどのような意味をもつものなのだろうか。

（1）避難行動要支援者名簿の作成

①避難行動要支援者名簿作成市町村数

・作成済み　三一市町村

・作成途中　二町村

②名簿掲載人数

三一市町村で名簿に掲載されている人数は次の通りである。内訳の記載がない市町村があることから合計数は名簿掲載人数とは一致していない。

名簿掲載人数　七万五〇三五人

内訳　要介護支援者　一万三四〇二人（一八市町村が記載）

障がい者　一万五四三三人（一九市町村が記載）

その他　二万七六八〇人（一四市町が記載）

合計　五万六五一五人

③名簿作成済みの市町村が取り組んでいること（三一市町村）

ア　名簿の定期的な更新　二二

イ　避難行動要支援者本人に平常時の名簿情報の提供について意思確認　一八

ウ　避難支援等関係者に名簿情報を提供（市町村数）

消防機関　一八、県警察　九、民生委員　一六、社会福祉協議会　一四、自主防災組織　一〇、その他　八（名簿の取り扱いについて協定を締結した町内会等〔複数〕、自治会〔複数〕、自治会長・行政区長〔複数〕、地域安心生活支援員、地域包括支援センター）

エ　名簿情報提供先の避難支援等関係者に適切な情報管理を行うよう取り組みを実施　七

オ　避難行動要支援者（聴覚、視覚障がい者）に対する多様な手段による情報提供　〇

カ　名簿情報の提供に不同意であった者の名簿を作成し、災害時に提供できるよう準備　八

キ　その他　一（二次登録者に対して個別的な確認を行う予定）

避難行動要支援者名簿は三一の市町村ですでに作成を終わり、掲載者の数は七万五〇〇〇人を超える。ただ、その内訳の把握は完全には行われていない。未作成の二町村は現在作成途中であることから、名簿作成というところまでは全市町村が間もなく到達することになる。問題はその先である。

名簿作成済みの三一市町村では、名簿の更新、情報提供に関する掲載者本人の意思確認、避難支援機関等への情報提供などが行われているが、足並みが揃っているわけではない。名簿の更新が行われている市町村は二二であり、情報提供に関する掲載者本人の意思確認を行っているのは一八に止まる。この中にはまだ情報提供を行っていない市町村が五ある。一方で、意思確認は行っていないが情報提供をしている市町村が八あり、実際に情報提供を行っているのは二一となっている。これは、全ての掲載者から同意をとってはいないが、同意を得た者から順次情報として提供しているということであろうか。あるいは、災害対策基本法第四九条の一一（情報提供に不同意の者についても、災害から生命と身体を守るため特に必要と認める場合は、本人の同意がな

くても支援関係者に名簿を提供できるという規定）の拡大解釈（災害が起きてからでは名簿情報を提供するような時間的余裕がないから、災害時に開封するという条件付きで予め名簿を渡しているなど）によっての対処であろうか。（2）でも出てくるように、同意を取り切ることは市町村にとってかなり荷の重い業務になっているようであり、災害はいつ起きるか分からないという心配との間で葛藤が生じているとも見受けられるのである。

情報の提供先としては消防機関が最も多く、民生委員、社会福祉協議会、自主防災組織、警察と続いている。自治会（協定を結んで）や自治会長、行政区長なども提供先となっている。また、上で述べた選択肢カの災害対策基本法第四九条一一の規定に基づく名簿情報の提供に不同意であった掲載者についての名簿作成を進めている市町村も出ている。

課題として指摘しておきたいのは、選択肢オの名簿に掲載された視覚、聴覚障害者に対する多様な手段による情報伝達の取り組みはどこでも行われていないということである。これら障害者は、適切な方法による情報伝達と人的支援がなければ避難行動がとれないことは東日本大震災時にも数多く報告されている。当事者団体等の力も借りながら早速やかに伝達の方法を確立すべきである。

④名簿と福祉避難所

避難行動要支援者名簿の作成と更新、名簿掲載者の同意による避難行動支援関係者等への情報提供は、災害対策基本法に基づき市町村が取り組まなければならない事項である。これらの取り組みは進みつつある。しかし、本稿での課題に引きつけていえば、これらの取り組みは福祉避難所の指定・協定締結やそれに伴う災害時に備えた準備活動とはまだ結びついていないように思える。③で示すように、名簿情報を提供したその先、地域ごとに名簿掲載者と福祉避難所を関係づけ、要支援関係者と本人に必要な情報を提供するなど、災害が発生した場合に対応できるような取り組みには手が届いていないようだ。そのことを次に示す個別支援計画において確認しておきたい。

(2) 個別支援計画の策定

①個別計画の策定状況

個別計画の策定は「避難行動要支援者の避難行動支援に関する取組指針」(内閣府二〇一三年八月)において、避難行動要支援者名簿の作成等法定化された取り組みに続き、「Ⅱさらなる避難行動支援のために取り組むべき事項」のなかに位置付けられており「避難行動要支援者名簿の作成に合わせて、平常時から、個別計画の策定を進めることが適切である。」とされている。計画に記載すべき事項としては、発災時に避難支援を行う者、避難支援を行うに当たっての留意点、避難支援の方法や避難場所、避難経路、本人が不在で連絡が取れない時の対応などがあげられており、名簿と本計画によって避難行動要支援者の避難行動が円滑に行われる条件ができる。筆者は、福祉避難所は本計画における避難場所として具体的に位置づけられるべきと考えているが、実際はどうか。

まず岩手県における個別計画の策定状況をみよう。

・策定し更新中　一二市町村(三六・四%)
・策定途中　七市町村(二一・二%)
・策定未着手　一四市町村(四二・四%)

個別計画の作成に着手しているのは一九市町村（五七・六％）、未着手は一四市町村である。

②個別計画策定数

個別計画を「策定し更新中」の一二市町村については個別計画策定数の記載を求めている。それによると

計画策定数を明記している市町村数　一二市町村

策定の合計数　一万九七三七件（当該市町村の避難行動要支援者に対し四一・二％、県内の避難行動要支援者に対し二六・三％）

となっている。名簿掲載数が最も多い大規模市の策定率が約五〇％で、策定合計数の七六％を占め、全体の数値を引き上げている。名簿掲載人員が一〇〇〇人以下の三市町では名簿掲載全員分の策定を終えている（策定率一〇〇％）が、策定率が僅か数％のところもある。それでも計画の策定数を示すことができるのは市町村全体の三割でしかない[2]。

③未着手市町村における個別計画策定に当たっての課題（表5）

個別計画がなければ名簿は十分に機能しないと筆者は考えているが、現実には四割が未着手である。個別計画に着手できない市町村にはどのような事情（理由）があるのか。設問（4）において「策定に着手していない」と答えた一四市町村の自由記述から検討してみたい。

最も多いのは名簿情報の提供に関する意思確認中というもので8である。この表では唯一策定途中の村を除く一三市町村では名簿を作成しているのだが、情報提供の同意はまだ取り切れておらず、業務上の優先度はそ

表5　個別計画未着手市町村があげている理由（※は名簿策定途中の村）

- 関係機関への名簿提供の同意情報を取りまとめ中であるため　(市)
- 避難行動要支援者対象者に対して同意確認を行っていないため (市)
- 策定予定であるが、一次登録者を地域の実情に精通している民生委員が確認したところ、支援が必要な方が多数リストに登載されていなかったことから、二次登録後に策定に着手予定。(市)
- 高齢化の進行による避難を支援する側のなり手の不足や避難支援する側が要支援者の命に責任を持つ負担感を払しょくすることが難しいため (市)
- 避難行動要支援者の状況（障がい等級や要介護度、入院や施設入所など）が変化するため、随時、更新作業や情報提供等の調整が必要となるが、それに対応する体制等が整っていない。(町)
- 平常時の名簿情報の提供意思確認が終了後、策定に向けて着手する予定である。(町)
- 自主防災組織で独自に作成している場合があるため調整が困難 (町)
- 人員不足で手がまわらず着手に至っていない (町)
- 名簿作成後、個別計画策定に着手するため (町)
- 名簿情報の提供の意思確認手続き中 (町)
- 仮設住宅で生活している方も多く地域のコミュニティが流動的 (〃)
- 要支援者と避難支援等関係者のマッチング、調整について検討中 (町)
- 避難行動要支援者名簿の作成途中であり、個別計画の策定については、避難行動要支援者名簿の作成後に検討することになるため。(村)
- 名簿登録者の増加を優先的に取り組んでいる（村　※）
- 人員不足の為 (町)

ちらにあるということだ。

二番目は人員不足、策定後の更新等を見据えた場合の体制不十分である。筆者が聞き取ったなかでも、名簿に関する提供同意の取り付けも個別計画の作成も、調査、確認、時に説得など、要支援者や民生委員等とのやりとりがあって手間暇のかかる業務であり、加えてその先には常に更新・新規付加等の業務が発生する。限られた担当者では対応が難しいという声が多くあった。

ほかにはマッチングの人材がいない、自主防災組織の活動との重複などが理由としてあげられている。

④個別計画の策定に当たっての課題（苦労したこと・表6）

表6には、策定を終えた、または策定中の市町村における策定に当たっての課題（苦労していること）が上げられている。

策定途中の市町では人手・人材不足で策定が進まないことが共通して上げられており、未着手市町村と同様の事情にあることが分かる。

表6　個別計画策定済み・策定途中市町村の策定にあたっての課題（苦労していること）

市町村名	自由記載
盛岡市	・要支援者本人と地域支援者のマッチングが困難
	・要支援者が年々増加し、行政主導による定期更新に係る負担（時間・予算）が大きくなる。（要支援者本人の申し込みによる変更更新は随時可能）
宮古市	・対応する職員が不足し策定が進まない
北上市	・行政区によっては地域支援者不足が問題になっている
遠野市	・人手不足で対応できない
一関市	・避難支援等関係者の理解、協力を得られない場合がある。
	・要支援者本人から、個別計画までは不要と断られる場合がある
二戸市	・町内会等で支援体制が構築できていない地区への対応
八幡平市	・要支援者に面談して個別計画を作成する人材（コーディネーターを含む）の確保が困難
	・作成した個別計画の更新
	・作成した個別計画の保管と具体的な利用方法について
滝沢市	・登録申込書の裏面をもって個別計画としているが、個別の避難経路等の検討が課題。
雫石町	・避難経路の把握
	・地域支援者の確保
	・本人からの聞き取りのみで作成しており、支援者がいないケースも多い。
軽米町	・対象者には、支援者から同意を貰ったうえで記入するようお願いしているが、実際にはどうか分からない。
	・計画書は作成しているが、どの段階で誰がどのように支援するのか明確かつ具体的になっていない。
	・個別計画策定もだが、要支援者名簿の加除・更新に苦慮している。
野田村	・登録が少ない
洋野町	・人材不足のため、他の業務が優先となり、策定が進まない。

策定済み市町村では、地域支援者の確保、マッチング、具体的な関わり方など地域域支援者に関することが多い。高齢化が進み、地域での助け合いが徐々に厳しさを増している中で、一人一人の要支援者に適切な支援者をマッチングしていくことは相当に困難な作業であると思う。重い障害のある人などについてはなおさらだろう。

次に計画の策定方法からくる問題がある。登録申し込書の裏面をそのまま計画としたことから、避難経路等の検討がなされていない（滝沢市）、本人からの聞き取りのみで作成しているので支援者がいない（雫石町）、支援者の同意が不明、誰がどのように支援するのか具体的になっていない（軽米町）などである。策定したといっても行政や地域が関わらないままでは実際の避難支援に結びつかないおそれが大きい。

三番目に個別計画の加除、更新等の問題がある。要支援者名簿の加除、更新が先立つ問題としてあり、個別計画のそれが加わっていくという構造だ。盛岡市が述べているように、要支援者は増えているから、名簿と個別計画の更新等に係る負担は年々大きくなっていく。

⑤名簿と個別計画の現段階

これまで見てきたことを大まかにまとめていえば次のようになるだろう。

ア　要支援者名簿は三一市町村で作成が済み、二町村でも間もなく作成される。
イ　しかし、名簿の更新や情報提供への同意確認が行われているのは二二市町村程度であり、市町村間の足並みは揃っていない。
ウ　名簿の更新や情報提供への同意確認は、市町村の担当レベルでは荷が重い業務になっていることが窺われる。
エ　名簿の次の段階である個別計画の策定では、策定し更新中が一二市町村（三三市町村中）で、未着手市町村が一四ある。ここにきて市町村間の取り組みの差が大きくなっている。
オ　未着手の理由では、名簿情報の提供同意確認が取れておらずそちらを優先するなど、名簿作成段階の作業がまだ続いていることが多くあげられている。根っこには人手不足という問題があるようだ。
カ　人手不足の問題は個別計画を作成し更新中、策定途中市町村でも同様にあり、計画策定が進まない、今後の更新等の負担（名簿の更新を含めて）が大きくなる、などの意見が述べられている。

キ　個別計画における課題としては、地域における支援人材の確保（要支援者とのマッチング）が難しいことがあげられている。

避難行動要支援者名簿の作成は法定事項でありほぼ達成されているが、その活用に向けた取り組みからは市町村間に差が出始めている。特に、名簿情報の提供に関する同意確認に時間を要している市町村が多く、それが個別計画策定の進捗に影響している。問題は、多くの市町村が指摘しているように、当面は増えていくだろうこれら業務を担当する人手が足りないということである。このままいけば、個別計画の策定が停滞し、策定にたどり着かない市町村が出てくるのではないかということを、筆者は危惧している。

⑥個別計画と福祉避難所

個別計画の策定はまだ少ないが、その中で福祉避難所は位置づけられているのか。本調査では個別計画と福祉避難所との関係を問う設問はないので、筆者は盛岡市と雫石町において担当者から簡単な聞き取りを行った。

ア　盛岡市の場合

盛岡市は県庁所在地で、二〇一五年一〇月現在の人口は二九万九〇〇〇人、高齢化率二五％、中核市である。名簿に掲載された要支援者のほぼ半数について個別計画を策定している。これは二〇〇七年度から積み上げてきた結果である。また、福祉避難所は高齢者施設を中心に四三ヶ所を指定している。

個別計画は「盛岡市避難行動要支援者情報提供同意者名簿登録申込書」の裏面の項目について、民生委員が聞き取りをもとに記入し市役所に届けて計画としている。裏面の項目は情報伝達手段、家族構成、市指定避難場所、地域で決めた避難場所、避難時の注意事項などである。この中で「市指定避難場所」について市が指定・協定締結した福祉避難所が入るのかを尋ねたところ、入っていないということであった。これは一次避難所であり、そこから必要に応じ二次避難所である福祉避難所に移送することを基本にしているためであった。災害態様や一次避難所・福祉避難所との距離関係などにもよるが、福祉避難所を一次避難所として指定しておくことのほうが要支援者にとっても、受け入れ側にとっても対応しやすい場合があるのではないかという意見を述べてきた。

イ　雫石町の場合

雫石町は盛岡市の西隣、盛岡市と秋田県境の間に位置している。町域は約六〇九平方キロと広いが山岳、高原地帯が大半を占めている。人口は約一万七〇〇〇人、高齢化率三三・八％（二〇一五年一〇月一日現在）である。近年、大雨による洪水被害を経験している。避難行動要支援者名簿に掲載した全員について個別計画を策定している。福祉避難所の指定は四ヶ所。

雫石町における要支援者支援の特徴は、各「地域コミュニティ」に委ねていることである。町内を六二の地域コミュニティに分かち、毎年度それぞれで「お互いさま情報交換会」を開催する。これには役場職員も出席する。その主要議題が「避難行動要支援者の避難経路確認」であり、要支援者名簿掲載者について、自宅から地域で決めている一次避難所までの避難経路を確認し住宅地図に書き込む。これが個別計画となり、それを住民が確認する。時間があれば、地域支援者の自宅や避難経路上の危険個所も確認する。

四ヶ所の福祉避難所は、各地域コミュニティから見れば距離があり、災害発生後、山間部の地域コミュニティからの移送には危険も伴うとして、二次避難所としての扱いになっている。

ウ 個別計画と福祉避難所

二市町に加え、筆者が個別に聞いた範囲では、個別計画の中に要支援者の避難先として福祉避難所が具体に示されているという例はなかった。

繰り返しになるが筆者は、福祉避難所は要支援者名簿によって量的な必要性が測られて指定が行われ、個別計画によって個々の福祉避難所が対応すべき要支援者が定まっていくことが災害時の対応を迅速にかつ円滑に行いうるということから、望ましいと考えている。

しかし現実には、個別計画と福祉避難所は関係つけられてはいない。これはそもそも個別計画の策定が進んでいないことがあり、要支援者の数や属性に対応するだけの福祉避難所が確保できないから被災の状況に応じた対処とならざるを得ないこと、また、地理的な事情などから地域に委ねるなどの方策が迅速でかつ安全と考えられる場合がある、などによるだろう。そのことと災害の発生や規模、態様の予測が困難なことも踏まえつつ、筆者とすれば上で述べた理由から、明らかに福祉避難所での支援が必要なものについては特に、個別計画において避難先を指定し、その情報を当該福祉避難所を始め関係者において共有しておくことを強調しておきたい。この作業があって地域ごと、属性ごとに福祉避難所の過不足が把握され、より広域での対処の検討にもつながってくる。いずれにしても、個別計画の策定は急ぎたい。そのために、簡潔で実効性のある策定方法について先行事例などから学んでほしいと思う。

(3) その他

本調査では、災害に備えた人材の派遣(応援)物資の供給、通信等について自治体、民間企業等との協定締結の有無について聞いている(表7)。災害対策全般に関わるものであるが、市町村における取組の状況を示すものとして掲げておく。

3 まとめ——福祉避難所の指定と環境整備

本章では、東日本大震災後の福祉避難所に関する市町村における指定と整備の取り組み状況などについて、岩手県が行った調査を中心に検討してきた。市町村を対象とした調査であり、民間事業者が自主的に行っている取組等は反映されていないが、本県の概況は理解できるであろう。震災の経験は備えの充実に生かされているだろうか、震災後に国が定めた「避難所における良好な生活環境の確保に向けた取り組み指針」(二〇一三年八月)を踏まえた取り組みは行われてきただろうか、以下ではまとめの意味で現状への評価と今後の課題についても述べておきたい。

東日本大震災時に福祉避難所としての備えはほとんどなかったことから考えれば、現在までに二六市町村、二六九ヶ所が指定されていることは市町村の努力の成果といえる。また、福祉避難所に特化したものではないが、物資や人材の派遣等に関する都道府県を越えた市町村、社会福祉協議会、事業者間の協定や民間業者との

葛巻町	・消防相互応援協定（盛岡広域振興局管内） ・大規模災害時における岩手県市町村相互応援協定（県内全市町村） ・岩手県防災ヘリコプター応援協定（県内市町村、消防の一部事務組合）	
岩手町	・プロパンガス供給（1社） ・飲料確保（1社）	・福祉用具供給（1社） ・運送供給（1社）
紫波町	・大規模災害時における岩手県市町村相互応援に関する協定 ・大規模災害時の相互応援に関する協定	・なし
矢巾町	・食糧・飲料の提供（民間企業） ・特設公衆電話の設置・燃料（重油、ガス）提供（民間企業）	
西和賀町	・相互応援協定（岩手県内全市町村、秋田県横手市） ・災害応援復旧（町内建設業者）	
金ヶ崎町	・食料品、日常品等の物資提供（民間企業1社） ・飲料の提供（民間企業1社）、消防・自衛隊との相互協力・プロパンガス及びプロパンガス施設の機材の調達及び対策要員の確保	
平泉町	・愛知県幸田市との応援協定	
住田町	・愛知県幸田町、山梨県丹波山村、岩手県南市町村、宮城県北市町村 ・東北電力、コカコーラ、コメリ、オールラウンドヘリコプター、ヤマト運輸 ・食糧、飲料、生活必需品等の提供、被災者の医療、防疫、施設の応急復旧等に必要な資機材の提供、災害応急活動に必要の車両等の提供、職員等の応援、被災児童生徒の一時的な受け入れ、その他	
大槌町	・災害時の相互応援に関する協定（大阪府豊中市） ・災害時における応急生活物資の調達に関する協定（民間企業5社） ・協定の締結先総件数：上記含め23件	
山田町	・福祉避難所における人員協力要請に関する協定（(社福）山田町社会福祉協議会ほか） ・災害時相互応援協定（秋田県仙北市ほか） ・災害時における福祉用具等物資の提供協力に関する協定（日本福祉用具供給協会）	・災害時における飲料供給に関する協定（みちのくコカ・コーラボトリング（株）
岩泉町	・職員派遣、物資援助（東京都昭島市） ・宿泊、入浴、食事の提供（岩手県生活衛生同業組合中央会及び岩泉地区生活衛生同業組合連絡協議会） ・避難所指定（ホテル龍泉洞愛山）	
田野畑村	応援職員の派遣、物資の提供及び斡旋等(県内市町村)　飲料水、プロパンガスの調達等（民間企業2社） 郵便、通信に関する支援等（民間企業2社）	
普代村	医薬品等の提供、給食及び水の供給	
軽米町	・飲料水の提供（民間企業1社）	
野田村	・災害時における食料の確保に関する協定（県と（株）純情米いわて ・プロパンガス、燃料の確保等（関係業界団体久慈支部） ・大規模災害時における八戸・久慈・二戸の三圏域に係る市町村相互応援に関する協定（三圏域16市町村） ・災害時における応急復旧に関する協定（久慈市上下水道工事同業組合）　など10件	
九戸村	・物資及び職員の相互派遣（八戸市、久慈市、二戸市ほか）	
洋野町	・食料、飲料水及び生活必要物資並びに、これらの供給に必要な資機材の提供及び斡旋・災害応急活動に必要な職員等の派遣	
一戸町	飲料の確保（民間企業）	

表７　市町村が他自治体等と締結している災害時の支援協定（主なもの）

市町村名	協定締結の状況	今後の予定
盛岡市	・食料、・生活物資の提供、輸送、燃料供給他 ・他自治体との相互協力（東北地区６都市、県内市町村、中核市他）	
宮古市	・相互援助協力（県内市町村、東京都品川区他） ・設備の応急復旧協力（岩手県宮古地区建設業会ほか） ・医薬品の優先提供（宮古薬剤師会）	
大船渡市	・職員相互派遣（千葉県山武市他） ・物資の提供（民間企業４社）	
花巻市	・米穀供給に関する協定（花巻農業協同組合） ・物資供給に関する協定（（株）マルカンほか）	
北上市	・災害時相互応援協定（秦野市ほか） ・食料品等の提供（民間企業数社）	・災害時支援協力協定（民間企業）
久慈市	・物資の提供（県内全市町村、隣接県外市町村等、民間企業７社） ・災害復旧（東北電力他） ・緊急輸送に関するもの（久慈市内郵便局他）	
遠野市	・物資協定（民間企業等９社）	
一関市	・飲料水の提供（民間業者　１社） ・食糧、寝具等の提供（民間業者　５社）	・避難所での物資管理や配送（民間業者　１社）
陸前高田市	・相互応援協定（大坂府豊中市） ・食糧・飲料水提供（イオンスーパーセンター、みちのくコカコーラボトリング・物資輸送（ヤマト運輸）	
釜石市	・職員相互派遣、生活必需物資の供給、資機材の提供等 （尾鷲市ほか） ・飲料、食料、衣類等物資供等（民間企業６社） ・その他（民間関係 21 団体）	・なし
二戸市	・大規模災害時の南部藩ゆかりの地相互応援協定 （山梨県南部町ほか） ・大規模災害時における八戸・久慈・二戸の三圏域に係る市町村相互応援に関する協定（八戸市ほか） ・食料品の優先供給（民間企業３社）	
八幡平市	・情報提供、飲食料物資提供、職員派遣等 （県内各市町村、県外２市） ・燃料、資機材、電力等の提供（民間企業等６社（組合）） ・消防相互応援（県内外１３市町村）	
奥州市	・発災時に協力体制を取る旨の基本的な記載のみ	・特になし
滝沢市	職員相互派遣（岩手県内市町村ほか５市） 飲料水の調達（民間企業２社） 生活物資等調達（民間企業３社）	
雫石町	・大規模災害時における岩手県市町村相互応援に関する協定 （県内全市町村、秋田県仙北市他３市） ・災害時の相互応援に関する協定（静岡県富士市、千葉県富里市） ・災害時における物資教協に関する協定 （NPO 法人コメリ災害対策センター） ・大規模災害時における秋田・岩手横軸連携相互援助に関する協定 （潟上市、秋田市、大仙市、盛岡市、宮古市、滝沢村） ・災害時におけるレンタル機材の提供に関する協定 （株式会社アクティオ） ・災害時における飲料の確保に関する協定 （みちのくコカ・コーラボトリング株）　など 22 件	

協定の拡大など、福祉避難所を囲む支援の厚みは確実に増していると思う。この五年間の成果というべきであろう。

しかし次のような課題が指摘できる。

第一に、未指定の市町村がなお七ある。備えは急ぐべきであり、指定はその入り口になる。速やかな指定を望みたい。

第二に、福祉避難所の指定は要配慮者あるいは避難行動要支援者と個別に関係づけられていないことである[3]。筆者は、避難行動要支援者名簿とその個別計画をツールとして福祉避難所の指定や指定後の機能の充実を図ることが効率的だから、その作成・策定を急ぐべきだと考え、述べてきた。しかし事務量の違いもあってか、実際には福祉避難所の指定が先行し（それは災害への備えとしては必要であったと思うが）、対応が後になった要支援者名簿、個別計画とは切り離されたままである。個別計画の避難先には福祉避難所は示されていない。そのため、市町村における福祉避難所指定の目標数、あるいは指定による充足の度合いなどが明らかにならないまま現在に至っている。

「福祉避難所確保・運営ガイドライン」（内閣府二〇一六年四月）にも示されているように、本来は必要数（概数であっても）の把握があって福祉避難所の指定が行われるべきものだろう。時間は前後してしまったが、名簿・個別計画の策定を急ぎ、福祉避難所の指定と関係づけて、その根拠や必要数を明確にすべきであろう。

第三に、第二の反映でもあるが、指定された施設の種別は、地域において数が多い高齢者関係が7割強を占め、一方、児童・乳幼児関係はその一割程度である。要配慮者数（要支援者名簿・個別支援計画）と突合しながら属性ごとに見ていけば、市町村単位では対応できない場合が（あるいは全ての属性において）出てくるだろう。

そこを明らかにして、隣接市町村等との広域的連携策を講じておく必要があると思う。

今回の調査においては、一部ではあるが、保育所を福祉避難所として指定した市町村や、施設種別に関わらず属性の区分をせずに広く受け入れることを方針とした市町村がいくつかある。東日本大震災時には、高齢者施設が障害者を受け入れ介助するなどがあり非常に苦労したという報告があったが、限られた地域資源を住民のため有効に使うには一つの選択とも考えられる。今後の波及を注目したい。

第四に、指定した福祉避難所の設備等の充実が十分には進んでいないということである。物資の備蓄、非常用発電機の配備、福祉人材の派遣・あっせん、食料・燃料等の優先配分など、東日本大震災の経験から整備が必要と考えられた事項について、五年後の現在でも依然個別的であり、全県として進んできたとはいい難い。市町村からの聞き取りでも、特に予算を伴い、継続性のあるものについてはその確保が容易ではないように感じられた。一般避難所となる公共施設の整備等もあり、福祉難所に対する認識が期待するほど高くはなっていないということであろうか。市町村担当者が努力しているにもかかわらず、施設関係者から見れば、指定した後は施設に任せきりという状況がまだあるようだ。

「避難所における良好な生活環境の確保に向けた取り組み指針」（二〇一三年八月）で示されている避難生活における生活の質の確保は、例えば居室や食事など、これまでの避難所、福祉避難所運営から見れば非常に高いハードルである。市町村がしっかりと方針を定めて整備を図っていくことが肝要である。

第五に、第一と関連するが、避難行動要支援者名簿の活用・個別計画策定の遅れである。名簿の作成は間もなく全市町村で終わるが、活用の条件となる情報提供への同意取り付けが進んでいるのは六割程度、個別計画策定数は策定市町村の要支援者数に対し四割程度に止まっていた。しかも、この遅れの原因としては人員不足が多く指摘され、活用の拡大が図られるかどうか、不安がある。ここがしっかり確立されなければ支援はいつまでも旧態のままである。繰り返しになるが、先行例に学びながら前に進めて欲しい。

以上、岩手県の現状をもとに課題を提示し意見を述べてきた。筆者は、五年の歳月で指定の拡大など前に向いたところは多くある、しかし福祉避難所がその役割をしっかり果たすための準備はまだ緒に就いたばかりで、取り組まなければならない課題が多い、と考えている。

本稿執筆中に熊本地震があった。報道から垣間見るだけであるが、福祉避難所は数多く指定されてはいたが役割を果たすことができていないという印象を持った。地震＋津波（東日本大震災）と継続する強い地震（熊本）という違いはあるにしても、指定の先の備えがなかったことがその要因ではないかと推測した。

岩手の状況だけから全国の福祉避難所の現状を推し量ることには慎重でありたいが、五年前に被災した岩手の今と、新たに被災地となった熊本の今の姿を見るときに、しっかりした根拠のある備えの大事さを感じないわけにはいかない。市町村の一層の努力と国・都道府県の適切な支援を期待したい。

附記：末尾になるが、本稿の執筆に当たり資料とした「福祉避難所及び避難行動要支援者等にかかる調査」結果を提供いただいた岩手県保健福祉部地域福祉課と関係者、特に調査の実施について判断された佐々木和哉さん（同課地域福祉担当課長）、調査票作成を担当された瀬川敏彦さん（現岩手県県南広域振興局一関保健環境センター）、本稿の執筆日程に配慮いただき、四月に同課着任早々から調査票の集計に当たられた田端優毅さん、筆者との窓口となった浅沼修さん（同課主任主査）には心より感謝の意を表するものである。

【注】

1 調査票において「回答内容については、岩手県立大学に提供し、同大学において集計・分析のうえ報告書にまとめられる予定ですので、あらかじめご了承願います」という記載を行っている。なお、本稿では表や聞き取り記録に市町村名を記載している。これは市町村の現状を正確に理解していただきたいためである。個々の市町村の評価等は本稿の目的ではない。

2 この調査では設問2(4)において、選択肢①(個別計画を)「策定し更新中」のみに個別計画策定数の記載を求め、②(個別計画を)「策定途中」には設定していない。そのため、実際の個別計画策定数は、本文に示した一万九三七三件より多い可能性がある。

3 災害対策基本法における要配慮者と避難行動要支援者は同じ概念ではないことは本文でも述べている。避難行動要支援者は、要配慮者から市町村が一定の基準を立てて選別することとされているが、筆者は、福祉避難所の対象とされている要配慮者はこの選別に入りうると考えて、要支援者名簿と個別計画をツールにすることが効率的と述べている。

おわりに——今後起こりうる災害に向けて

この原稿を執筆している最中、熊本地震が起きた。大きな地震が二回発生したことによって、建物の崩壊が激しく、自宅で生活ができなくなった人が多いことが、各種報道からうかがい知れる。熊本地震は大きな災害であり、余震が続くというところに特徴があり、車中泊を選択した人が多くいた。東日本大震災は津波が大きな被害をもたらした災害であったため、熊本地震と東日本大震災はまた違った性質の災害で、随所に違いを感じるところもある一方、支援を必要とする高齢者や障がいがある人のケアが課題となっている点では、東日本大震災と同じ状況であると感じている。東日本大震災時では障がいがある人や認知症の人が小中学校の避難所にいられず、車中で避難したり、認知症の人だけを集めた避難場所が作られたこともあった。熊本地震では、障がいがある人や高齢者が熊本学園大学に身を寄せたことも報道され[1]、改めて障がいがある人や高齢者の、災害時における避難とケアの課題を大きく浮かび上がらせた。こうした状況が発生したのは、東日本大震災での教訓が共有されていない、活かされていないからではないかという思いを強く持っている。それなら、東日本大震災での経験、そこから得られた知見をもっと発信していくことが被災県で生活しているわたしたちの役割ではないか。「はじめに」でも触れたが、本書の動機は、そこから始まっている。

東日本大震災の経験をふまえた対応も行われていたところもある。例えば、福祉避難所の整備である。福祉避難所は二〇一二年九月末時点で、九八一市区町村で一万一二五四施設が事前指定されていた[2]。熊本地震でも福祉避難所が指定されていたが、人手不足により自治体と結んでいた協定が生かされていないことが指摘されている[3]。建物の破損等によって、施設の環境が整わなかった事情もあったようである[4]。これは制度やシステムとして整えられていたはずが、上手く機能しなかった例として考えられよう。

本書は、第1部では「当事者の視点にもとづく災害時の避難と、その後のケア」、第2部では「施設・事業所サイドからみた災害時の課題」、第3部では岩手県立大学社会福祉学部有志で取り組んだ被災施設調査をもとにした「東日本大震災における岩手県での施設、施設職員の課題」、第4部では「福祉避難所の課題と岩手県の取り組み」についてまとめてきた。改めて、本書で触れてきた、災害が起きた時の障がいがある人や認知症で避難に支援が必要な人の課題をまとめておきたい。

まずは、第1部で述べられた、障害がある当事者の視点から、「避難ができない人がいる」という課題がある。避難ができない人というのは、人口呼吸器等を装着していたり、横になった状態で生活している人であったり、ひとりで移動することや、すぐに移動することが難しい人たちである。「そもそも避難なんてできない」という言葉に出会った時、わたしは言葉を継ぐことができなかった。すぐに移動すること、避難することが難しい人に対して、災害時、どう対応すれば良いのか、今後、考え続けていかなければならない課題である。

次に、支援があれば避難できる人がいる。そういった人たちには、適切な支援を受けられるかどうか。「避難すればそれで終わり」ではなく、避難場所での課題がある。避難場所がなじみのない場所であった場合、それは物理的な意味だけでなく、そこでの人との関係も含まれるが、避難場所で困ることのないような環境づくりが求められる。避難が短期間なら一時の不便を我慢して過ごすこともできるだろうが、それでも衆目の中での排泄は、人権と尊厳の観点からは許されることではない。長期間になるなら、障がいがある人でも普通に生活できる環境を作っていくことが求められることになる。それがノーマライゼーションである。

どこに避難するかということでは、自分の生活圏域にある避難所ということになるだろう。高齢者や障がいがある人であれば、福祉避難所の方が望ましい。しかし、外出先で災害に遭遇した場合、どこが避難所か、そこが福祉避難所であるか、すぐに把握することは難しい。そういった点からは、「とりあえずの避難場所」に避難した後、移動が可能になる段階で、生活圏域にある避難所に移るといったことになる。

ここまでの段階で、「避難できない人の避難」「避難の際の支援」「避難場所での生活・ケア」といった課題を整理できるだろう。それぞれ簡単に解決できるものではなく、東日本大震災や熊本地震の経験をふまえ、今後起こりうる災害に向けて検討を重ねていかなければならない。これらの中心となるのは、障がいがある人や高齢者といった当事者およびその家族である。当事者や家族が、災害時にどう行動するか、どう避難するかといった意識や具体的なイメージ、そして手段を持っておくことが求められる。

手段のひとつとして、実際の避難の際に活用できるものが、災害時要援護者台帳への登録である。「避難の際の支援」に対応できるものだと言える。しかし、登録は任意であるため、登録そのものを強制はできない。こういった課題にどう対応していくかも、課題となっていくだろう。また、第1部第2章、第3章では避難所としての特別支援学校の活用について触れられている。なじみのある環境として、そこで過ごしたことのある子どもたち、そして親にとっては心強い場所であると言える。実際に避難所として活用していくには諸課題があるが、検討が重ねられていくことを期待したい。

そして、第1部第4章の「みちのくＴＲＹ」は障がい当事者の人たちによる取り組みとして画期的なものである。当事者活動の活性化につなげる意味もあるこうした取り組みは、いろいろな人とのつながりや交流を生み出す貴重な機会にもなると考えられる。避難やケアについてだけでなく、ふだんの生活や街づくりについて見直し、考える機会としても大変意義が深い取り組みである。

第2部、第3部では、当事者の視点に加えて、施設・事業所からの災害時の避難とケアの課題が述べられた。東日本大震災では、福祉施設・事業所が避難場所として大きな役割を果たした一方、その経験が充分に伝えられていない、もしくは総括がされていないという課題がある。本来、社会や地域に貢献する性質が強い社会福祉施設や事業所に、多くの地域住民が避難してきたことは、社会福祉施設や事業所の新たな役割を認識させたと言えるだろう。単なる避難場所として機能しただけでなく、仮設住宅や地域へのサポートステーションの機能を持ち続けている施設や事業所もある。これらは、地域包括ケアをふまえた取り組みでもあり、今後求められる多世代への支援も先駆的に取り組んできたとも言える。

しかし、特に震災直後の避難場所として機能していた社会福祉施設・事業所において、従事する職員に求められたことは過酷であったと言っても良いのではないだろうか。「自分の家族の安否を確認したい」という思いを持ちながらも、目の前の利用者を放り出すわけにもいかないというジレンマ。「介護職は今日のような災害が起こった時、目の前の人達（入所者）を放って、いくら自分の家族や家が心配でも、そこに行くことができない、自分の事でいっぱいいっぱいでも、目の前のケアをおろそかにできない。入所者が悪いわけではないが、誰が悪い訳でもないが、この仕事はつらいと初めて思った瞬間であった」という介護職員の言葉に、どう応えていけばいいのか、答えは簡単には見つからない。こういった施設職員のつらさは、東日本大震災という未曾有の震災にみまわれたことで、明らかになった。災害時に施設職員がおかれる状況をオープンにすることで、災害時にどう行動するのかといったことについて、施設・事業所で検討しておくこと、社会福祉の専門職養成においても、予め考える機会を設けるなどして、施設職員ひとりひとりの意識を高めておくことが、まずはとれる方策ではないかと考えられる。

第４部では、福祉避難所の課題と岩手県での取り組みについてまとめられた。福祉避難所は、障がいがある人や高齢者にとって、災害時に重要な役割を果たすことが、東日本大震災、熊本地震を通して明らかになったが、充分研究されているとは言えない状況である。福祉避難所はどういった体制・システムを、どのように作っていくかといった部分と、福祉避難所内でどのようなケアを担っていくのかといった両面の課題がある。災害時要援護者台帳や個別支援計画との連動は、今すぐには行えないことかもしれないが、障がいがある人や高齢者の災害時の避難を考える際には、ゴールのひとつであるように思われる。当事者や家族、行政、社会福祉協議会、民生委員、地域住民といった関係者が、災害時にどうするかといった検討を重ねていけば、自ずとたどり着くところではないだろうか。

こうしてみていくと、障がいがある人、高齢者、家族はもとより、社会福祉施設・事業所・法人、行政、社会福祉協議会、地域住民が、災害時にどう行動するのか、どこに避難するのか、どう避難するのかといったことを考え、何より対話を重ねていくことが、災害時だけでなく、日頃のケアにも結びつくのではないかと考えられる。社会福祉の理念には人権の尊重、尊厳、ノーマライゼーション、ソーシャル・インクルージョン（社会的包摂）といったものがあるが、これらは平常時にのみ活きるものではなく、災害時でも活きなければならない。大きな災害が発生し、いくら余裕がないとはいえ、衆目の中で排泄のケアが行われるような事態を起こさないよう努めていくことが、社会福祉の理念にもとづく地域や社会づくりにもなる。それらは一朝一夕でつくられていくものではなく、日頃の積み重ね、対話の積み重ね、そこからお互いを知り合うことの上に、成り立つものであろう。そう考えれば、災害時の避難とケアを考えるということは、誰もが自分らしく生きる生活を普段から送ることができる地域、社会づくりについて考えるということでもある。

「自分らしく生きる」権利は、誰もが等しく持っている。「自分らしく生きる」ことは、障がいがある人や高齢者だけでなく、施設・事業所職員や行政、社会福祉協議会の職員、地域住民ひとりひとりにとっても、叶えられるべきことである。そうした誰もが自分らしく生きることができる地域や社会づくりについて、考え、対話を重ね、知り合っていくことが、災害時の避難やケアにも結びついていくのである。

本書の執筆にあたり、熊本地震が起きたのは偶然とは言え、執筆者の間で「東日本大震災を思い出す」といった言葉が交わされた。単に思い出すだけではなく、当時、遭遇したさまざまなことも思い出され、「正直、つらい」といった言葉も出た。個人的にも、原稿に向き合う中で言いようのないつらさを感じることもあった。直接被災していないわたしたちの間でもつらさが想起されたことは、被災者の方々にとっても、さらに大きな苦しみやつらさが想起されたと思われる。まだまだ東日本大震災は終わっていないことを、被災地以外に住む方々に知ってほしいと切に願う次第である。

本書をまとめるにあたって、生活書院の髙橋淳さんをはじめ、多くの方のお力添えをいただいた。髙橋さんには最後の最後までお手を煩わせることになり、申し訳なさと感謝の念にたえない。またお名前は出していないが、被災地での多くの方の声がもととなり、わたしたちの力ともなった。東日本大震災での経験を、多くの人に知ってもらい、災害時にどう行動するのか、どう避難するのかを障がいがある人や高齢者といった当事者の方だけでなく、施設・事業職員や地域住民の方に考えるきっかけとしていただくことは、わたしたちだけでなく、被災した方々の本望でもあるだろう。

二〇一六年の秋に

藤野好美

【注】

1 『朝日新聞』二〇一六年五月一九日西部本社朝刊三一ページ「福祉の学びや　今こそ出番　熊本学園大障害者ら避難受け入れ」

2 厚生労働省「福祉避難所設置状況」http://www.mhlw.go.jp/bunya/seikatsuhogo/saigaikyujo7.html（二〇一六年四月三〇日閲覧）

3 『朝日新聞』二〇一六年四月二五日東京本社夕刊一一ページ「災害弱者　どこに行けば」

4 『朝日新聞』二〇一六年四月二四日東京本社朝刊八ページ「震災避難　障害者への支援確保を」

内出幸美（うちで・ゆきみ）

1960年生まれ。東北大学大学院情報科学研究科博士課程後期修了（情報科学博士）。1983年、地ノ森クリニックに医療ソーシャルワーカーとして入職。大船渡市在宅介護支援センター所長などを経て、現在、社会福祉法人典人会専務理事として16事業所を統括している。

主な著書に、『目でわかり認知症ケアのトータルマネジメント』（共著、厚生科学研究所、2011年）、『暮らしを創る――認知症ケアの新しい視点』（編著、クリエィティブライフ研究会、2013年）など。

三上邦彦（みかみ・くにひこ）

1959年生まれ。東北福祉大学大学院社会福祉学研究科社会福祉学専攻修了。社会福祉法人埼玉育児院児童指導員、仙台市児童相談所心理判定員、仙台市精神保健福祉総合センターデイケア係主査などを経て、現在、岩手県立大学社会福祉学部教授。専攻は、社会福祉学。

主な著書に、『子どもネグレクトアセスメント』（編著、ネグレクトアセスメント研究会、2008年）、『シードブック子ども福祉』（共著、建帛社、2007年）、『社会福祉士シリーズ15 児童や家庭に対する支援と児童・家庭福祉制度』（共著、弘文堂、2009年）など。

岩渕由美（いわぶち・ゆみ）

岩手県立大学社会福祉学研究科博士前期課程修了。サポートハウスたかのす（生活支援ハウス）生活援助員などを経て、現在、岩手県立大学社会福祉学部助教、盛岡誠桜高校子ども未来学科非常勤講師。専攻は、社会福祉学。

主な論文に、「山村地域における一人暮らし高齢者の生活とコミュニティの役割」（岩手県立大学大学院修士論文、2005年）、「東北における障がい児を対象としたサービスの地域支援機能に関する研究」（日本社会福祉学会東北部会「東北の社会福祉研究」記念特別号、2012年）など。

鈴木聖子（すずき・せいこ）

岩手大学人文社会科学研究科卒。博士（学術）。岩手県立大学社会福祉学部教授を経て、現在、日本赤十字秋田看護大学教授、岩手県立大学名誉教授、日本認知症ケア学会東北地域部会長、日本生活支援学会理事。専攻は、成人老年看護学。

主な著書・論文に、『地域ケアを拓く介護福祉学シリーズ「生活支援の実践」』（編著、光生館、2015年）、「施設建替えにおけるケアスタッフの職場適応過程に関する研究」（日本老年社会科学会誌、VOL24(3)、2002年）、「特別養護老人ホーム初任介護職員の認知症ケアの困難内容の構造化」（日本生活支援学会誌、Vol2、2013年）など。

執筆者略歴

（執筆順・＊は編者）

藤野好美（ふじの・よしみ）＊

同志社大学大学院文学研究科社会福祉学専攻博士課程単位取得満期退学。大学卒業後、老人福祉センター指導員、在宅介護支援センターのソーシャルワーカーを経て、NPO法人で障がいをもった人の生活支援や訪問介護員養成研修等に携わる。現在、岩手県立大学社会福祉学部准教授。専攻は、ソーシャルワーク。

主な著書・論文に、『ソーシャルワークの理論と実践——その循環的発展を目指して』（共著、中央法規出版、2016年）、『相談援助の基盤と専門職』（共著、久美、2009年）、「養護老人ホームの女性入所者にとっての『老い』とケアの課題について——インタビューを基にした内容分析」（『社会福祉学』49巻2号、2008年）など。

細田重憲（ほそだ・しげのり）＊

1947年生まれ。日本社会事業大学卒、岩手県立大学社会福祉学部准教授を経て、現在、岩手県国保連介護サービス苦情処理代表委員、社会福祉法人岩手更生会理事長。専攻は、社会福祉学。

主な論文に、「東日本大震災津波における福祉避難所の状況と課題についての調査研究報告書」（東日本大震災津波における福祉避難所の状況と課題についての研究班、2013年）、「見坊和雄と岩手の社会福祉」（岩手県立大学「岩手の社会福祉史研究会」、2014年）など。

小川博敬（おがわ・ひろゆき）

1968年生まれ。岩手県立大学大学院社会福祉学研究博士前期課程修了。現在、社会福祉法人フレンドシップいわて指定相談支援事業所サポートにじ管理者兼相談支援専門員、岩手県自閉症協会副会長、盛岡大学短期大学部非常勤講師。

川畑昌子（かわばた・まさこ）

1963年岩手県釜石市生まれ。先天性多発性関節拘縮症。2002年7月、ヘルパー制度を使って一人暮らしを開始。2003年2月、任意団体「CILもりおか」設立、代表を務める。これまでもこれからも、自分と同じ障害者の地域生活を応援する活動に取り組んでいく。

本書のテキストデータを提供いたします

　本書をご購入いただいた方のうち、視覚障害、肢体不自由などの理由で書字へのアクセスが困難な方に本書のテキストデータを提供いたします。希望される方は、以下の方法にしたがってお申し込みください。

◎データの提供形式＝CD-R、フロッピーディスク、メールによるファイル添付（メールアドレスをお知らせください）。

◎データの提供形式・お名前・ご住所を明記した用紙、返信用封筒、下の引換券（コピー不可）および200円切手（メールによるファイル添付をご希望の場合不要）を同封のうえ弊社までお送りください。

●本書内容の複製は点訳・音訳データなど視覚障害の方のための利用に限り認めます。内容の改変や流用、転載、その他営利を目的とした利用はお断りします。

◎あて先
〒160-0008
東京都新宿区三栄町17-2 木原ビル303
生活書院編集部　テキストデータ係

【引換券】

3・11 東日本大震災と「災害弱者」

3・11東日本大震災と「災害弱者」
――避難とケアの経験を共有するために

発　行―――― 2016年12月10日　初版第1刷発行

編　者―――― 藤野好美・細田重憲

発行者―――― 高橋　淳

発行所―――― 株式会社　生活書院
〒160-0008
東京都新宿区三栄町17-2 木原ビル303
ＴＥＬ 03-3226-1203
ＦＡＸ 03-3226-1204
振替 00170-0-649766
http://www.seikatsushoin.com

印刷・製本―― 株式会社シナノ

Printed in Japan

ISBN 978-4-86500-062-7

生活書院◉出版案内

3.11以前の社会学——阪神・淡路大震災から東日本大震災へ

荻野昌弘・蘭信三編著　A5判並製　296頁　本体2800円

本当に、3.11「以前」と「以後」とでは何かが変わったのだろうか？

「不条理な死」に対して人はどのように向き合えばいいのか。広域システム災害のメカニズムとは何か……3.11「以前」の社会学研究のなかに3.11を読み解く知を見出し、1995と2011の二つの大震災で露呈した社会構造や社会システムの変容を明らかにする。

千年災禍の海辺学——なぜそれでも人は海で暮らすのか

東北学院大学震災の記録プロジェクト 金菱清（ゼミナール）編　A5判並製　264頁　本体2500円

なぜ、これほどまでに津波の影響を受けながら、人は海にとどまり帰ろうとするのか!! 三陸沿岸を、地理的辺境としてではなく、危機に晒された生を生き抜く智慧が集積した文化的中心として捉え、強圧的な行政政策への対抗論理としての実践性と、災害リスクに対する脆弱性の吸収と回復力の保持を明らかにする。

ズレてる支援！——知的障害／自閉の人たちの自立生活と重度訪問介護の対象拡大

寺本晃久・岡部耕典・末永弘・岩橋誠治　四六判並製　376頁　本体2300円

「重度訪問介護」の対象拡大が実現する中、あらためて問われているものとは何か！支援を使って、地域で自立した暮らしをしている人がいること。集団生活ではなく一対一の支援をモデルにすること……「支援」と「当事者」との間の圧倒的なズレに悩み惑いつつ、そのズレが照らし出す世界を必死に捉えようとする「身も蓋もない」支援の営みの今とこれから！

障害者運動のバトンをつなぐ——いま、あらためて地域で生きていくために

尾上浩二・熊谷晋一郎・大野更紗・小泉浩子・矢吹文敏・渡邉琢　A5判並製　256頁　本体2200円

障害者運動はいま､一つの時代の区切りを迎えようとしている……。いまだ道半ばの障害者運動。七〇年代の運動の創始者たちが次々に逝去する中、先人たちが築き上げてきたものをどのように受け継ぎ、どのように組み換え大きく実らせていくのか。その大きな課題に向き合うために、これまでを振り返りこれからを展望する。

支援　vol.1 ～ vol.6

「支援」編集委員会編　A5判冊子　本体各1500円

支援者・当事者・研究者がともに考え、領域を超えゆくことを目指す。未来をしつこく問い続ける新雑誌！ vol.1特集＝「個別ニーズ」を超えて　他、vol.2特集＝「当事者」はどこにいる？　他、vol.3特集＝逃れがたきもの、「家族」　他、vol.4特集＝支援で食べていく　他、vol.5特集＝わけること、わけないこと　他、vol.6特集＝その後の五年間　他。